新时代纳税服务指南：面向纳税人

马念谊◎主编

XINSHIDAI NASHUI FUWU ZHINAN MIANXIANG NASHUIREN

中国财经出版传媒集团
中国财政经济出版社

图书在版编目（CIP）数据

新时代纳税服务指南：面向纳税人／马念谊主编
．--北京：中国财政经济出版社，2021.12（2023.3 重印）
ISBN 978－7－5223－0922－4

Ⅰ.①新…　Ⅱ.①马…　Ⅲ.①税收管理－中国－指南
Ⅳ.①F812.423－62

中国版本图书馆 CIP 数据核字（2021）第 227689 号

责任编辑：闫　娟　庄　莉　　　责任校对：徐艳丽
封面设计：孙俪铭　　　　　　　责任印制：刘春年

新时代纳税服务指南：面向纳税人
XINSHIDAI NASHUI FUWU ZHINAN：MIANXIANG NASHUIREN

中国财政经济出版社 出版
URL：http：//www.cfeph.cn
E－mail：cfeph@cfeph.cn

社址：北京市海淀区阜成路甲 28 号　邮政编码：100142
营销中心电话：010－88191522
天猫网店：中国财政经济出版社旗舰店
网址：https：//zgczjjcbs.tmall.com
北京财经印刷厂印刷　各地新华书店经销
成品尺寸：170mm×240mm　16 开　17.25 印张　285 000 字
2021 年 12 月第 1 版　2023 年 3 月北京第 2 次印刷
定价：60.00 元
ISBN 978－7－5223－0922－4
（图书出现印装问题，本社负责调换，电话：010－88190548）
本社质量投诉电话：010－88190744
打击盗版举报热线：010－88191661　QQ：2242791300

Preface

前言

习近平总书记在党的二十大报告中强调，江山就是人民，人民就是江山，中国共产党领导人民打江山、守江山，守的是人民的心。以人民为中心的发展思想，体现在经济社会发展的各个环节。税务机关作为政治机关，更要责无旁贷、坚决落实，坚持以人民为中心，扎实推进税收征管改革，努力构建中国特色社会主义税收征管制度，助力以中国式现代化全面推进中华民族伟大复兴。

纳税服务是政府和社会组织根据税收法律、行政法规的规定，在纳税人依法履行纳税义务和行使权利的过程中，为纳税人提供的规范、全面、便捷、经济的各项服务措施的总称。在实际工作中，纳税服务是现代市场经济条件下税务机关行政行为的重要组成部分，是促进纳税人依法诚信纳税和税务机关依法征税的基础性工作。按照“始于纳税人需求，基于纳税人满意，终于纳税人遵从”的纳税服务工作理念，纳税服务的终极目标在于维护纳税人的权利，方便纳税人及时足额纳税，促进纳税人税法遵从度的提升，是以人民为中心发展思想的重要体现。

纳税服务的主体为税务机关，客体为纳税人及扣缴义务人。纳税服务是高校税收专业的重要课程，但目前市场上的教材往往侧重于从纳税服务主体的视角，说明税务机关如何更好地统筹各种资源，系统地开展纳税服务工作，常用于税务部门的内部培训，缺乏适用于高校课程教学的专门教材。因此，我们结合高校教学的需要，依据相关税收法律、法规、《全国税务机关纳税服务规范》和纳税服务相关管理规定撰写了本书。旨在通过本书的学习，使学生能够站在纳税服务客体的角度，分析税务机关推行纳税服务工作对征纳行为的影响，尤其是分析纳税人如何充分利用税务机关提供的纳税服务措施，以更好地促进自身纳税义务的履行和保障相关权利行使。

本书也可以帮助广大纳税人、广大读者了解我国税务机关纳税服务的各项制度和规定，帮助其方便、快捷地办理各项常见的涉税业务，有效保障自身合法权益，切实减少涉税法律风险，实现征纳共赢。

本书的编写得到广西财经学院和中国财政经济出版社的大力支持和协助。同时，本书在编写过程中，参考并借鉴了一些专家、学者的有关著作，从中获得很多启迪和教益，一并表示感谢！

编者

2023 年 3 月

Content

目录

第一章 纳税服务概述

【本章要点】

通过本章的学习，帮助读者掌握纳税服务的内涵、性质、要素以及国际组织对纳税服务的定位，认识目前指导纳税服务的三大理论——新公共管理理论、公共财政理论和税收遵从理论的起源、主要内容及其在纳税服务中的运用，了解我国纳税服务发展历程与现状。

第一节 纳税服务基础知识

一、纳税服务的内涵

“服务”一词在《辞海》中有两个解释：一是为集体或为别人工作；二是“劳务”，指不以实物形式而以提供劳动的形式满足他人某种需要的活动。目前，学术界对纳税服务的内涵和定义尚未达成共识。最早提出纳税服务的美国，其当时的基本含义是征税主体通过各种途径，采取各种方式，通过各种渠道为纳税人提供持续、公正、便捷、高效的服务。

纳税服务有广义和狭义之分。广义的纳税服务是指政府及相关部门、税务机关和社会中介组织共同提供的保护纳税人权利的一切机制和措施，包括完善税制、改进税收征管机制、提高税务行政效率、降低纳税成本、保障纳税人合法权益等方面的内容，提供服务的主体既包括政府及其相关部门、税务机关，也包括社会中介组织，是全社会的纳税服务。而狭义的纳税服务是专指税务机关为纳税人提供的各种服务措施。

在国家税务总局制定的《纳税服务工作规范》中将纳税服务明确定义为："税务机关依据税收法律、行政法规的规定，在税收征收、管理检查和实施税收法律救济过程中，向纳税人提供的服务事项和措施。"从国家税务总局为纳税服务所下的定义中不难看出，服务提供主体是税务机关，服务客体是所有纳税人，税务机关要依法为纳税人服务，税务机关的服务涵盖了税收征管的全过程。

本书主要研究狭义的纳税服务。

二、纳税服务的性质

（一）无偿提供性

税务机关代表政府部门向纳税人提供纳税服务的行为可以看成是政府部门向社会提供公共产品的行为，这是一种非市场化的行政行为，所以发生这一行为所增加的成本理应由政府财政负担，不能通过向纳税人收费的形式来弥补成本。

（二）依法提供性

税务机关依法为纳税人提供纳税服务体现在两个方面：其一，法律、规定中明确地将为纳税人提供服务视为税务机关应履行的法定义务和责任。《中华人民共和国税收征收管理法》（以下简称《税收征管法》）第 7 条明确规定，税务机关应当广泛宣传税收法律、行政法规，普及纳税知识，无偿地为纳税人提供纳税咨询服务。虽然只有简单一句，但是已经足以表明税务机关为纳税人提供服务不仅仅是出于自身的意愿，更应该把它看成是自己的义务与责任，不履行自己的法定义务或者不认真履行都是违背法律的。其二，税务机关要依照规范为纳税人提供服务。国家税务总局制定了《全国税务机关纳税服务规范》，它立足于税务部门的前台服务，涵盖纳税人依申请和税务部门依职权的服务事项，从管理制度到业务流程事项，从服务模式到办理时限，从办税环境到工作仪态，都对税务机关提出了具体要求。

（三）全面提供性

税务机关所提供纳税服务的全面性体现在两个方面：其一，纳税服务内容涵盖了税收征管的方方面面，不仅仅局限于税款征收环节。主要包括税款征收前为纳税人提供政策咨询、辅导服务；税款征收时为纳税人提供便利条件，使纳税人可以顺利履行纳税义务；税款征收后要妥善处理纳税人的投诉，为纳税人的争议仲裁、损害赔偿等提供便捷的通道。其二，纳税服务的对象是所有纳税人。纳税人享有纳税服务的权利，而税务机关有为纳税人服务的义务，这种权利与义务的对等不会随着纳税人的身份、纳税人缴税数额等方面的不同而发生变化。每一个纳税人都可以平等地享受税务机关所提供的服务，税务机关也应该无差别地为所有纳税人提供服务。

三、纳税服务的要素

（一）主体是税务机关

向纳税人提供纳税服务是税务机关的法定义务，是税务机关行政行为的重要组成部分，不履行纳税服务义务就是行政不作为。

（二）内容是涉税服务

纳税服务是税务机关在税收征管和税收行政执法过程中，为了方便纳税人办理涉税事宜而提供的服务，贯穿于税收征管的全过程。具体地讲，纳税服务应当包括事前为纳税人提供公告咨询、辅导服务，提高纳税人依法履行纳税义务的能力；纳税的时候为纳税人创造条件，使其能够更方便、快捷、准确地履行纳税义务；税款缴纳后为纳税人监督投诉、争议仲裁、损害赔偿提供方便和快捷的渠道。

（三）依法提供服务

纳税服务是在税收法律规定下的规范服务，是依法服务，属于法定职责，并构成税务行政行为的重要组成部分。纳税服务既要体现与税收执法相协调相统一，又要体现和适应税收行政执法的需要，还要为税收行政执法服务，进一步促进税收征管水平的提高和税收征管改革的推进。

（四）属于政府公共服务的范畴

纳税服务是政府公共服务的有机组成部分，从本质上讲只能是纳税人在纳税过程中所必需的公共服务项目，而不是其他服务项目。享受税务机关提供的无偿服务是纳税人的权利之一，是相对于履行纳税义务而言所应当享有的权利。同时，这种服务应当面向所有纳税人，对应方式也不是一个税务人员对一个纳税人的方式，而是税务机关对全社会所有纳税人的对应关系。也就是说，纳税服务是整个税务机关的行政行为，税务人员只是服务的执行者。

（五）主要目的是提高税收遵从度

通过优质规范的纳税服务，指导和帮助纳税人准确地理解自己应当履行哪些纳税义务和如何履行纳税义务，促使其自觉遵从税法。

四、国际组织对纳税服务的定位

（一）国际货币基金组织（IMF）对纳税服务的定位

按照国际货币基金组织的定义，如果把整个税收征管体系比作个“金字塔”，“纳税人服务”则是这个“金字塔”的基础，其他的税收征管活动都是建立在它的基础之上的。税务部门所做的一切工作，都是以做好纳税服务为出发点和落脚点，以最大限度地提高纳税人的税收遵从度为目的。

（二）经济合作与发展组织（OECD）对纳税服务的定位

经济合作与发展组织（OECD）在 1999 年 6 月出台的税务管理指导性文件——《良好税收管理的原则》中指出：在开放型的全球经济中，税务管理将更为复杂。纳税人对通货膨胀、税收政策、汇率、税率以及税务部门监督贸易和收入情况的能力方面的变化更为敏感。全球化在提高海外收入的同时，也降低了税务部门对纳税人收入进行监督的能力。因此，优秀的税收管理机构应当对其所处环境以及纳税人所处环境的变化时刻保持关注，自愿守法是税务部门的主要着眼点。税务部门与纳税人的沟通方式影响到公众对税务系统的认可及其守法的自愿程度。为此，税务部门开展工作时，应该做到：

1. 以公平、公正、公开的方式执行税法；

2. 向纳税人解释其权利与义务以及适用的投诉程序和救济机制；

3. 坚持提供高质量信息并且准确、及时地处理纳税人的问询、请求和申请；

4. 根据法律规定的纳税人权利和义务，提供可靠的信息服务；

5. 确保税收遵从成本保持在能够执行税法的最低水平上；

6. 赋予纳税人在适当时候评论税收政策及程序的机会；

7. 仅仅在法律允许范围内使用纳税人信息；

8. 与纳税人建立并维持良好的工作关系。

上述分析及八项原则主要是指导税务部门处理与纳税人关系的，它不仅指出了在当今时代形势下引导纳税遵从的重要性，更明确提出了税务部门与纳税人的沟通方式的重要性，而不是“管理”方式的重要性。八项原则每一项都与纳税服务密不可分，既涉及纳税服务的制度建设，也涉及纳税服务的方式内容，为各国税务部门通过提高纳税服务以达到良好税务管理提出了原则性的要求。

（三）欧盟委员会（EU）对纳税服务的定位

2007年，欧盟委员会发布了《财政蓝图——健全、现代、高效的税务管理之路》（以下简称《蓝图》），《蓝图》既是欧盟国家税务部门建设的一个标杆，也是其他国家加入欧盟的一个衡量标准。《蓝图》有五个部分，包括税务机构的组织架构、从业人员的行为管理、系统运行机制、纳税人服务、技术支持。每个部分下分为若干项目，每个项目设定了明确的目标，对需解决的问题加以确切陈述，指明预期成果，标示出一个可衡量的结果。项目下再按照不同战略目标设置细化关键指标和评分标准。关键指标表示的是技术和实践方面的内容，它们提供了为达到每个战略目标的必要信息。评分分配一个权重，表明每个战略目标的相对重要性，以百分比表示。每个战略目标的最终得分反映了相应的关键指标的实现程度。经过一段时间的重复评分，将使管理部门能够监督所取得的进展。通过这些测评能全面准确地反映各国税务部门的现状，以便快速准确地认定其优缺点，为各国税务部门指明努力的方向。

在《蓝图》的第四部分“为纳税人服务”中，下设了纳税人权利和义务、纳税人管理和自愿遵从3个子项。

“纳税人权利和义务”项的目标是：明确和宣传纳税人的权利和义务，使纳税人对税务系统的公平和公正有信心，同时也了解不依法纳税会引起的潜在后果。在这一目标下，设立7个子目标：1. 税务管理部门工作方式透明，以给纳税人充分法律保障（15%）；2. 税务管理部门按照《欧洲保障人权和基本自由公约》（以下简称《公约》）第8条“保护人权和基本自由”严格遵守个人和家庭权利（10%）；3. 税务管理部门尊重纳税人根据《公约》第6条“保护人权和基本自由”的要求，得到代理或辩护的权利（15%）；4. 为对税务管理部门所作决定不服的纳税人提供公平的上诉和申诉程序（15%）；5. 在依法登记前提下的税收遵从（15%）；6. 在保持记录义务前提下的税收遵从（10%）；7. 强有力且明智的制裁制度下的税收遵从（20%）。

“纳税人管理系统”项目的目标是：开发各种管理所有纳税人相关数据的系统，下设4个子目标：1. 全面精确记录纳税人报税单详细信息的系统（30%）；2. 全面精确记录应税交易、行为或供给和所有收到税款的系统（20%）；3. 监测和管理纳税人遵从表现的系统与程序（25%）；4. 税务申报表简单明确，纳税人可通过清楚了解的系统和程序将申报单提交给税务部门（25%）。

“自愿遵从”项目的目标是：以最小的行政干预，确保纳税人在正确的时间以正确的数额缴纳税款。下设4个子目标：1. 积极持续地促进自愿遵从，以作为战略性纳税人遵从模型的一部分（20%）；2. 通过对纳税人特定群体和类型的需求或方法的理解，将纳税人的遵从成本保持在最低限度（30%）；3. 向纳税人提供易于理解和方便的指导（20%）；4. 税务登记和会计处理的系统使用简单，管理高效（30%）。3个项目目标勾画出的是“为纳税人服务”应该考虑的各方面，实现途径及其在整个税收管理工作中的重要程度，而整个《蓝图》就可以成为各国税务部门纳税服务工作的努力方向和衡量纳税服务绩效的标准。

第二节 纳税服务理论基础

一、新公共管理理论

(一) 新公共管理理论的起源

20世纪80年代开始，随着科学技术突飞猛进，以原子能技术、空间技术、电子计算机技术的利用和发展为主要标志的第三次科技革命，尤其是系统论、信息论、控制论等新兴方法论学科的发展和应用，不仅极大地促进了管理的现代化，也为公共行政管理科学注入了新的活力。同时，为了满足国内日益增长的公共服务需求，迎合民众对提高政府效率的呼声，摆脱政府严重的财政危机、信任危机，发达国家相继掀起了政府改革的热潮，促使传统的公共行政模式向“新公共管理模式”转变。这次改革的广泛性、全面性和激进性是前所未有的。“新公共管理”运动最先起源于英国，而后扩展到美国、澳大利亚、新西兰，并逐步扩展到其他西方国家。尽管西方各国政府进行改革的策略和优先考虑的重点不同，但改革核心都是要改进管理方式，适当引入市场机制和企业管理技术，提高政府行政效率，改善管理绩效，加强责任制，放松管制等。

同时，公共行政管理理论也从纯理论研究转向应用研究，引入了很多相关学科的理论方法和研究成果，出现了以乔治·弗雷德里克森（George Frederickson）为代表的新公共行政理论、彼得·德鲁克（Peter F. Drucker）的目标管理理论、戴维·奥斯本（David Osborne）和特德·盖布勒（Ted Gaebler）的企业家政府理论，这些形成了新的公共管理理论。这些理论从不同角度对西方国家政府及其行政管理产生了重大影响，尤其是戴维·奥斯本的企业家政府理论更是影响深远，认为政府改革的方向应当是建立“企业家政府”，用企业家精神来重新塑造政府。

（二）新公共管理理论的主要内容

新公共管理理论主要包含以下七方面内容：

1. 重视政府活动的投入与产出。重视提供公共服务的效率和质量，主张以企业精神改造政府，改变过去只计投入不计产出的做法，重视政策规划的成本产出关系，力求以最小投入获得最大产出。

2. 强调以“顾客需求”为导向。把纳税人看成顾客，主张在提供公共服务和产品时重视顾客的需求，建立政府的顾客意识，强调顾客的价值，政府有义务向顾客提供合乎其需求的服务和产品。

3. 强调市场导向的管理。重视公共部门内部的市场竞争机制的引进，重建竞争结构和激励结构。

4. 强调绩效管理。重视绩效测定和评估，严格绩效目标控制，即以“三E”——经济（economy）、效益（efficient）和效能（effect）为目标，建立高效的纳税服务外部评估机制。

5. 强调人力资源管理的灵活性。改革传统的僵硬的人事管理体制、重视人力资源管理，提高公务员在招聘、任期、工资薪酬等其他人事管理环节上的灵活性，给予公务员更多的话语权，使这些一线服务者能够参与政府决策，从而激发他们的主观能动性，使政府尽可能朝着弹性的、创新的、具有企业家精神的方向发展。

6. 强调竞争机制。引入市场竞争机制，将可以由私人部门提供的公共服务和产品交由私人部门提供，进行公共服务和产品的市场化改革，放宽市场准入，以降低公共服务和产品的成本，提高质量。

7. 强调资源的有效利用，力求有收益而不浪费。

（三）新公共管理理论在纳税服务中的运用

在新公共管理运动的背景下，公共部门尤其是政府的职能、角色、地位、组织机构及其与社会的关系都发生了深刻变化，税务部门同样深受影响。

新公共管理理论对纳税服务的实践具有指导意义，具体表现在以下五个方面：

1. 建立管理服务型的税收征管模式。在传统的监督打击型的征管模式下，税务机关总是事先推定纳税人有逃税的企图，并很有可能想尽一切办法少缴税。

这就使征管模式按照过错推定来设置，以方便税务机关的征收管理，导致纳税人的基本权益无法得到保护，偷漏税的现象也没有得到根本遏制，征纳关系也处于恶性循环中。管理服务型的税收征管模式，奉行以纳税人为本的理念，按照无罪推定来设置征管模式，把纳税人当成顾客，以纳税人的需求为导向，通过为纳税人提供满意的、合乎需求的服务，提高纳税遵从度，提高税收征管效率。

2. 建立有利于提高纳税服务效率的服务体系。改变过去纳税服务只重投入，不计产出的模式，重视纳税服务的成本效益，充分整合社会资源，利用社会中介组织和社会志愿者为纳税人提供社会化服务，通过市场化方式进行运作，降低纳税人的纳税成本；利用现代信息网络技术，建立方便、快捷的纳税服务体系；减少纳税服务的中间环节，从而减少征纳双方的时间成本，提高服务效率。

3. 建立开放式的纳税服务决策模式。在传统的公共管理体制中，决策模式是封闭的，即领导们是决策者，基层公务员是执行者，基层公务员没有被纳入决策层中。而基层公务员恰恰是直接接触纳税人，最能了解纳税人的实际需求。所以，税务机关在做出有关纳税服务决策时，必须让广大基层税务工作者参与到决策过程中，基层税务工作者参与纳税服务决策不仅可以发挥、调动他们优化服务的主观能动性和创造性，更能促使他们自己考核自己的决策执行成效，从而进一步提高服务效率。

4. 建立科学的纳税服务考核制度。以提高服务质量和效率为目标，制定科学可行的考核制度，加强和量化对服务的管理考核。

5. 建立完善的纳税服务监督评估制度。设立投诉电话，受理纳税人投诉；采取多种形式与纳税人进行沟通交流，倾听纳税人的声音；广泛聘请社会各界代表对纳税服务进行监督评估，努力构建一个全社会共同参与的监督评估机制，并保证监督评估过程和结果的公正、透明，这样才能及时发现纳税服务工作中的不足，以便改进工作，提高服务工作的质量和效率。

二、公共财政理论

（一）公共财政理论的起源

财政是以政府为主体的收支活动。公共财政（Public Finance）指的是国家或者政府为市场提供公共服务的分配活动或者经济活动，它是与市场经济相适应的一种财政类型和模式。它主要着眼于满足社会需求，弥补“市场失效”缺陷。[①] 1776年，西方经济学的开山鼻祖亚当·斯密发表了他的奠基之作《国富论》，从而创立了财政学。亚当·斯密认为有一只看不见的手在冥冥之中操纵着社会的运行，使得人人为自己的经济活动最终产生一个大家都获利的社会结果，政府只要能像“守夜人”那样，防止外来侵略和维持国内治安即可。基于此，亚当·斯密提出税收方面的“公平、确定、简便、征收费用最小”四原则；支出方面要厉行节约和“量入为出”。廉价政府，成为财政所要追求的最高目标。20世纪30年代的世界经济危机导致了西方经济学说的一次重大转变，即占统治地位一百多年的以斯密自由市场经营论为中心的经济自由主义学说让位于凯恩斯的经济干预主义，财政学也因此在资产阶级经济学体系中占据了显赫的位置。凯恩斯认为，如果政府不加干预就等于听任有效需求不足的继续存在，就等于听任失业与经济危机的继续存在，他认为财政支出直接就可以形成社会有效需求，弥补自由市场的有效需求不足。凯恩斯首次系统地论证了财政赤字的经济合理性，冲击了古典的“量入为出”原则。20世纪70年代西方出现了“滞胀”局面。以米尔顿·弗里德曼为代表的一批经济学家借此发动了一场针对凯恩斯主义的“反革命”，其中主要有货币主义、供给学派和理性预期学派。但这些反对者们并未建立起一套足以与凯恩斯主义相抗衡的财政学说，区别只是，他们力图在这个框架内恢复古典学派的传统。当人们围绕着凯恩斯理论无休止争议时，以詹姆斯·麦吉尔·布坎南和戈登·图洛克为首的一批经济学家在财政学的一个重要领域中取得了重大的理论进展。他们将财政作为公共部门经济，并从市场失灵理论角度，集中研究社会公共需要及满足这一需要的产品——公共物品问题，分析了决定公共物品的生产及分配的过程，以

① 张馨．公共财政论纲［M］．北京：经济科学出版社，1999：5－6.

及生产公共物品的机器——国家的组织和机构。

1959年，美国著名财政专家理查德·马斯格雷夫在其经典著作《公共财政理论》中把政府的经济作用或财政的职能分为三种：稳定经济（维护充分就业条件下的经济）、收入分配、（资源）再配置。马斯格雷夫被誉为现代财政学的真正开拓者之一，是现代财政学之父。

（二）公共财政理论的主要内容

公共财政理论认为财政存在于市场经济当中，它的主要职责就是解决市场失灵问题，即经济的调节以市场调节为主，政府只有在市场无法调节的领域进行适当的干预。比如，市场无法解决资源配置问题，无法解决经济中的供求矛盾，无法使社会达到“充分就业”状态和保持经济持续稳定增长等。正是由于市场失灵的存在，或者说市场这只“看不见的手”无法调节，就需要公共财政这只“看得见的手”来进行调节，这正是公共财政存在的基本条件。

公共财政的主要内容是提供公共服务和产品。政府向社会成员提供公共产品或公共服务，社会成员消费和享受这些公共产品和服务，政府因提供这些公共产品和服务发生的成本理应由社会成员负担，社会成员为此向政府支付费用即缴税。换句话说，税收是公共产品和公共服务的“价格”，纳税人缴税的目的是获得政府提供的公共产品或服务。因此，公共财政作为一种财政模式即政府向个人提供公共产品和公共服务，个人向政府缴税，反映了政府与纳税人在税收与公共产品和服务间的等价交换。税收既是政府提供公共产品和服务的报酬，也是社会成员购买政府所提供公共产品和服务的成本支出。所以说，纳税人向政府缴了税，理应得到作为政府部门之一的税务机关的服务，不仅如此，税务机关还要保证向纳税人提供他们满意的纳税服务。

（三）公共财政理论在纳税服务中的运用

依据公共财政理论，税务机关有义务和责任为纳税人提供纳税服务，保障纳税人权益，这就要求税务机关将服务融入日常税收工作中，将执法与服务相结合，调整税收工作思路，最终实现税收、经济、社会的共同良性发展。

公共财政理论对纳税服务提出了下列基本要求：

1. 公平服务。公共财政的公共性决定了税收的公共性，亦决定了纳税服务的公共性。税务机关作为政府行政职能部门的主要职能就是为纳税人提供一视同仁的服务。建立在“契约精神和平等原则”本质基础上的税收公平主义就要求税收法律关系的全部主体——国家、税务机关和纳税主体，考察其彼此之间的公平和平等关系①，也要求税务机关对纳税人提供高质量的服务，为经营者营造一个公平竞争的税收环境。

2. 依法服务。纳税服务的内容、标准应当充分体现纳税人合理、合法的意愿和需求，并且应当以一定的法律形式向社会公众公开，接受纳税人监督。

3. 效率服务。纳税服务应当方便纳税人缴税，尽可能减少纳税人在税款之外的隐性支出，避免增加纳税人的实际负担。

4. 公正执法。税收是一种特殊的“价格”，具有“自愿性”和“强制性”双重属性，税收是公众投票、公共选择的结果，但是并不全部都是自愿支付的，而每一个公民都必须服从税法，都有义务支付公共产品的一部分成本。因此，税收必须凭借国家强制力得以执行，在优化纳税服务，降低纳税遵从成本的同时，加强执法监管，这就是最好的纳税服务。

三、税收遵从理论

（一）税收遵从理论的起源

税收遵从有着非常悠久的历史，伴随着税收产生，就产生了税收遵从与税收不遵从。税收遵从，是纳税人基于对国家税法价值的认同或自身利益的权衡而表现出的主动服从税法的态度，也可称为纳税人遵从，即纳税人对税法（包括税收法律、法规和规章制度）的遵从程度。税收不遵从，指纳税人没有按照税法规定而采取行动的行为，无论此种行为出于故意还是非故意。

美国学者海格（Haig）是研究税收遵从成本的第一人。1934 年，他首先对美国联邦和州的税收遵从成本进行研究，但是没有明确地对税收遵从成本进行定义。之后不断有学者对税收遵从成本进行研究，直到 20 世纪 80 年代英国巴斯大学教授锡德里克·桑福德（Cedric Sandford）在税收遵从成本领域取得了大量的研究成果，将许多国家政府的目光都吸引到了这一长期被漠视的领域，对税收遵从问题的系统研究自此兴起。随着纳税人权利受到广泛关注，发达国

① 刘剑文．财税法专题研究（第二版）［M］．北京：北京大学出版社，2007：44.

家纷纷制定纳税人权利宪章，重视和保护纳税人的合法权益，促进纳税人自觉遵从税法，成为在公平和效率原则指导下实施税收管理的有效途径。

税收遵从理论以纳税人的纳税行为和决策为研究对象，体现出关注纳税人个体特征、重视个体利益以及尊重和保护纳税人权利的时代特征。从1985年开始，英国、爱尔兰、新西兰、澳大利亚等国相继把税收遵从成本提上议事日程，在政府报告、立法、税制改革中将税收遵从成本纳入考虑范畴。①

（二）税收遵从理论的主要内容

税收遵从的理论研究主要涉及两方面内容：一是对税收遵从与不遵从的类型的研究；二是对遵从成本的研究。

1. 税收遵从与遵从的类型

按照税收遵从与不遵从的表现形式和形成原因的不同，将税收遵从和不遵从各分为三种类型。

（1）税收遵从，包括防卫性遵从、制度性遵从、忠诚性遵从。

①防卫性遵从。由于税法威慑力量足够大，纳税人出于防卫动机而依法申报所得的税收遵从行为。也就是说，纳税人有逃税的企图，但由于对逃税后被发现的概率较高，畏惧逃避税收所受到的处罚，而不得不依法纳税。

②制度性遵从。由于税收制度设计和税收管理的严格促使纳税人选择依法纳税。即纳税人有逃税的企图并且无视处罚的威慑，但因制度和管理的严密，而没有逃税的机会，从而选择了依法纳税。

③忠诚性遵从。纳税人因对纳税负有道德上的义务，税收管理部门也为纳税人依法纳税提供了完善的服务，所以纳税人能够自觉、准确、及时地履行纳税义务。

（2）税收不遵从，包括自私性不遵从、无知性不遵从、情感性不遵从。

①自私性不遵从。纳税人为谋求个人利益，有意采取多种办法逃避纳税。

②无知性不遵从。纳税人对税收法律法规、纳税程序等缺乏必要了解，导致纳税人不能及时、准确地履行纳税义务的不遵从行为。在这种情况下，纳税人主观上没有逃避纳税的企图，只是由于税制太过复杂、法律条款不明确等客观因素使纳税人产生行为不遵从的结果。

---

① 杨志安，韩娇．降低我国税收遵从成本的途径选择［J］．税务研究，2006（1）．

③情感性不遵从。纳税人对与纳税相关的一些事物不满，包括对税务机关或其他政府部门行为的不满、对税制某方面的不满以及对自身权利缺乏保障的不满等，为发泄不满而有意识地逃税。

2. 税收遵从成本

税收遵从成本指纳税人为遵从税法和税务机关的要求，在办理纳税事宜时发生的除税款和税收的经济扭曲成本以外的费用支出，主要包括货币成本、时间成本、心理成本。

（1）货币成本。纳税人在办税过程中向中介机构支付的费用以及往返税务局所花费的交通费用等。

（2）时间成本。纳税人搜集保存必要的税务材料、填写纳税申报表等花费的时间。

（3）心理成本。纳税人担心误解税收法律法规而遭到处罚的焦虑情绪或认为自己已纳税但没有得到相应报酬而产生不满情绪等。对纳税人来说这是一种精神或心理损失。

从目前的研究成果来看，税收遵从成本有以下几个特点：一是遵从成本数额较大，占税收收入的相当比重，不仅会耗费社会资源也会影响纳税人的纳税积极性，不利于纳税人积极自觉地履行纳税义务。二是遵从成本分布不均：低收入者的遵从成本高于高收入者，小企业的遵从成本高于大企业，即税收遵从成本具有累退性。

3. 主要结论

通过对税收遵从与不遵从的类型和遵从成本的分析，可以得到以下结论：

（1）不是所有不遵从的纳税人都有逃避纳税的企图，有相当部分的纳税人出于客观原因而不能及时、准确地缴纳税款，还有一部分纳税人因不满现行制度而选择不遵从。

（2）在税收遵从中，忠诚性遵从是因纳税人的道德认同感和税务机关优质的服务产生的，是最值得倡导的税收遵从类型。

（3）纳税人的遵从成本负担及成本的累退性是不容忽视的，越是规模小的企业、收入低的纳税人个人，越需要税务机关的纳税服务以减轻他们的遵从成本。

（三）税收遵从理论在纳税服务中的运用

依据税收遵从理论，纳税服务的首要目标是最大限度地提高纳税人的税收遵从度。尽管这一目标非常明确，但由于税务机关可支配的资源有限，要实现这一目标并非易事，需要统筹兼顾，合理配置资源，对影响税收不遵从因素进行合理排序，确定优先级别。

1. 及时了解纳税人需求。税务机关应及时了解纳税人的需求，提高自身的服务效率和质量，比如向纳税人提供及时、充分的涉税信息，简化办税程序、提高办税的效率等，不仅可以减少无知性不遵从，还可以减轻纳税人的遵从成本负担，特别是要加强对低收入个人和企业的服务与关怀。

2. 对不同的纳税人采取不同的策略。税收遵从理论将税收不遵从归纳为三种主要类型：自私性不遵从、情感性不遵从和无知性不遵从。根据税收不遵从的类型可以界定税收征管和纳税服务的范围，前两种不遵从类型是加强税收征管、严格执法的重点，第三种不遵从类型的纳税人则是纳税服务的重点。这样的类型也有助于税务机关构建不同的纳税服务层次。对无知性不遵从，税务机关的职责是提供完善的纳税服务，尤其是税收信息服务；对自私性不遵从和情感性不遵从，除了提供纳税服务、加大税法宣传力度以外，还要加大税收稽查力度，保证税款及时入库。

3. 公开、透明。从内部看，要全面提升税务人员的执法能力和职业操守，要完善岗位职责监督机制，做到有权就有责，有权就有监督，严厉查处税收管理中出现的贪污、渎职等违法、违纪行为，畅通纳税人对税务人员的监督和投诉渠道，形成征纳双方“合作遵从”的和谐局面。通过提高纳税服务工作、纳税服务监督与评估的公开透明，减轻纳税人心中的不满，以此减少情感性不遵从。

4. 加大对税法宣传力度。从外部看，税务机关要加强税法宣传，动员全社会共建税收文化，建立良好的税收文化，提高全民纳税意识。同时，对纳税人依法强化税收管理，提供优质高效的纳税服务，倡导忠诚性遵从，提高税法遵从度。

5. 提高执法震慑力。税务机关在服务的同时也不能放弃执法，对于那些只顾个人利益而无视公共利益的纳税人，需要通过加大检查力度并予以惩戒，提高执法的震慑力，给诚信纳税人以信心，保障守法遵从、公平纳税环境的形成。

第三节 我国纳税服务发展历程与现状

一、我国纳税服务发展历程

就我国而言，现代意义上的纳税服务最早是在1993年12月全国税制改革工作会议上正式提出的，并在1996年7月国家税务总局税收征管改革会议上，把纳税服务确定为税务机关的重要职责。1997年年初，国务院批复了国家税务总局《关于深化税收征管改革的方案》，确立新的税收征管模式为“以纳税人申报和优化服务为基础，以计算机网络为依托，集中征收，重点稽查”。从中可以看出，新的征管模式以纳税人自行申报和优化的税收服务为基础，至此税收服务理念才真正出现在我国税收工作的理论和实践中。

2001年4月，新的《税收征管法》首次以法律形式，把为纳税人服务纳入税务机关的重要职责，明确了税务机关和纳税人双方的权利和义务，解决了征纳双方地位不对等的问题，为开展纳税服务奠定了法律基础。其中包括税收的减免权，延期纳税申报权，延期缴纳税款权，多缴纳的税款退还权，免交滞纳金权，索取完税凭证权，委托税务代理权，陈述申辩权，申请复议权，起诉权，赔偿权，保密权等20项权利。

2002年8月，国家税务总局在征管司内设立了具有纳税服务管理职能的行政机构——纳税服务处，这是我国税收工作主管机构首次设立的指导全国纳税服务工作的专门组织。

2003年4月，国家税务总局发布了《关于加强纳税服务工作的通知》（国税发〔2003〕38号），这是国家税务总局第一个专门规范纳税服务工作的纲领性文件。文件首次提出了纳税服务的定义，即纳税服务是税务机关根据税收法律、行政法规的规定，在纳税人依法履行纳税义务和行使权利的过程中，为纳税人提供的规范、全面、便捷、经济的各项服务措施的总称。

2004年8月，国家税务总局下发了《关于加强征管工作若干意见的通知》（国税发〔2004〕108号），从面向纳税人的办税服务业务、合理设置办税服务窗口、加强办税服务厅与各有关管理部门工作衔接、优化服务方式、加强税法宣传、清理简化审批程序、简并税务文书和报表等方面对纳税服务工作进行了全面性规范。

2005 年 10 月，为推动和规范纳税服务工作，国家税务总局在广泛调查研究和充分征求意见的基础上，出台了《纳税服务工作规范（试行）》（国税发〔2005〕165 号）。此规范包括总则、纳税服务内容、办税服务厅、12366 纳税服务热线、税务网站、考核与监督、附则等内容，是我国第一部关于纳税服务的正式规范，它对税务机关的纳税服务工作内容和要求做出了基本的规定和说明，有效地推动了各级税务机关纳税服务工作的开展。

2007 年 5 月，国家税务总局在北京召开首次全国纳税服务工作会议，全面部署了今后进一步优化纳税服务、强化税源管理的各项工作，在深入走访调研、听取建议的基础上，制发了《关于落实“两个减负”优化纳税服务工作的意见》（国税发〔2007〕106 号）。

2008 年 7 月，国家税务总局实施内部机构改革，宣布组建纳税服务司，负责组织、管理、协调全国范围内的纳税服务工作，标志着我国纳税服务工作进入了一个崭新的历史阶段。

2009 年 7 月，国家税务总局召开了全国税务系统纳税服务工作会议，全面总结近年来的纳税服务工作，分析当前纳税服务工作面临的形势，研究部署进一步改进和优化纳税服务工作，有力地推动了纳税服务工作的开展。以纳税服务为主题召开全国性税务工作会议，标志着我国纳税服务工作步入了一个新的发展阶段。会议讨论制定了《全国 2010—2012 年纳税服务工作规划》，初步确立“到 2012 年末，初步形成以纳税人需求为导向，以持续提高纳税人满意度和税法遵从度为目标，以办税服务厅、纳税服务网站和纳税服务热线为平台，以税法宣传、纳税咨询、办税服务、权益保护、信用管理、社会协作为任务，以健全组织、完善制度、优化平台、提高能力、强化预算、细化考评为保障的始于纳税人需求，基于纳税人满意，终于纳税人遵从的纳税服务新格局”的纳税服务工作奋斗目标。

2011 年 8 月 1 日，国家税务总局出台了《“十二五”时期纳税服务工作发展规划》，提出要用五年时间基本建成以“六化为特征、三于为主线”的现代纳税服务体系，即全面建设以理论科学化、制度系统化、平台品牌化、标准化、保障健全化、考评规范化为主要特征的始于纳税人需求、基于纳税人满意、终于纳税人遵从的现代纳税服务体系。

2014年5月，国家税务总局按照国务院转变职能、简政放权的要求，参考中国服务行业标准体系，借鉴国际纳税服务有益经验，以现行税收法律法规为依据，系统总结多年来中国纳税服务的实践创新，起草了《全国县级税务机关纳税服务规范》（1.0版），于2014年10月1日在全国试运行。

2014年12月，国家税务总局将《全国县级税务机关纳税服务规范》（1.0版）进行修改完善和提升优化，形成了覆盖省、市、县三级税务机关的《全国税务机关纳税服务规范》（2.0版），于2015年3月1日起在全国施行。

2015年11月，国家税务总局发布《全国税务机关纳税服务规范》（2.3版）。

2016年1月，国家税务总局深入贯彻落实《深化国税、地税征管体制改革方案》，以增强纳税人获得感为出发点，创新服务方式，推动纳税服务在各项税收改革中淬炼升级，为税收现代化保驾护航。

2017年5月，《涉税专业服务监管办法（试行）》发布并于2017年9月1日执行，有效地贯彻落实了国务院简政放权、放管结合、优化服务的工作要求，有助于扩大涉税专业服务市场，充分发挥有偿涉税专业服务的作用，合理优化了税务机关纳税服务的资源配置。

2018年6月15日，国税地税机构合并后的省级新税务机构集中统一挂牌。办税服务厅、12366先行整合，省市两级设立纳税服务处和纳税服务中心，使资源配置向纳税人端和纳税服务一线倾斜；在县区级税务机关设立纳税服务股及第一税务分局，充实纳税服务力量，实施扁平化、专业化、实体化运作。

2019年11月1日，《全国税务机关纳税服务规范（3.0版）》在全国范围内施行，《全国税务机关纳税服务规范（3.0版）》从减少各类办税证明、简化办税流程、压减办理时间等方面，对原有规范进行了改进，进一步推动全国范围内税费业务办理的统一化、规范化、标准化。

2020年，进一步推进纳税缴费便利化改革、持续提升为市场主体服务水平、加快打造市场化法治化国际化税收营商环境。

2021年，国家税务总局深入贯彻落实《关于进一步深化税收征管改革的意见》，着力建设以服务纳税人缴费人为中心、以发票电子化改革为突破口、以税收大数据为驱动力的，具有高集成功能、高安全性能、高应用效能的智慧税务，助力打造市场化法治化国际化营商环境，更好地服务市场主体发展。

二、我国纳税服务工作现状

(一) 我国纳税服务取得的成效

自纳税服务引入税收工作以来，历经20年的不断发展，已在当前税务工作中占有一席之地。近年来，税务部门坚持“聚财为国、执法为民”的税务工作宗旨，始终把优化纳税服务贯穿于税收实践的全过程，更新税收管理理念，创新纳税服务方式，为提升服务水平和服务质量做了大量富有成效的工作，取得了明显成果，主要表现在以下六个方面：

1. 纳税服务步入法治化轨道

2001年修订并重新颁布的《税收征管法》，第一次将纳税服务的内容确定为税务机关的法定职责。之后，国家税务总局陆续制定下发了《关于加强纳税服务工作的通知》《纳税服务工作规范（试行）》等纲领性文件，对纳税服务的内容进行了全面规范，对税务系统开展纳税服务工作提出了一系列具体而明确的要求，从而使纳税服务工作逐步由零散、随意走向规范、统一；2006年之后，国家税务总局又在总结十年来开展办税公开和为基层、为纳税人减负工作经验的基础上，制定下发了《关于进一步推行办税公开工作的意见》和《关于落实“两个减负”优化纳税服务工作的意见》，系统地规范了办税机制，为优化纳税服务工作提供了制度保障。系统推行办税公开工作的具体事项和要求，进一步完善了我国纳税服务机制，为优化纳税服务工作提供了制度保障。

2. 开展形式多样的税收宣传和纳税辅导

以“税收宣传月”为载体，通过组织开展形式多样的税收宣传活动，向社会各界普及税收法律知识；建立税法公告制度，在办税场所设立触摸式查询服务设备、电子显示屏等，供纳税人查询；利用电视、广播、报纸等多种媒体，广泛开展税收宣传，及时通报和宣讲税收政策与税收法律法规的变动与调整情况；同时，各级税务部门进一步强化了纳税辅导工作，多渠道为纳税人提供税收业务咨询和纳税辅导，积极探索和创新税收服务手段及方式，形成并完善了网上申报、银行网点申报、电话申报、邮寄申报等纳税申报方式，成功地推出了“一站式”“一窗式”“一城通”、全程服务、限时服务、延时服务、提醒服务、预约服务等服务项目和服务产品，从而基本满足了广大纳税人的服务需求。为减轻纳税人办税负担，各级税务部门对涉及纳税人的8大类218种办税事项进行了清理，简并、取消数十项业务报表及执法文书，而且创造条件，大力开展税收法律救济活动，积极推进税务行政复议等法律救济工作，及时撤销、变更、修改、废止执法不当的行政行为。

3. 服务手段得到进一步改进，服务平台趋于统一、规范

各地税务机关建立办税服务厅，合理设置申报受理点，实现了集中征收。按照统一规范的要求，税务部门自上而下建立起统一、规范的办税服务厅，将税务登记、发售发票、申报受理、税款征收等功能集于一体，成为税务系统内环境简洁大方、文化氛围浓厚、设施完善实用、服务细致周到、流程高效规范、管理严谨缜密的纳税服务载体；同时，利用互联网和系统内功能强大的广域网，构建了网络化的信息服务平台，建立起专门的税务网站，推出了“12366”纳税服务热线，运用现代信息网络技术和手段，接受纳税人网上申报和投诉举报，宣传税收政策法规，解答纳税人疑问。

4. 寓纳税服务于税收管理之中，增强纳税服务的时效性和针对性

多年来，税务部门在严格执法、强化管理的过程中，不断优化税收执法程序，认真贯彻落实税收优惠政策，切实维护和保障纳税人的合法权益；同时，在日常管理中，积极开展纳税评估活动，运用科学有效的税收指标体系、技术手段和评估方法，及时发现、矫正和处理纳税人在履行纳税义务中出现的差错和问题，以防止和化解税收损失，降低征纳成本。另外，为在全社会营造一个诚实守信的税收执法环境，税务部门创建包括纳税信用、征税信用在内的税收信用体系，全面推行纳税信用等级评定管理制度。通过广泛开展纳税信用等级评定活动，极大地鼓励纳税人的诚信纳税行为，促进征纳关系的和谐。

5. 以“税银一体化”税收管理模式为重点，开启多元化的纳税申报服务方式，纳税人办税需求得到保障

全国税务机关充分利用现代信息技术和金融支付结算工具，实行多种申报和缴款方式，推进税库银联网。如无锡市国税局于1997年推行“税银一体化”税收管理新模式，期间由纳税人上门申报征收、银行自动代划税款模式，发展到现行以计算机网络为依托、建立税银联网、推行多元化申报征收的新型“税银一体化”管理模式。将银行储蓄扣税、委托代理纳税申报、电话申报等多元化纳税申报方式有效地结合起来，其适用对象也由只对个体“双定”户扩

展到全部纳税人的转变。不仅简化办税手续，减少办事环节，提高办税效率，大大地方便纳税人，而且加强部门协作，降低税收成本。

6. 以委托代征、代扣和代缴为手段，将纳税服务工作融入社会，利用社会力量强化纳税服务工作

近年来，一些税务机关在个体双定户的税收征收上实行“社会化”管理办法，依靠社会协税护税网络，实行社会化委托代征、代扣代缴，对加强个体双定户的管理取得重要的突破。在加强征管、堵塞漏洞的同时，注重规范委托代征、提高服务质量、优化纳税服务效果的工作，对代征人员进行培训、考核，建立有关台账，对票证实行严格的管理，加强业务督查与指导，避免委托代征工作中出现偏差，避免给纳税人带来麻烦和负担。税务部门积极构建包括纳税信用、征税信用在内的税收信用体系，推进征纳关系进一步和谐；开展纳税信用等级评定，积极完善分类管理与服务措施，倡导依法诚信纳税。各地税务与公安部门协作联合办公，共同打击涉税违法犯罪行为等，社会化纳税服务工作得到推进。

（二）我国纳税服务存在的主要问题

尽管近年来我国的纳税服务工作取得了很大进展，有力提升纳税服务规范化水平，得到社会各界的普遍肯定，但与发达国家相比，我国纳税服务现代化程度还不够高，存在以下问题亟待解决。

1. 以纳税人为中心的理念尚未真正确立。当前纳税服务中，仍存在部分税务人员对纳税服务的认识不到位，对征纳税关系的认知局限于管理与被管理、监督与被监督的层面，服务的主动性不够。税务机关在推行纳税服务时，主观因素较大，缺乏必要的需求分析，导致纳税服务供应与纳税人的需求不对应，个性化服务较为薄弱。

2. 纳税服务范围界定不够明确。由于纳税服务具有一定程度的公共产品属性，纳税人的需求层次各不相同，因此税务机关很难满足一些纳税人的高端纳税服务需求，从而导致了纳税服务的“缺位”。与此同时，税务机关还提供了一些本应由纳税人自行完成的工作，例如送发票上门、咨询上门等保姆式服务，在一定程度上消耗了税务机关本已有限的资源，造成了纳税服务的“越位”。

3. 纳税服务的便捷性和精准性不够高。信息技术的快速发展，使得税务机

关可以利用多种手段为纳税人提供更加科学、便捷的服务。但是，目前我国各地税务部门提供的纳税服务，距离2021年中共中央办公厅、国务院办公厅印发《关于进一步深化税收征管改革的意见》中提到的“基本建成线下服务无死角、线上服务不打烊、定制服务广覆盖的税费服务新体系，实现从无差别服务向精细化、智能化、个性化服务转变”的税收征管改革目标，还有一定差距，纳税服务的便捷性和精准性有较大改进空间。

4. 税务干部的业务能力有待进一步提高。随着征管体制改革的推进和税收现代化进程的不断加快，税收政策、业务流程不断调整，对税务人员的学习和适应能力提出了更高的要求，少数税务干部存在政策学习不及时、掌握不全面等问题，难以适应当前税务工作的要求。一线窗口工作人员对具体涉税事项的实际操作能力较强，但是对于政策理解不够深入，遇到专业性、综合性较强的问题时，有时无法进行有效解答。

5. 纳税服务社会化程度有待提高。我国当前的纳税服务主要是由税务部门来提供，随着经济的迅速发展，仅依靠税务机关提供的服务已经不能满足纳税人的需求，发动中介组织、社会服务组织等的作用是大势所趋。但是，我国目前的税务代理制度不够完善，相关办法及规定的法律层级较低，在实践中对纳税服务中介机构的约束力有限，导致行业自律制度不规范，税务中介代理人员的整体素质还有待提高。这些因素一直制约着我国税务代理市场的发展，阻碍了纳税服务社会化程度的提高。

【思考与练习】

1. 如何理解纳税服务的性质？
2. 税收遵从理论在纳税服务中运用有哪些实际应用？
3. 请谈谈如何进一步提升我国的纳税服务工作？

第二章　纳税人权利与义务

【本章要点】

通过本章的学习，帮助读者了解国家通过法律法规赋予纳税人应有的权利与应尽的义务的具体内容。促进读者掌握自身合法权利及其实现的渠道并有效地行使各项权利，同时帮助读者进一步清晰自身纳税义务的具体内容和相关规定，避免不必要的法律责任。

纳税人的权利与义务是指国家通过法律法规赋予纳税人应有的权利与应尽的义务。为便于纳税人全面了解纳税过程中所享有的权利和应尽的义务，帮助纳税人及时、准确地完成纳税事宜，促进纳税人与税务机关在税收征纳过程中的合作，根据《中华人民共和国税收征收管理法》及其实施细则和相关税收法律、行政法规的规定，国家税务总局于2009年11月发布了《关于纳税人权利与义务的公告》，内容主要涵盖十四项权利和十项义务。本章所称“纳税人”为负有纳税人义务的纳税人和负有扣缴义务的扣缴义务人。

第一节　纳税人的权利

根据《中华人民共和国税收征收管理法》及其实施细则和相关税收法律、行政法规的规定，纳税人在履行纳税义务过程中，依法享有下列权利：

一、知情权

纳税人有权向税务机关了解国家税收法律、行政法规的规定以及与纳税程序有关的情况，包括：现行税收法律、行政法规和税收政策规定；办理税收事项的时间、方式、步骤以及需要提交的资料；应纳税额核定及其他税务行政处理决定的法律依据、事实依据和计算方法；与税务机关在纳税、处罚和采取强制执行措施时发生争议或纠纷时，纳税人可以采取的法律救济途径及需要满足的条件。

（一）知情权的含义

知情权是《中华人民共和国税收征收管理法》（以下简称《税收征管法》）赋予纳税人的一项重要权利，主要包含以下四项内容：

1. 税收政策知情权

纳税人有权获知现行税收法律、行政法规和其他税收政策规定。纳税人对税收政策的全面了解，是纳税人依法纳税的前提，是构建和谐征纳关系的基础。为保障纳税人的税收政策知情权，税务机关要履行好相关宣传、告知、接受咨询等义务。

2. 涉税程序知情权

纳税人有权获知各种税收事项的办理时间、方式、步骤以及需要提交的资料。一方面使纳税人知晓应如何办理涉税手续，比如办理税务登记、纳税申报、发票领用等，便于纳税人正确履行纳税人的纳税义务；另一方面让纳税人了解税务机关实施税务检查、税务行政处罚等税务事项时的法定程序，有效保障纳税人的合法权益。

3. 应纳税额核定及其他税务行政处理决定知情权

应纳税额核定是指税务机关依法对特定纳税人按规定程序和计算方法作出纳税多少的决定，比如个体工商户的定额核定。在接受应纳税额核定前，纳税人有权获知税额核定的法律依据、事实依据以及核定方法等。

根据《中华人民共和国行政处罚法》（以下简称《行政处罚法》），如果纳税人是当事人，税务机关在对纳税人作出税务行政处罚决定前，应当告知纳税人作出行政处罚决定的事实、理由及依据，并告知纳税人依法享有的权利，比如陈述、申辩权。如果税务机关在作出税务行政处罚决定之前，不依照规定向纳税人告知给予行政处罚的事实、理由和依据，行政处罚决定不能成立。在作出较大数额罚款的行政处罚决定之前，税务机关还应当告知纳税人有要求举行听证的权利，纳税人要求听证的，税务机关应当组织听证。

4. 法律救济途径知情权

纳税人有获知如何申请税务行政复议、提起行政诉讼、请求国家赔偿的权利。具体规定详见纳税人享有的税收法律救济权。

（二）知情权的法律依据

《税收征管法》第七条　税务机关应当广泛宣传税收法律、法规，普及纳税知识，无偿地为纳税人提供纳税咨询服务。

《税收征管法》第八条第一款　纳税人、扣缴义务人有权向税务机关了解国家税收法律、行政法规的规定以及与纳税程序有关的情况。

《行政处罚法》第三十一条　行政机关在作出行政处罚决定之前，应当告知当事人作出行政处罚决定的事实、理由及依据，并告知当事人依法享有的权利。

《行政处罚法》第四十二条　行政机关作出责令停产停业、吊销许可证或者执照、较大数额罚款等行政处罚决定之前，应当告知当事人有要求举行听证的权利；当事人要求听证的，行政机关应当组织听证。当事人不承担行政机关组织听证的费用。

《中华人民共和国行政许可法》第五条　设定和实施行政许可，应当遵循公开、公平、公正的原则。

有关行政许可的规定应当公布；未经公布的，不得作为实施行政许可的依据。行政许可的实施和结果，除涉及国家秘密、商业秘密或者个人隐私的外，应当公开。

符合法定条件、标准的，申请人有依法取得行政许可的平等权利，行政机关不得歧视。《中华人民共和国政府信息公开条例》规定，税务机关应当公开机构设置、职能、办事程序等情况，公开行政法规、规章和规范性文件等。

（三）税人如何实现知情权

保障纳税人的知情权是税务机关的法定义务，税务机关应通过各种途径广泛宣传税收法律、行政法规、税收政策、办税程序以及其他应向纳税人公开的信息。纳税人可以通过税务机关的办税服务厅、“12366”纳税服务热线、网站、短信平台和社会媒体等多种途径获取相关信息。当纳税人遇到各类涉税问题时，可以通过上述途径向税务机关提出请求，税务机关将无偿为纳税人解答政策疑难和辅导涉税流程。纳税人实现知情权的具体途径如下：

1. 办税服务厅

纳税人可以直接到办税服务厅提出咨询请求，税务机关将按照文明礼仪规范、服务承诺制和首问责任制等制度要求，为纳税人提供准确的咨询服务。

为方便纳税人了解有关税收政策和纳税程序，根据政府信息公开和办税公开的要求，税务机关在办税服务厅存放有各类税收宣传资料，并在办税服务厅公告相关信息，主要包括：

（1）税收政策。包括最新的税收法律、法规和各项税收政策及相关政策解释。

（2）办税程序。包括税务登记、发票领用、纳税申报、税款缴纳、涉税文书受理时限、提交的资料等。

（3）工作规范。包括税务机关制订的有关工作制度和规定。

（4）岗位职责。办税服务厅各岗位工作人员的姓名、职务和工作职责。

（5）欠税公告。定期将欠缴税款的纳税人予以公告。

（6）定期定额。定期公布实行定期定额征收方式的纳税人的定额结果。

（7）收费标准。公开各类收费项目或受政府委托的收费项目的收费标准和依据。

2. 税务机关官方网站

纳税人可以登录国家税务总局和各级税务机关的官方网站，了解和查询有关税收政策、管理规定以及办税程序等内容。

3. 电话语音服务系统

纳税人可以随时拨打全国税务系统统一的“12366”纳税服务热线或者当地税务机关的纳税服务咨询电话获取有关涉税信息。

4. 税收专题辅导会

纳税人可以通过税务机关定期或不定期举办的税收专题辅导会获取相关信息。

除上述途径外，纳税人还可以通过税收管理员、税务报刊杂志、政府公共信息网等渠道来获取相关税收信息。

（四）事例解说

纳税人张某在市场监督管理局办理完成企业设立登记后，到当地税务机关咨询如何领取发票及申报纳税的事宜。

税务机关办税服务厅工作人员小林为张林介绍了“新办纳税人套餐”的相关内容。同时告知张某在办理完成登记信息确认之后，尤其是进行税费种认定之后，需要按照各税（费）种申报期限规定进行相应申报及缴纳税（费）款。

1. 增值税纳税申报期限。增值税的纳税期限分别为1日、3日、5日、10日、15日、1个月或者1个季度。纳税人的具体纳税期限，由主管税务机关根据纳税人应纳税额的大小分别核定；不能按照固定期限纳税的，可以按次纳税。

2. 消费税纳税申报期限。消费税的纳税期限分别为1日、3日、5日、10日、15日、1个月或者1个季度。纳税人的具体纳税期限，由主管税务机关根据纳税人应纳税额的大小分别核定；不能按照固定期限纳税的，可以按次纳税。

3. 企业所得税纳税申报期限

（1）企业所得税分月或者分季预缴。

（2）企业应当自月份或者季度终了之日起15日内，向税务机关报送预缴企业所得税纳税申报表，预缴税款。

（3）企业应当自年度终了之日起5个月内，向税务机关报送年度企业所得税纳税申报表，并汇算清缴，结清应缴应退税款。

（4）企业在报送企业所得税纳税申报表时，应当按照规定附送财务会计报告和其他有关资料。

（5）企业在年度中间终止经营活动的，应当自实际经营终止之日起60日内，向税务机关办理当期企业所得税汇算清缴。企业应当在办理注销登记前，就其清算所得向税务机关申报并依法缴纳企业所得税。

4. 个人所得税纳税申报期限

（1）自行申报纳税的申报期限。

①需要办理汇算清缴的纳税人，应当在取得所得的次年3月1日至6月30日内，向任职、受雇单位所在地主管税务机关办理纳税申报，并报送《个人所

得税年度自行纳税申报表》。纳税人有两处以上任职、受雇单位的，选择向其中一处任职、受雇单位所在地主管税务机关办理纳税申报；纳税人没有任职、受雇单位的，向户籍所在地或经常居住地主管税务机关办理纳税申报。

②纳税人取得经营所得，按年计算个人所得税，由纳税人在月度或季度终了后15日内，向经营管理所在地主管税务机关办理预缴纳税申报，并报送《个人所得税经营所得纳税申报表（A表）》。在取得所得的次年3月31日前，向经营管理所在地主管税务机关办理汇算清缴，并报送《个人所得税经营所得纳税申报表（B表）》；从两处以上取得经营所得的，选择向其中一处经营管理所在地主管税务机关办理年度汇总申报，并报送《个人所得税经营所得纳税申报表（C表）》。

③非居民个人取得工资、薪金所得，劳务报酬所得，稿酬所得，特许权使用费所得的，应当在取得所得的次年6月30日前，向扣缴义务人所在地主管税务机关办理纳税申报，并报送《个人所得税自行纳税申报表（A表）》。有两个以上扣缴义务人均未扣缴税款的，选择向其中一处扣缴义务人所在地主管税务机关办理纳税申报。

非居民个人在次年6月30日前离境（临时离境除外）的，应当在离境前办理纳税申报。

纳税人取得利息、股息、红利所得，财产租赁所得，财产转让所得和偶然所得的，应当在取得所得的次年6月30日前，按相关规定向主管税务机关办理纳税申报，并报送《个人所得税自行纳税申报表（A表）》。

④居民个人从中国境外取得所得的，应当在取得所得的次年3月1日至6月30日内，向中国境内任职、受雇单位所在地主管税务机关办理纳税申报；在中国境内没有任职、受雇单位的，向户籍所在地或中国境内经常居住地主管税务机关办理纳税申报；户籍所在地与中国境内经常居住地不一致的，选择其中一地主管税务机关办理纳税申报；在中国境内没有户籍的，向中国境内经常居住地主管税务机关办理纳税申报。

⑤纳税人因移居境外注销中国户籍的，应当在申请注销中国户籍前，向户籍所在地主管税务机关办理纳税申报，进行税款清算。

⑥非居民个人在中国境内从两处以上取得工资、薪金所得的，应当在取得所得的次月15日内，向其中一处任职、受雇单位所在地主管税务机关办理纳税申报，并报送《个人所得税自行纳税申报表（A表）》。

（2）代扣代缴申报期限。

①扣缴义务人每月所扣的税款，应当在次月15日内缴入国库，并向主管税务机关报送《扣缴个人所得税报告表》、代扣代收税款凭证和包括每一纳税人姓名、单位、职务、收入、税款等内容的支付个人收入明细表以及税务机关要求报送的其他有关资料。

②扣缴义务人违反上述规定不报送或者报送虚假纳税资料的，一经查实，其未在支付个人收入明细表中反映的向个人支付的款项，在计算扣缴义务人应纳税所得额时不得作为成本费用扣除。

③扣缴义务人因有特殊困难不能按期报送《扣缴个人所得税报告表》及其他有关资料的，经县级税务机关批准，可以延期申报。

5. 城市维护建设税、教育费附加申报期限。纳税人在申报增值税、消费税的同时进行申报。

6. 自2021年6月1日起，纳税人在申报缴纳城镇土地使用税、房产税、车船税、印花税、耕地占用税、资源税、土地增值税、契税、环境保护税、烟叶税等10个税种时，可实行财产和行为税合并申报。

二、保密权

纳税人有权要求税务机关为纳税人的情况保密。税务机关将依法为纳税人的商业秘密和个人隐私保密，主要包括纳税人的技术信息、经营信息和纳税人、主要投资人以及经营者不愿公开的个人事项。上述事项，如无法律、行政法规明确规定或者纳税人的许可，税务机关将不会对外部门、社会公众和其他个人提供。但根据法律规定，税收违法行为信息不属于保密范围。

（一）保密权的含义

保密权所称应该保密的信息，是指税务机关在税收征收管理工作中依法制作或者采集的，以一定形式记录、保存的涉及纳税人的商业秘密和个人隐私的信息。法律赋予税务机关在税收管理中获得纳税人生产经营信息和个人信息的权力和手段，但税务机关掌握的信息只能用于税务管理，不能用于其他方面，更不能因信息泄露而使纳税人的利益受到损害。因此保障纳税人依法享有保密权，是规范税务机关行政行为，保护纳税人合法权益的基本要求。但需要指出的是，纳税人的税收违法行为信息不属于保密范围。

保密权的内容主要有两项：

1. 商业秘密

商业秘密是指不为公众所知悉、能为权利人带来经济利益、具有实用性并经权利人采取保密措施的技术信息和经营信息。

2. 个人隐私

个人隐私是指在税收管理中，税务机关所掌握的涉及纳税人的相关个人信息，包括纳税人的储蓄账户账号、存款、个人财产、收入状况、婚姻状况等。

对于纳税人的商业秘密和个人隐私，除下列情形外，税务机关不会向外部门、社会公众或个人提供：

（1）按照法律、法规的规定应予公布的信息；

（2）根据法律规定第三方有权查询的信息；

（3）纳税人查询自身的信息；

（4）经纳税人同意公开的信息。

另外，纳税人对任何违反税收法律、行政法规行为的检举，税务机关也会为纳税人保密。

（二）保密权的法律依据

《税收征管法》第八条第二款　纳税人、扣缴义务人有权要求税务机关为纳税人、扣缴义务人的情况保密。税务机关应当依法为纳税人、扣缴义务人的情况保密。

《税收征管法》第十三条　任何单位和个人都有权检举违反税收法律、行政法规的行为。收到检举的机关和负责查处的机关应当为检举人保密。税务机关应当按照规定对检举人给予奖励。

涉及为纳税人的商业秘密和个人隐私保密的其他规定，其法律依据详见《税收征管法》第五十九条、第八十七条及《中华人民共和国税收征收管理法实施细则》（以下简称《税收征管法实施细则》）第五条。

（三）纳税人如何实现保密权

纳税人享有保密权主要体现在税务机关对纳税人的税务管理和纳税人举报他人涉税问题等四个方面：

1. 在税务管理活动中，纳税人自行申报的有关信息和税务机关主动获取的相关资料凡涉及商业秘密和个人隐私的，税务机关将依法为纳税人保密。

2. 在纳税人举报他人税收违法行为时，税务机关将依法为纳税人保密。

3. 在纳税人投诉举报税务机关工作人员违法违纪情况时，税务机关将依法为纳税人保密。

4. 纳税人有确凿证据表明税务机关或其工作人员将纳税人的商业秘密、个人隐私泄露给他人的，以及纳税人检举他人税收违法行为情况被泄露的，可按有关规定向税务机关进行投诉，维护纳税人的合法权益。

（四）事例解说

某市税务局稽查局，根据年度稽查计划安排，于2019年7月对A化工厂2018年度企业所得税缴纳情况进行专项检查。稽查人员王某利用企业所得税检查可以接触大量产品原材料数据的便利，将A化工厂投入大量研发资金开发成功的一个化工新产品的有关原料配方数据，泄露给自己开私营化工厂的亲戚，致使A化工厂经济利益遭受损失。A化工厂从维护自身合法权益，充分行使法律赋予的权利出发，将泄露该厂商业秘密给他人的稽查人员王某，向上一级税务机关投诉并要求赔偿。上级税务机关在查证事实的基础上，按照有关法律法规的规定，对稽查局有关负责人及稽查人员王某给予了行政处分，并依法作出了赔偿决定。

三、税收监督权

纳税人对税务机关违反税收法律、行政法规的行为，如税务人员索贿受贿、徇私舞弊、玩忽职守，不征或者少征应征税款，滥用职权多征税款或者故意刁难等，可以进行检举和控告。同时，纳税人对其他纳税人的税收违法行为也有权进行检举。

（一）税收监督权的含义

控告和检举税务机关的税收违法违纪行为是纳税人的重要权利。税收监督权的内容主要包括五个方面：

1. 税务机关是否存在违反税收法律、行政法规、规章和税收规范性文件的行为。

2. 税务机关的工作人员是否存在索贿受贿、徇私舞弊、玩忽职守、不征或者少征应征税款，是否有滥用职权多征税款或者故意刁难纳税人的违法违纪行为。

3. 税务机关对纳税人行使检举、控告权是否有故意刁难或进行打击报复的行为。

4. 税务机关的纳税服务过程。

5. 其他纳税人是否存在违反税收法律、行政法规、规章和税收规范性文件的行为。

（二）税收监督权的法律依据

《税收征管法》第八条第五款　纳税人、扣缴义务人有权控告和检举税务机关、税务人员的违法违纪行为。

《税收征管法》第九条　税务机关应当加强队伍建设，提高税务人员的政治业务素质。

税务机关、税务人员必须秉公执法、忠于职守、清正廉洁、礼貌待人、文明服务，尊重和保护纳税人、扣缴义务人的权利，依法接受监督。

税务人员不得索贿受贿、徇私舞弊、玩忽职守、不征或者少征应征税款；不得滥用职权多征税款或者故意刁难纳税人和扣缴义务人。

《税收征管法》第十三条　任何单位和个人都有权检举违反税收法律、行政法规的行为。收到检举的机关和负责查处的机关应当为检举人保密。税务机关应当按照规定给予奖励。

（三）纳税人如何实现税收监督权

1. 对于税务机关的违法违纪行为，纳税人可以向其上一级税务机关进行检举和控告。

2. 对于税务人员的违法违纪行为和其他单位及个人违反税收法律、行政法规的行为，纳税人可以向主管税务机关进行检举和控告。

3. 对于税务机关和税务人员的违法违纪行为，纳税人也可以直接向有权处理的政府其他部门进行检举和控告。纳税人可以通过电话、传真、电子邮件、信函、来访等方式进行检举、控告。需要注意的是，纳税人的检举和控告必须以事实为依据，不得捏造事实、制造假证、诬告陷害他人。

税务机关鼓励纳税人尽可能采用实名检举和书面检举的方式。

上述举报案件如出现管辖权的问题，税务机关应及时把举报材料转交有权处理的部门。

（四）事例解说

1. 某县税务局税收管理员李某，利用主管A商贸公司的权力，要求该公司将自己宴请他人的费用3000元予以报销，该公司对李某的行为十分气愤，遂向该县税务局书面进行检举。县税务局纪检监察部门在查清事实的基础上，责成李某退还了报销款并对其进行了相应行政处理，维护了纳税人的合法权益。

2. 设在某市经济技术开发区的A公司，按票面金额的1.2%收取开票费，为B公司虚开货物运输业专用发票。A公司职工张某，从维护国家利益出发，行使法律赋予的举报权，将这种偷逃国家税款的行为，向市税务局书面举报。后经税务机关查实，A公司共为B公司虚开货物运输业专用发票近2亿元，已被B公司申报抵扣货物运输进项税额近1400万元，给国家造成巨大经济损失。税务机关按有关法律、法规的规定对A、B公司分别予以处罚，并移送司法机关处理。市税务局按照有关规定对举报人张某进行了奖励。

四、纳税申报方式选择权

纳税人可以直接到办税服务厅办理纳税申报或者报送代扣代缴、代收代缴税款报告表，也可以按照规定采取邮寄、数据电文或者其他方式办理上述申报、报送事项。但采取邮寄或数据电文方式办理上述申报、报送事项的，需经纳税人的主管税务机关批准。

纳税人如采取邮寄方式办理纳税申报，应当使用统一的纳税申报专用信封，并以邮政部门收据作为申报凭据。邮寄申报以寄出的邮戳日期为实际申报日期。

数据电文方式是指税务机关确定的电话语音、电子数据交换和网络传输等电子方式。纳税人如采用电子方式办理纳税申报，应当按照税务机关规定的期限和要求保存有关资料，并定期书面报送给税务机关。

（一）纳税申报方式选择权的含义

纳税申报方式的选择权，是指纳税人有权选择某种方式办理纳税申报。纳税申报方式，是指纳税人在发生纳税义务或代扣代缴、代收代缴义务后，在申报期限内，依照税收法律、行政法规的规定向主管税务机关进行申报纳税的形式，主要有以下几种：

1. 上门申报，是指纳税人按期自行到主管税务机关办税服务厅办理纳税申报手续的申报方式，申报日期以税务机关签署的日期为准。

2. 邮寄申报，是指纳税人将纳税申报表及有关资料装入专用邮寄信封，按期寄送主管税务机关的申报方式。邮寄申报以寄出的邮戳日期为实际申报日期。

3. 数据电文申报，是指纳税人通过税务机关确定的电话语音、电子数据交换和网络传输等电子方式进行纳税申报。数据电文申报以税务机关收到申报数据的时间为实际申报日期。

4. 其他申报方式，其他申报方式包括简易申报和简并征期两种。简易申报，是指实行定期定额缴纳税款的纳税人，在法律、行政法规规定的期限或者在税务机关依照法律、行政法规的规定确定的期限内缴纳税款的，税务机关可以视同已经完成申报。简并征期，是指经税务机关批准，可以采取将纳税期限合并为按季、半年、年的方式缴纳税款，具体期限由省级税务机关根据具体情况确定。

（二）纳税申报方式选择权的法律依据

《税收征管法》第二十六条　纳税人、扣缴义务人可以直接到税务机关办理纳税申报或者报送代扣代缴、代收代缴税款报告表，也可以按照规定采取邮寄、数据电文或者其他方式办理上述申报、报送事项。

《税收征管法实施细则》第三十条第一款　税务机关应当建立、健全纳税人自行申报纳税制度。经税务机关批准，纳税人、扣缴义务人可以采取邮寄、数据电文方式办理纳税申报或者报送代扣代缴、代收代缴税款报告表。

《税收征管法实施细则》第三十六条　实行定期定额缴纳税款的纳税人，可以实行简易申报、简并征期等申报纳税方式。

（三）纳税人如何实现纳税申报方式选择权

按照国家法律、行政法规的规定，如果纳税人是负有纳税义务的纳税人或者是负有代扣代缴、代收代缴义务的扣缴义务人，那么纳税人就是行使纳税申报方式选择权的主体。

1. 不需审批的纳税申报方式

如果纳税人选择上门（直接）申报，纳税人可直接持纳税申报表和有关资料，按规定期限向主管税务机关办理申报。

2. 需审批的纳税申报方式

如果纳税人选择邮寄申报、数据电文申报或其他方式申报的，需经税务机关批准后办理各项纳税申报。

（1）邮寄申报。

①邮寄申报的条件。

如果纳税人财务制度健全、会计核算规范，实行查账征收方式，那么经纳税人的主管税务机关批准，可以采用邮寄申报办法。

②邮寄申报的程序。

纳税人在法定的纳税申报期内，按税务机关规定的要求填写各类申报表和纳税资料后，使用统一规定的纳税申报特快专递专用信封，可以约定时间由邮政人员上门收寄，也可以到指定的邮政部门办理交寄手续。无论是邮政人员上门收寄，还是由纳税人到邮政部门办理交寄，邮政部门均应向纳税人开具收据。该收据作为邮寄申报的凭据，以备查核。

（2）数据电文申报。

①数据电文申报的条件。

如果纳税人财务制度健全、会计核算规范，在银行开立了税款解缴账户并具备上网条件，那么经纳税人的主管税务机关批准，可以采用数据电文申报办法。

②数据电文申报的程序。

纳税人应当在法定的纳税申报期限内进行纳税申报，填报纳税申报表、财务会计报表及其他应报送的资料，把申报数据通过电话语音、电子数据交换和网络传输等电子方式报送给主管税务机关，完成纳税申报过程；主管税务机关以申报接收系统接收的数据作为纳税人履行纳税申报义务的依据，以数据电文申报纳税系统收到申报数据的时间为实际申报日期。纳税人在申报结束后，应当按照税务机关规定的期限和要求保存有关资料，并定期书面报送主管税务机关。

(3) 其他申报方式。

如果纳税人的主管税务机关对纳税人实行定期定额的税款征收办法，经主管税务机关批准，纳税人可以实行简易申报、简并征期的申报纳税方式。一是纳税人按照税务机关核定的税款按期缴纳入库，以完税凭证代替纳税申报；二是纳税人依照税务机关核定的税额和核定的纳税期按季、半年、一年申报纳税，具体合并的期限由省级税务机关结合当地的办税条件，本着方便纳税人和降低征纳成本的原则确定。

（四）事例解说

某市税务机关为有效推行“非接触式”服务方式，培养纳税人通过网上渠道办理涉税业务，切实减少纳税人办税等候时长，在办税服务厅的服务当中，强调导税员必须对每位前来办理涉税业务的纳税人进行指引，引导其通过在办税服务厅设置的自助终端或自助办税电脑进行线上申报或办理涉税业务。为此，纳税人认为自己已经到达了办税服务厅，希望税务人员能够当面为其办理涉税业务，但受到税务机关的拒绝。

这一做法尽管初衷是良好的，但违反了纳税人纳税申报方式选择权的相关规定。在实际工作当中，税务机关不应当一味地提升“非接触式”服务办理率而影响了纳税人享受纳税申报方式选择权所带来的便利。

五、申请延期申报权

纳税人如不能按期办理纳税申报或者报送代扣代缴、代收代缴税款报告表，应当在规定的期限内向税务机关提出书面延期申请，经核准，可在核准的期限内办理。经核准延期办理申报、报送事项的，应当在税法规定的纳税期内按照上期实际缴纳的税额或者税务机关核定的税额预缴税款，并在核准的延期内办理税款结算。

（一）申请延期申报权的含义

如果纳税人确因特殊困难不能按期办理纳税申报或者报送代扣代缴、代收代缴税款报告表，可在规定的期限内向税务机关提出书面延期申请，经税务机关核准，可在核准后的期限内再行办理纳税申报。它是在纳税人发生特殊困难时适用的，有利于保护纳税人的正常生产经营活动和合法权益。

（二）申请延期申报权的法律依据

《税收征管法》第二十七条　纳税人、扣缴义务人不能按期办理纳税申报或者报送代扣代缴、代收代缴税款报告表的，经税务机关核准，可以延期申报。

经核准延期办理前款规定的申报、报送事项的，应当在纳税期内按照上期实际缴纳的税额或者税务机关核定的税额预缴税款，并在核准的延期内办理税款结算。

《税收征管法实施细则》第三十七条　纳税人、扣缴义务人按照规定的期限办理纳税申报或者报送代扣代缴、代收代缴税款报告表确有困难，需要延期的，应当在规定的期限内向税务机关提出书面延期申请，经税务机关核准，在核准的期限内办理。

纳税人、扣缴义务人因不可抗力，不能按期办理纳税申报或者报送代扣代缴、代收代缴税款报告表的，可以延期办理；但是，应当在不可抗力情形消除后立即向税务机关报告。税务机关应当查明事实，予以核准。

（三）纳税人如何实现延期申报权

1. 申请延期申报的条件

（1）纳税人按照规定的期限办理纳税申报或者报送代扣代缴、代收代缴税款报告表确有困难，致使纳税人无法在规定的期限内办理纳税申报，需要延期的。

（2）因不可抗力，例如地震、洪水等自然灾害以及战争、动乱等社会事件导致纳税人不能按期办理纳税申报或者报送代扣代缴、代收代缴税款报告表的。

2. 延期申报权实现的途径

纳税人如果符合延期申报条件，应当在税收法律、行政法规规定的申报期限内，向税务机关提出书面延期申请，经主管税务机关审核，作出核准或者不予批准的决定并答复纳税人。

纳税人如果因不可抗力不能按期办理纳税申报或者报送代扣代缴、代收代缴税款报告表的，应当在不可抗力情形消除后立即向税务机关补报书面报告及相关的情况证明材料。

需要注意的是，经税务机关核准延期办理申报、报送事项的，应当在纳税期内按照上期实际缴纳的税额或者税务机关核定的税额预缴税款，并在核准的期限内办理税款结算。

自 2019 年 12 月 1 日起，税务机关办理对纳税人延期申报的核准，不再要求申请人单独提供确有困难不能正常申报的情况说明，改为申请人在《税务行政许可申请表》中填写申请理由。

（四）事例解说

A 公司于 2019 年 3 月 4 日突发火灾，导致该公司无法在规定的申报期限内办理纳税申报，该公司人员于 3 月 5 日向税务机关申请延期申报，并填写了《延期申报申请审批表》和其他需报送的资料。税务机关受理审核后，根据《税收征管法》和《税收征管法实施细则》规定，作出同意延期申报的决定，并制发了《核准延期申报通知书》。该公司按照规定，于 3 月 11 日按上期实际缴纳的税额 5 万元预缴了税款。

六、申请延期缴纳税款权

如纳税人因有特殊困难，不能按期缴纳税款的，经省、自治区、直辖市税务机关的批准，可以延期缴纳税款，但是最长不得超过三个月。计划单列市税务机关可以参照省级税务机关的批准权限，审批纳税人的延期缴纳税款申请。

纳税人满足以下任何一个条件，均可以申请延期缴纳税款：一是因不可抗力，导致纳税人发生较大损失，正常生产经营活动受到较大影响的；二是当期货币资金在扣除应付职工工资、社会保险费后，不足以缴纳税款的。

（一）申请延期缴纳税款权的含义

延期缴纳税款权，是指纳税人因特殊困难，不能按照法律、行政法规规定的期限缴纳税款时，依法享有申请延期缴纳税款的权利。经税务机关批准延期缴纳税款的，在批准的期限内，不加收滞纳金。特殊困难是指：

1. 因不可抗力，导致纳税人发生较大损失，正常生产经营活动受到较大影响的。

2. 当期货币资金在扣除应付职工工资、社会保险费后，不足以缴纳税款的。

（二）申请延期缴纳税款权的法律依据

《税收征管法》第三十一条　纳税人、扣缴义务人按照法律、行政法规规定或者税务机关依照法律、行政法规的规定确定的期限，缴纳或者解缴税款。

纳税人因有特殊困难，不能按期缴纳税款的，经省、自治区、直辖市国家税务局、地方税务局批准，可以延期缴纳税款，但是最长不得超过三个月。

《税收征管法实施细则》第四十一条第二款　计划单列市国家税务局、地方税务局可以参照《税收征管法》第三十一条第二款的批准权限，审批纳税人延期缴纳税款。

《税收征管法实施细则》第四十二条第一款　纳税人需要延期缴纳税款的，应当在缴纳税款期限届满前提出申请，并报送下列材料：申请延期缴纳税款报告，当期货币资金余额情况及所有银行存款账户的对账单，资产负债表，应付职工工资和社会保险费等税务机关要求提供的支出预算。

（三）纳税人如何实现延期缴纳税款权

纳税人如果符合延期缴纳税款条件，应当在缴纳税款期限届满前向主管税务机关提出申请，并报送下列材料：

1. 延期缴纳税款申请审批表

2. 当期货币资金余额情况及所有银行存款账户的对账单

3. 资产负债表

4. 应付职工工资和社会保险费等税务机关要求提供的支出预算

税务机关应当自收到申请延期缴纳税款报告之日起 20 日内作出批准或者

不予批准的决定；不予批准的，从缴纳税款期限届满之日起加收滞纳金。

自 2019 年 12 月 1 日起，税务机关办理对纳税人延期缴纳税款的核准，不再要求申请人单独提供申请延期缴纳税款报告、当期货币资金余额材料、应付职工工资和社会保险费等税务机关要求提供的支出预算材料，改为申请人在《税务行政许可申请表》中填写相关信息及申请理由；不再要求申请人提供连续 3 个月缴纳税款情况和资产负债表，由税务机关在信息系统中主动核查。

（四）事例解说

A 公司 2019 年 11 月 13 日申报当月税款 10 万元，未在税款限缴期限内缴纳税款。11 月 18 日该公司以货款未收回、资金周转困难为由，向税务机关提出延期缴纳税款的申请，并提供有关书面材料。税务机关经审查后认为，依据《税收征管法实施细则》第四十二条的规定，纳税人需要延期缴纳税款的，应该在缴纳税款期限届满前提出申请，并报送有关资料。但该公司提出申请已超过税务机关规定的税款限缴日期，所以税务机关不予批准，并从税款限缴期限届满次日起按日加收万分之五的滞纳金。

七、申请退还多缴税款权

对纳税人超过应纳税额缴纳的税款，税务机关发现后，将自发现之日起 10 日内办理退还手续；如纳税人自结算缴纳税款之日起三年内发现的，可以向税务机关要求退还多缴的税款并加算银行同期存款利息。税务机关将自接到纳税人退还申请之日起 30 日内查实并办理退还手续，涉及从国库中退库的，依照法律、行政法规有关国库管理的规定退还。

（一）申请退还多缴税款权的含义

纳税人有依法纳税的义务，但既不能少缴税款，也不应多缴。申请退还多缴税款权，是指纳税人对自身多缴的，超过法律规定应缴税款的部分有依法要求税务机关退还的权利。

（二）申请退还多缴税款权的法律依据

《税收征管法》第五十一条　纳税人超过应纳税额缴纳的税款，税务机关发现后应当立即退还；纳税人自结算缴纳税款之日起三年内发现的，可以向税务机关要求退还多缴的税款并加算银行同期存款利息，税务机关及时查实后应当立即退还；涉及从国库中退库的，依照法律、行政法规有关国库管理的规定退还。

《税收征管法实施细则》第七十八条 税务机关发现纳税人多缴税款的，应当自发现之日起10日内办理退还手续；纳税人发现多缴税款，要求退还的，税务机关应当自接到纳税人退还申请之日起30日内查实并办理退还手续。

《税收征管法》第五十一条规定的加算银行同期存款利息的多缴税款退税不包括依法预缴税款形成的结算退税、出口退税和各种减免退税。

退税利息按照税务机关办理退税手续当天中国人民银行规定的活期存款利率计算。

《税收征管法实施细则》第七十九条 当纳税人既有应退税款又有欠缴税款的，税务机关可以将应退税款和利息先抵扣欠缴税款；抵扣后有余额的，退还纳税人。

（三）纳税人如何实现申请退还多缴税款权

如果税务机关发现纳税人多缴税款的，应当自发现之日起10日内办理退还手续；如果纳税人发现多缴税款，要求退还的，税务机关应当自接到纳税人退还申请之日起30日内查实并办理退还手续。具体程序：

1. 税人应持税务登记证件（按照规定不需要发给税务登记证件的除外），向纳税人的主管税务机关提出退税申请，并按税务机关的要求填写退税申请文书和提供相关资料。

2. 税务机关受理和审批完成后，将纳税人多缴的税款按规定程序在规定时间内退还。

（四）事例解说

A企业2019年5月28日发现，该企业2月份发生主营业务收入100万元，在3月12日进行申报时将计税依据误录入为110万元，导致多缴纳增值税税款1.3万元。该企业于6月18日向主管税务机关提出退税申请，填写了退税文书并提交有关资料，经税务机关审核，于7月5日将多缴税款退还给了A企业，并支付同期存款利息。

八、依法享受税收优惠权

纳税人可以依照法律、行政法规的规定书面申请减税、免税。减税、免税的申请须经法律、行政法规规定的减税、免税审查批准机关审批。减税、免税期满，应当自期满次日起恢复纳税。减税、免税条件发生变化的，应当自发生变化之日起15日内向税务机关报告；不再符合减税、免税条件的，应当依法履行纳税义务。

如纳税人享受的税收优惠需要备案的，应当按照税收法律、行政法规和有关政策规定，及时办理事前或事后备案。

（一）依法享受税收优惠权的含义

税收优惠，是指国家运用税收政策对特定行业、特定区域、特定类型的纳税人或者特定课税对象给予减轻或免除税收负担的一种优待。我国目前的税收优惠政策主要是减税免税政策。此外，纳税人还可以依照税收协定的规定申请减税、免税或不征税的待遇。

减税是从应征税款中减征部分税款。免税是免征全部税款。减免税分为报批类减免税和备案类减免税。报批类减免税是指应由税务机关审批的减免税项目；备案类减免税是指取消审批手续的减免税项目和不需税务机关审批的减免税项目。税收协定是两国政府对纳税人的跨国所得进行税收管辖权划分的法律依据，对于不同类型的所得分别有不同的规定，主要包括在所得来源国减税、免税和不予征税等待遇。

（二）依法享受税收优惠权的法律依据

《税收征管法》第八条第三款　纳税人依法享有申请减税、免税、退税的权利。

《税收征管法》第三十三条　纳税人可以依照法律、行政法规的规定书面申请减税、免税。

减税、免税的申请须经法律、行政法规规定的减税、免税审查批准机关审批。地方各级人民政府、各级人民政府主管部门、单位和个人违反法律、行政法规规定，擅自作出的减税、免税决定无效，税务机关不得执行，并向上级税务机关报告。

《税收征管法实施细则》第四十三条　法律、行政法规规定或者经法定的审批机关批准减税、免税的纳税人，应当持有关文件到主管税务机关办理减税、免税手续。减税、免税期满，应当自期满次日起恢复纳税。

享受减税、免税优惠的纳税人，减税、免税条件发生变化的，应当自发生变化之日起15日内向税务机关报告；不再符合减税、免税条件的，应当依法履行纳税义务；未依法纳税的，税务机关应当予以追缴。

（三）纳税人如何实现税收优惠权

纳税人如果符合减免税条件，应当按照下列程序办理：

1. 税收减免核准的办理程序

（1）申请。

符合核准类税收减免的纳税人，应当提交核准材料，提出申请，经依法具有批准权限的税务机关按规定核准确认后方可享受。未按规定申请或虽申请但未经有批准权限的税务机关核准确认的，纳税人不得享受。所需资料根据不同业务有所区分，但均包含以下材料：

①《纳税人减免税申请核准表》；

②减免税申请报告。

（2）受理。

办税服务厅或电子税务局接收资料信息，核对资料信息是否齐全、是否符合法定形式、填写内容是否完整，符合的即时受理；对资料不齐全、不符合法定形式或填写内容不完整的，一次性告知应补正资料或不予受理原因。

（3）办理。

①按照纳税人报送材料录入数据。根据信息系统的提示信息，提醒纳税人更正纠错。

②办税服务厅1个工作日内将资料信息流转至相关责任部门。

（4）反馈。

办税服务厅收到核准结果的反馈后，1个工作日内通知纳税人领取《税务事项通知书》。

（5）办理时限。

税收减免核准的办理时限由省（自治区、直辖市和计划单列市）税务局确定。

2. 税收减免备案的办理程序

符合备案类税收减免的纳税人，如需享受相应税收减免，应在首次享受减免税的申报阶段或在申报征期后的其他规定期限内提交相关资料向主管税务机关申请办理税收减免备案。

纳税人在符合减免税条件期间，备案材料一次性报备，在政策存续期可一直享受，当减免税情形发生变化时，应当及时向税务机关报告。

3. 税收减免备案的办理程序

符合申报享受税收减免条件的纳税人，在首次申报享受时随申报表报送附列资料，或直接在申报表中填列减免税信息无须报送资料。

（四）事例解说

A 公司是从事计算机软件研发的企业。2019 年 2 月，A 公司所研发的某款软件取得了软件产业主管部门颁发的《软件产品登记证书》，便向税务机关申请软件产品增值税即征即退的优惠。为此，其向税务机关提交了《税务资格备案表》（2 份）和《软件产品登记证书》并办理完成了税收减免备案手续。自此 A 公司便可享受在税务机关征收增值税后，对其增值税实际税负超过 3% 的部分实行即征即退政策的优惠。

对于这一优惠事项，A 公司在符合减免税条件期间，备案材料一次性报备，在政策存续期可一直享受，但当减免税情形发生变化时，应当及时向税务机关报告。

九、委托税务代理权

纳税人有权就以下事项委托税务代理人代为办理：设立、变更或者注销税务登记、除增值税专用发票外的发票领用手续、纳税申报或扣缴税款报告、税款缴纳和申请退税、制作涉税文书、审查纳税情况、建账建制、办理财务、税务咨询、申请税务行政复议、提起税务行政诉讼以及国家税务总局规定的其他业务。

（一）委托税务代理权的含义

委托税务代理权是指纳税人根据自身经营管理的需要自愿委托，或者根据相关税收法律、行政法规和规章的要求自行委托具有合法资格的机构或个人在代理权限内，以纳税人的名义依法向税务机关办理相关税务事宜的权利。

（二）委托税务代理权的法律依据

《税收征管法》第八十九条　纳税人、扣缴义务人可以委托税务代理人代为办理税务事宜。

《税收征管法实施细则》第九十八条　税务代理人违反税收法律、行政法规，造成纳税人未缴或者少缴税款的，除由纳税人缴纳或者补缴应纳税款、滞纳金外，对税务代理人处纳税人未缴或者少缴税款50%以上3倍以下的罚款。

《税收征管法实施细则》第一百一十一条　纳税人、扣缴义务人委托税务代理人代为办理税务事宜的办法，由国家税务总局规定。

（三）纳税人如何实现委托税务代理权

1. 纳税人根据需要可以委托税务代理人按照代理权限和代理期限代为办理相关税务事宜，税务代理分为全面代理、单项代理或临时代理、常年代理，纳税人可以根据自身情况选择不同的代理方式。

2. 纳税人选择税务代理应与税务代理人签订委托代理协议书。委托代理协议书应当载明代理人和被代理人名称、代理事项、代理权限、代理期限以及其他应明确的内容，并由代理人及其所在的代理机构和被代理人签名盖章。

3. 纳税人的税务代理关系可以因代理期限届满而终止，也可因法定情形出现，单方面终止。不论是纳税人单方终止还是税务代理人单方终止，终止方均应及时通知另一方，并向税务机关报告，同时公布终止决定。

4. 需要注意的是：税务代理人违反税收法律、行政法规，造成纳税人未缴或者少缴税款的，除由纳税人缴纳或者补缴应纳税款、滞纳金外，税务机关将对税务代理人处以纳税人未缴或者少缴税款50%以上3倍以下的罚款。

（四）事例解说

A公司与某税务师事务所签订了税务代理协议，委托代理记账和纳税申报，2019年5月，税务代理人对一笔40万元的营业收入未入账，也没有申报纳税。税务机关根据相关规定，对A公司依法进行处理，同时对税务代理人处少缴税款1倍的罚款。

十、陈述与申辩权

纳税人对税务机关作出的决定，享有陈述权、申辩权。如果纳税人有充分的证据证明自己的行为合法，税务机关就不得对纳税人实施行政处罚；即使纳税人的陈述或申辩不充分合理，税务机关也会向纳税人解释实施行政处罚的原因。税务机关不会因纳税人的申辩而加重处罚。

（一）陈述与申辩权的含义

陈述权，是指纳税人对税务机关作出的决定享有陈述自己意见的权利；申辩权，是指纳税人对税务机关作出的决定所主张的事实、理由和依据享有申诉和解释说明的权利。

（二）陈述与申辩权的法律依据

《税收征管法》第八条第四款　纳税人、扣缴义务人对税务机关所作出的决定，享有陈述权、申辩权；依法享有申请行政复议、提起行政诉讼、请求国家赔偿等权利。

《行政处罚法》第六条　公民、法人或者其他组织对行政机关所给予的行政处罚，享有陈述权、申辩权；对行政处罚不服的，有权依法申请行政复议或者提起行政诉讼。

《行政处罚法》第三十二条　当事人有权进行陈述和申辩。行政机关必须充分听取当事人的意见，对当事人提出的事实、理由和证据，应当进行复核；当事人提出的事实、理由或者证据成立的，行政机关应当采纳。

行政机关不得因当事人申辩而加重处罚。

《行政处罚法》第四十一条　行政机关及其执法人员在作出行政处罚决定之前，不依照本法第三十一条、第三十二条的规定向当事人告知给予行政处罚的事实、理由和依据，或者拒绝听取当事人的陈述、申辩，行政处罚决定不能成立；当事人放弃陈述或者申辩权利的除外。

（三）纳税人如何实现陈述与申辩权

税务机关作出的税务行政处罚，分为简易程序和一般程序。

1. 简易程序的陈述与申辩权

简易程序的税务行政处罚是指违法事实确凿并有法定依据，对公民处以50元以下、对法人或者其他组织处以1000元以下罚款或者警告的行政处罚，税务机关可以当场作出行政处罚决定。

如果税务机关对纳税人实施简易程序的税务行政处罚，在作出行政处罚决定之前，应当当场告知纳税人作出行政处罚决定的事实、理由及依据，并告知纳税人依法享有的权利。纳税人对税务机关提出的事实、理由及依据可以当场提出质疑，阐明纳税人的意见。税务机关将听取纳税人的陈述、申辩，并进行复核。纳税人提出的事实、理由及证据成立的，应当采纳。税务机关不能因纳税人的陈述或申辩而加重处罚。

2. 一般程序的陈述与申辩权

一般程序的税务行政处罚是指除简易程序以外的税务行政处罚。

如果税务机关对纳税人实施一般程序的税务行政处罚，在作出行政处罚决定之前，应当告知纳税人作出行政处罚决定的事实、理由及依据，并告知纳税人享有陈述、申辩的权利。如果税务行政处罚的罚款数额达到一定金额（对公民罚款2000元以上、对法人或其他组织罚款10000元以上），纳税人有权要求举行听证（详见第十三项权利）。

纳税人要求陈述、申辩的，应在税务机关作出税务行政处罚决定之前向税务机关陈述、申辩，进行陈述、申辩可以采取口头形式或书面形式。采取口头形式进行陈述、申辩的，税务机关应当记录。纳税人对陈述、申辩笔录审核无误后应签字或者盖章。

税务机关将对纳税人提出的事实、理由和证据进行复核；纳税人提出的事实、理由或者证据成立的，应当采纳。

在听取纳税人的陈述、申辩并复核后，或纳税人表示放弃陈述、申辩权后，税务机关才可以作出税务行政处罚决定，并送达纳税人签收。

（四）事例解说

2019年6月17日，某市税务分局工作人员发现A公司没有按期办理纳税申报，也无法与A公司取得联系。6月20日A公司办税员到税务分局办理了当月纳税申报。

税务分局依照《税收征管法》第六十二条规定，拟对A公司作出罚款500元的处罚决定。A公司当即向税务分局递交了辩解书，称由于洪水造成电讯中断和桥梁损坏，致使公司无法及时报告和按期申报，并非主观上故意拖延，并在道路修复后立即办理了纳税申报，故要求税务分局不予处罚。税务机关核实情况后，作出不予处罚的决定。

十一、对未出示税务检查证和税务检查通知书的拒绝检查权

税务机关派出的人员进行税务检查时，应当向纳税人出示税务检查证和税务检查通知书；对未出示税务检查证和税务检查通知书的，纳税人有权拒绝检查。

（一）拒绝检查权的含义

税务人员必须依法行使税务检查权，不得擅自对纳税人实施检查。为表明税务机关和税务人员的身份，对纳税人进行检查时税务机关应当出示税务检查证和税务检查通知书，这是税务检查的法定程序。如果税务人员未出示税务检查证和税务检查通知书，纳税人有权拒绝税务机关的检查。

（二）拒绝检查权的法律依据

《税收征管法》第五十九条　税务机关派出的人员进行税务检查时，应当出示税务检查证和税务检查通知书。未出示税务检查证和税务检查通知书的，被检查人有权拒绝检查。

《税收征管法实施细则》第八十九条　税务机关和税务人员应当依照《税收征管法》及本细则的规定行使税务检查职权。

税务人员进行税务检查时，应当出示税务检查证和税务检查通知书；无税务检查证和税务检查通知书的，纳税人、扣缴义务人及其他当事人有权拒绝检查。税务机关对集贸市场及集中经营业户进行检查时，可以使用统一的税务检查通知书。

税务检查证和税务检查通知书的式样、使用和管理的具体办法，由国家税

务总局制定。

（三）纳税人如何实现拒绝检查权

税务检查人员必须按税务检查证或税务检查通知书载明的检查范围和期限，行使税务检查权。如果税务人员未出示税务检查证和税务检查通知书，纳税人可以拒绝提供账簿、凭证等涉税资料，并可以向税务机关进行检举。

税务检查证是税务检查人员进行税务检查的法定专用公务凭证，主要内容包括持证人姓名、照片、工作单位、检查范围、检查职责、发证机关、证号、税务检查证专用章、有效期限和发证时间。

税务检查通知书是实施检查的税务机关开具给被查纳税人的告知书，载明了检查时间、检查人员的姓名、证号、检查所属期间、实施检查的税务机关名称及文书号等，并盖有签发税务机关的公章。

税务机关将纳税人以前会计年度的账簿、记账凭证、报表和其他有关资料调回税务机关进行检查时，如果未经县级以上税务局（分局）局长批准，纳税人有权拒绝。税务机关调回纳税人当年的账簿、记账凭证、报表和其他有关资料进行检查，如果未经设区的市、自治州以上税务局局长批准，纳税人也有权拒绝。

（四）事例解说

某市税务局稽查局于2019年7月2日派出两名税务稽查人员对A企业进行税收检查，稽查人员在出示了各自的检查证后即要展开检查，该企业以稽查人员未出示税务检查通知书为由而拒绝检查，以此维护自己的权益。

十二、税收法律救济权

纳税人对税务机关作出的决定，依法享有申请行政复议、提起行政诉讼、请求国家赔偿等权利。

纳税人、纳税担保人同税务机关在纳税上发生争议时，必须先依照税务机关的纳税决定缴纳或者解缴税款及滞纳金或者提供相应的担保，然后可以依法申请行政复议；对行政复议决定不服的，可以依法向人民法院起诉。如纳税人对税务机关的处罚决定、强制执行措施或者税收保全措施不服的，可以依法申请行政复议，也可以依法向人民法院起诉。

当税务机关的职务违法行为给纳税人和其他税务当事人的合法权益造成侵害时，纳税人和其他税务当事人可以要求税务行政赔偿。主要包括：一是纳税人在限期内已缴纳税款，税务机关未立即解除税收保全措施，使纳税人的合法权益遭受损失的；二是税务机关滥用职权，违法采取税收保全措施、强制执行措施或者采取税收保全措施、强制执行措施不当，使纳税人或者纳税担保人的合法权益遭受损失的。

税收法律救济权分为申请行政复议权、提起行政诉讼权和请求国家赔偿权。此外，纳税人如果是我国居民，可以按照我国对外签署的避免双重征税协定（安排）的有关规定就税收歧视、国际双重征税等问题向税务机关提出启动国际相互协商程序的申请。

（一）申请行政复议权

1. 申请行政复议权的含义

申请行政复议权，是指纳税人对税务机关作出的具体行政行为不服，依法要求复议机关进行复议，保护自身利益的权利。

具体行政行为包括征税行为、行政许可、行政审批行为、发票管理行为、税收保全措施、强制执行措施、行政处罚行为、资格认定行为、不依法确认纳税担保行为、政府信息公开工作中的具体行政行为、纳税信用等级评定行为、通知出入境管理机关阻止出境行为、不依法履行法定职责的行为等。

纳税人认为税务机关的具体行政行为所依据的规定不合法，在对具体行政行为申请行政复议时，可一并向税务行政复议机关提出对该规定的审查申请。这里的规定是指：（1）国家税务总局和国务院其他部门的规定；（2）其他各级税务机关的规定；（3）地方各级人民政府的规定；（4）地方人民政府工作部门的规定。需要注意的是，这里的规定中不包含规章。

2. 申请行政复议权的法律依据

《中华人民共和国行政复议法》（以下简称《行政复议法》）第九条　公民、法人或者其他组织认为具体行政行为侵犯其合法权益的，可以自知道该具体行政行为之日起六十日内提出行政复议申请；但是法律规定的申请期限超过六十日的除外。

因不可抗力或者其他正当理由耽误法定申请期限的，申请期限自障碍消除之日起继续计算。

《税收征管法》第八条第四款　纳税人、扣缴义务人对税务机关作出的决定，享有陈述权、申辩权；依法享有申请行政复议权利、提起行政诉讼、请求国家赔偿等权利。

3. 纳税人如何实现申请行政复议权

如果纳税人对税务机关的征税行为不服，必须依照税务机关根据法律、法规确定的税额、期限，先行缴纳或者解缴税款和滞纳金，或者提供相应的担保，才可以在缴清税款和滞纳金以后或者所提供的担保得到作出具体行政行为的税务机关确认之日起60日内提出行政复议申请。对行政复议决定不服的，可以向人民法院提起行政诉讼。

如果纳税人对征税行为以外的其他具体行政行为不服，可以申请行政复议，也可以直接向人民法院提起行政诉讼。但是，纳税人对税务机关作出逾期不缴纳罚款加处罚款的决定不服的，应当先缴纳罚款和加处罚款，再申请行政复议或者提起行政诉讼。

需要注意的是：对重大、复杂的案件，如果纳税人提出要求或者税务机关认为必要，可以采取听证的方式审理。

税务行政复议的范围和程序，详见《行政复议法》和国家税务总局颁布的《税务行政复议规则》。

4. 事例解说

2018年8月，某市税务局稽查局对A公司纳税情况进行检查，发现A公司2017年有一笔20万元的房屋出租收入未申报缴纳房产税，9月16日稽查局按规定对A公司作出了税务处理决定，责令其补缴房产税2.4万元，并加收了滞纳金，处以一倍罚款。A公司按规定缴清了税款、滞纳金、罚款，并于2018年10月6日在规定的时效内向市税务局申请行政复议。A公司认为：该公司此前已错按出租房产的原值申报缴纳了一部分房产税，稽查局在计算少缴税额时应将已缴纳的部分扣除，请求市税务局变更稽查局的处理决定。市税务局收到A公司税务行政复议申请后，根据有关法律、法规的规定决定予以受理。

市税务局经复议后认为：根据《中华人民共和国房产税暂行条例》的规定，公司出租房产的，应按出租收入征收税款，稽查局在认定少缴税额时，应将A公司已按房产原值计算缴纳的房产税予以扣除。因此，市税务局根据A公司的复议申请，依法作出了相应的税务行政复议决定。

（二）提起行政诉讼权

1. 提起行政诉讼权的含义

提起行政诉讼权是指纳税人认为税务机关的具体税务行政行为违法或者不当，侵犯了纳税人的合法权益，依法向人民法院提起行政诉讼，由人民法院对税务具体行政行为的合法性进行审理并作出判决。

2. 提起行政诉讼权的法律依据

《中华人民共和国行政诉讼法》（以下简称《行政诉讼法》）第二条　公民、法人或者其他组织认为行政机关和行政机关工作人员的具体行政行为侵犯其合法权益，有权依照本法向人民法院提起诉讼。

《税收征管法》第八条第四款　纳税人、扣缴义务人对税务机关作出的决定，享有陈述权、申辩权；依法享有申请行政复议、提起行政诉讼、请求国家赔偿等权利。

3. 纳税人如何实现提起行政诉讼权

根据现行《行政诉讼法》有关规定，税务行政诉讼程序由起诉、受理、审理、判决四部分构成。

纳税人如果符合行政诉讼的条件，可以依照《行政诉讼法》的规定，向人民法院提起税务行政诉讼。需要注意的是，纳税人对税务机关的征税行为不服的必须先提出行政复议申请，对行政复议决定不服的，可以在收到复议决定书之日起十五日内向人民法院提起行政诉讼。复议机关逾期不作决定的，纳税人可以在复议期满之日起十五日内向人民法院提起行政诉讼。纳税人对税务机关征税行为以外的其他具体行政行为不服，可以申请行政复议，也可以在知道作出具体行政行为之日起三个月内直接向人民法院提起行政诉讼。因不可抗力或其他特殊情况耽误法定期限的，在障碍消除后十日内，可以申请延长期限，由人民法院决定。

4. 事例解说

某市税务稽查局2019年8月3日对A房地产公司当年1—6月的纳税情况依法实施了检查，发现A房地产公司随商品房销售收取的价外费用未纳税申报。税务机关根据《税收征管法》的相关规定，认定其属于采取虚假申报手段进行偷税，于8月10日对该房地产开发公司作出了追缴税款和加收滞纳金，并处偷税数额2倍罚款的处理决定。

A 房地产公司缴纳了税款和滞纳金后，认为罚款过重，对罚款的处理决定不服，直接向市人民法院提起行政诉讼。法院根据《行政诉讼法》的规定予以受理。

（三）请求国家赔偿权

1. 请求国家赔偿权的含义

国家赔偿是指国家行政机关、审判机关、检察机关、监狱管理机关及其工作人员违法行使职权侵犯公民、法人和其他组织的合法权益造成损害时，国家负责向受害人赔偿的制度。当税务机关在行使职权时，有侵犯纳税人合法权益的情形，造成损害的，纳税人有请求国家赔偿的权利。

2. 请求国家赔偿权的法律依据

《行政诉讼法》第六十七条　公民、法人或者其他组织的合法权益受到行政机关或者行政机关工作人员作出的具体行政行为侵犯造成损害的，有权请求赔偿。

公民、法人或者其他组织单独就损害赔偿提出请求，应当先由行政机关解决。对行政机关的处理不服，可以向人民法院提起诉讼。

赔偿诉讼可以适用调解。

《中华人民共和国国家赔偿法》（以下简称《国家赔偿法》）第二条　国家机关和国家机关工作人员行使职权，有本法规定的侵犯公民、法人和其他组织合法权益的情形，造成损害的，受害人有依照本法取得国家赔偿的权利。

本法规定的赔偿义务机关，应当依照本法及时履行赔偿义务。

《税收征管法》第八条第四款　纳税人、扣缴义务人对税务机关所作出的决定，享有陈述权、申辩权；依法享有申请行政复议、提起行政诉讼、请求国家赔偿等权利。

《税收征管法》第三十九条　纳税人在限期内已缴纳税款，税务机关未立即解除税收保全措施，使纳税人的合法利益遭受损失的，税务机关应当承担赔偿责任。

3. 纳税人如何实现请求国家赔偿权

如果在税务机关行使职权时侵犯纳税人的人身权或财产权，纳税人可以请求国家赔偿。纳税人请求国家赔偿，应当先向赔偿义务机关提出，也可以在申请行政复议或者提起行政诉讼时一并提出。具体详见《国家赔偿法》。

需要注意的是，下列情形税务机关不承担赔偿责任：

（1）税务机关工作人员行使与职权无关的个人行为。

（2）因纳税人和其他税务当事人自己的行为致使损害发生的。

（3）法律规定的其他情形。一般是指损害已通过其他方式得到补偿，如获得保险公司赔偿等。

4. 事例解说

某市税务分局于2018年7月10日依法对A公司采取税收保全措施，扣押其香烟2箱，7月14日该公司补交了所有的税款及滞纳金，要求解除税收保全措施。但该税务分局因未能及时解除税收保全措施，致使被扣押的2箱香烟受潮变质。A公司以合法权益遭受侵害为由，要求税务机关予以赔偿。鉴于受损物已霉烂变质，税务机关受理后，依据《国家赔偿法》的有关规定，决定予以赔偿。

十三、依法要求听证的权利

对纳税人作出规定金额以上罚款的行政处罚之前，税务机关会向纳税人送达《税务行政处罚事项告知书》，告知纳税人已经查明的违法事实、证据、行政处罚的法律依据和拟将给予的行政处罚。对此，纳税人有权要求举行听证，税务机关将应纳税人的要求组织听证。如纳税人认为税务机关指定的听证主持人与本案有直接利害关系，纳税人有权申请主持人回避。

对应当进行听证的案件，税务机关不组织听证，行政处罚决定不能成立。但纳税人放弃听证权利或者被正当取消听证权利的除外。

（一）依法要求听证权的含义

依法要求听证权，是指纳税人对税务机关作出的罚款数额达到一定金额（公民罚款2000元以上、对法人或其他组织罚款10000元以上）的税务行政处罚，依法享有要求税务机关举行听证的权利。听证主要是通过纳税人的质证、申辩与陈述来核实税务机关拟作出的行政处罚决定主体是否明确，违法事实是否清楚，证据是否真实充分，程序是否合法有效，法律依据是否引用准确。

（二）听证权的法律依据

《行政处罚法》第四十二条　行政机关作出责令停产停业、吊销许可证或者执照、较大数额罚款等行政处罚决定之前，应当告知当事人有要求举行听证的权利；当事人要求听证的，行政机关应当组织听证。当事人不承担行政机关组织听证的费用。

（三）纳税人如何实现听证权

纳税人如果要求听证，应在税务机关送达《税务行政处罚事项告知书》后三日内，向税务机关书面提出申请，如果纳税人逾期不提出的，将会视为放弃听证权利。

对应当进行听证的案件，税务机关不组织听证，行政处罚决定不能成立，当事人放弃听证权利或者被正当取消听证权利的除外。

税务行政处罚听证范围、程序详见国家税务总局《税务行政处罚听证程序实施办法（试行）》。

（四）事例解说

2018 年 5 月 26 日，稽查局在增值税发票协查过程中发现，A 公司利用取得的虚开增值税专用发票抵扣税款 5 万元。5 月 28 日，稽查局依法作出进项税额转出、加收滞纳金的决定，并下达了税务行政处罚事项告知书，拟处以 3 万元罚款。5 月 30 日，该公司提出税务行政处罚听证要求。稽查局在接到纳税人听证要求后，于 6 月 4 日举行听证会。听证会上该公司有证据证明其取得的虚开增值税专用发票为善意取得，要求免交滞纳金且不予行政处罚。经调查，情况属实，稽查局依据《行政处罚法》规定，不加收滞纳金，并撤销了处罚决定。

十四、索取有关税收凭证的权利

税务机关征收税款时，必须给纳税人开具完税凭证。扣缴义务人代扣、代收税款时，纳税人要求扣缴义务人开具代扣、代收税款凭证时，扣缴义务人应当开具。

税务机关扣押商品、货物或者其他财产时，必须开付收据；查封商品、货物或者其他财产时，必须开付清单。

（一）索取有关税收凭证权的含义

纳税人在缴纳税款后有权向税务机关索取完税凭证；在税务机关扣押、查封纳税人的货物时，纳税人有权向税务机关索取扣押收据或查封清单等税收凭证。

完税凭证是指税务机关征收税款、扣缴义务人代扣或代收税款时，向纳税人开具的、证明纳税人履行纳税义务的书面凭证。扣押收据和查封清单是税务机关在行使扣押权和查封权时，向当事人开具的证明所扣押、查封的商品、货物或其他财产的两种凭证。

税收完税凭证的种类包括：税收通用缴款书、出口货物税收专用缴款书、税收汇总专用缴款书、税收通用完税证、税收定额完税证、税收转账专用完税证、代扣代收税款凭证、税收罚款收据、税收收入退还书、印花税票。

（二）索取有关税收凭证权的法律依据

《税收征管法》第三十四条　税务机关征收税款时，必须给纳税人开具完税凭证。扣缴义务人代扣、代收税款时，纳税人要求扣缴义务人开具代扣、代收税款凭证的，扣缴义务人应当开具。

《税收征管法》第四十七条　税务机关扣押商品、货物或者其他财产时，必须开付收据；查封商品、货物或者其他财产时，必须开付清单。

《税收征管法实施细则》第四十六条　税务机关收到税款后，应当向纳税人开具完税凭证。纳税人通过银行缴纳税款的，税务机关可以委托银行开具完税凭证。

（三）纳税人如何实现索取有关税收凭证权

如果纳税人是直接缴纳税款，纳税人有权要求税务机关向纳税人提供完税凭证；如果纳税人是属于代扣代缴税款的纳税人，纳税人有权要求扣缴义务人提供完税凭证。完税凭证可以通过税务机关、银行、委托代征单位、邮寄或自助打印等渠道取得。税收完税凭证的种类及其使用范围详见《税收票证管理办法》。

如果纳税人被税务机关扣押或查封商品、货物或者其他财产时，有权向税务机关索取扣押收据或查封清单。

（四）事例解说

2019年1月，某县税务局个体分局核定个体户张某应纳税额为800元，经该税务机关责令缴纳，张某仍拒不缴纳。经县税务局局长批准，该分局指派两名税务人员依法扣押张某相当于800元税款的货物，因税务人员未携带扣押收据，仅以收条代替。此案中，税务人员未提供有效税收凭证，扣押程序不合法，个体户张某有权拒绝。

第二节　纳税人的义务

一、依法进行税务登记的义务

从事生产、经营的纳税人，应办而未办工商营业执照，或不需办理工商营业执照而需经有关部门批准设立但未经有关部门批准的（简称无照户纳税人），应当自纳税义务发生之日起30日内申报办理税务登记。

无照户纳税人领取营业执照后，应当将已经发放的税务登记证件交回税务机关进行作废处理。

在各类税务登记管理中，纳税人应该根据税务机关的规定分别提交相关资料，及时办理。同时，纳税人应当按照税务机关的规定使用税务登记证件。税务登记证件不得转借、涂改、损毁、买卖或者伪造。

（一）依法进行税务登记义务的含义

税务登记是指税务机关依法对纳税人的生产经营等情况进行书面登记，并据此对纳税人实施税务管理的一种法定制度，也是纳税人必须依法履行的义务。税务登记证是纳税人在税务机关登记注册的身份证明。

2014年12月开始，根据工商营业执照、组织机构代码证和税务登记证

“三证合一”的工作要求，纳税人办理完成并取得加载统一代码的营业执照之后，就视同于完成了税务登记。纳税人无须再次进行税务登记，不再领取税务登记证。企业办理涉税事宜时，在完成补充信息采集后，凭加载统一代码的营业执照可代替税务登记证使用。

（二）依法进行税务登记义务的法律依据

《税收征管法》第十五条第一款　企业，企业在外地设立的分支机构和从事生产、经营的场所，个体工商户和从事生产、经营的事业单位（以下统称从事生产、经营的纳税人）自领取营业执照之日起三十日内，持有关证件，向税务机关申报办理税务登记。税务机关应当自收到申报之日起三十日内审核并发给税务登记证件。

《税收征管法实施细则》第十二条　从事生产、经营的纳税人应当自领取营业执照之日起30日内，向生产、经营地或者纳税义务发生地的主管税务机关申报办理税务登记，如实填写税务登记表，并按照税务机关的要求提供有关证件、资料。

前款规定以外的纳税人，除国家机关和个人外，应当自纳税义务发生之日起30日内，持有关证件向所在地的主管税务机关申报办理税务登记。

个人所得税的纳税人办理税务登记的办法由国务院另行规定。

税务登记证件的式样，由国家税务总局制定。

其他涉及变更登记、注销登记和税务登记证验证、换证以及非正常户处理、报验登记、税务登记证管理等有关事项，其法律依据分别参见：《税收征管法》第十六条、第十七条、第十八条；《税收征管法实施细则》第十三条、第十四条、第十五条、第十六条、第十七条、第十九条、第二十条、第二十一条；《税务登记管理办法》。

《关于推进工商营业执照、组织机构代码证和税务登记证“三证合一”改革的若干意见》（税总发〔2014〕152号）明确指出，“三证联办”是指工商、质监、国税、地税部门实现工商营业执照、组织机构代码证和税务登记证“三证”联办同发。即由一个窗口单位归口受理申请表和申请资料，一次性采集信息，并共享至联合办证部门，限时反馈；各部门收到申请信息、材料后，按照职责分工，同时启动复查审办，准予登记的，一并制作“三证”，并反馈受理窗口；受理窗口一次性将“三证”发放申请人，部门间实现数据互换、档案共享、结果互认。

（三）纳税人如何履行依法进行税务登记的义务

不适用“一照一码”“两证整合”的纳税人，满足以下情形的纳税人应办理纳税人（扣缴义务人）身份信息报告，并领取税务登记证件：

1. 未取得统一社会信用代码但经有关部门批准设立的。

2. 因经营地址变更等原因，注销后恢复开业的。

3. 有独立的生产经营权、在财务上独立核算并定期向发包人或者出租人上交承包费或租金的承包承租人。

4. 在中华人民共和国境内承包建筑、安装、装配、勘探工程和提供劳务的境外企业。

5. 从事生产、经营的纳税人，应经有关部门批准设立但未经有关部门批准的。

6. 非境内注册居民企业收到居民身份认定书的。

7. 根据税收法律、行政法规的规定负有扣缴税款义务的扣缴义务人，应当办理扣缴税款登记的。

（四）如果未履行税务登记义务，纳税人可能承担的法律责任

根据《税收征管法》《税收征管法实施细则》《税务登记管理办法》及《出口货物退（免）税管理办法（试行）》等有关规定，纳税人如果存在下列行为，将分别承担相应法律责任：

1. 纳税人如果未按照规定的期限申报办理税务登记、变更或者注销登记，或者未按照规定办理税务登记证件验证或者换证手续，或者通过提供虚假的证明资料等手段骗取税务登记证，或者出口商品未按规定办理出口货物退（免）税认定、变更或注销认定手续，或者停业期满不向税务机关申报办理复业登记而复业，税务机关将责令纳税人限期改正，可以处二千元以下的罚款；情节严重的，处二千元以上一万元以下的罚款。

2. 纳税人如果不办理税务登记，税务机关将责令纳税人限期改正，逾期不改正的，经税务机关提请，由工商行政管理机关吊销纳税人的营业执照。

3. 纳税人如果未按照规定使用税务登记证件，或者转借、涂改、损毁、买卖、伪造税务登记证件，税务机关将对纳税人处二千元以上一万元以下的罚

款；情节严重的，处一万元以上五万元以下的罚款。

4. 纳税人如果未按照规定办理扣缴税款登记，税务机关将责令限期改正，并可处以二千元以下的罚款。

（五）事例解说

某税务所2019年5月12日接到群众举报，辖区内B服装厂开业近2个月尚未办理营业执照，也未办理税务登记。5月14日，该税务所对B服装厂进行检查后，发现其未取得营业资质便开始进行生产销售。根据检查结果，该税务所按照《税收征管法》第六十条第一款第（一）项的规定，于5月17日责令其限期办理税务登记，同时处以2000元罚款。

二、依法设置账簿、保管账簿和有关资料以及依法开具、使用、取得和保管发票的义务

纳税人应当按照有关法律、行政法规和国务院财政、税务主管部门的规定设置账簿，根据合法、有效凭证记账，进行核算；从事生产、经营的，必须按照国务院财政、税务主管部门规定的保管期限保管账簿、记账凭证、完税凭证及其他有关资料；账簿、记账凭证、完税凭证及其他有关资料不得伪造、变造或者擅自损毁。

纳税人在购销商品、提供或者接受经营服务以及从事其他经营活动中，应当依法开具、使用、取得和保管发票。

（一）依法设置账簿、保管账簿和有关资料的义务

1. 依法设置账簿、保管账簿和有关资料义务的含义

纳税人应当按照有关法律、行政法规和国务院财政、税务主管部门的规定设置账簿，根据合法、有效凭证记账，进行核算，并按照规定的保管期限，保管账簿、记账凭证、完税凭证及其他有关资料，不得伪造、变造或者擅自损毁。

账簿是纳税人、扣缴义务人连续地记录其各种经济业务的账册或簿籍。它包括总账、明细账、日记账以及其他辅助性账簿，其中总账、日记账必须采用订本式。

凭证是纳税人用来记录经济业务，明确经济责任，并据以登记账簿的书面证明。凭证分为原始凭证和记账凭证。原始凭证是经济业务发生时所取得或填制的凭证。记账凭证是由会计人员根据审核无误的原始凭证，按照其内容应用会计科目和复式记账方法，加以归类整理，并据以确定会计分录和登记账簿的凭证。

2. 依法设置账簿、保管账簿和有关资料义务的法律依据

《税收征管法》第十九条 纳税人、扣缴义务人按照有关法律、行政法规和国务院财政、税务主管部门的规定设置账簿，根据合法、有效凭证记账，进行核算。

《税收征管法》第二十四条 从事生产、经营的纳税人、扣缴义务人必须按照国务院财政、税务主管部门规定的保管期限保管账簿、记账凭证、完税凭证及其他有关资料。

账簿、记账凭证、完税凭证及其他有关资料不得伪造、变造或者擅自损毁。

其他设置、保管账簿及有关资料等事项，法律依据分别参见：《税收征管法实施细则》第二十二条、第二十三条、第二十五条、第二十六条、第二十七条、第二十九条。

3. 纳税人如何履行依法设置账簿、保管账簿和有关资料的义务

从事生产、经营的纳税人应当自领取营业执照或者发生纳税义务之日起15日内，按照国家有关规定设置账簿；扣缴义务人应当自税收法律、行政法规规定的扣缴义务发生之日起10日内，按照所代扣、代收的税种，分别设置代扣代缴、代收代缴税款账簿。

纳税人的账簿、记账凭证、报表、完税凭证、发票、出口凭证以及其他有关涉税资料应当保存10年；法律、行政法规另有规定的除外。

纳税人应当按照有关法律、行政法规和国务院财政、税务主管部门的规定设置账簿，根据合法、有效凭证记账，进行核算。

纳税人如果生产、经营规模小又确无建账能力，可以聘请经批准从事会计代理记账业务的专业机构或者经税务机关认可的财会人员代为建账和办理账务；聘请上述机构或者人员有实际困难的，经县以上税务机关批准，可以按照税务机关的规定，建立收支凭证粘贴簿、进货销货登记簿。

纳税人的账簿、会计凭证和报表，应当使用中文。民族自治地方可以同时

使用当地通用的一种民族文字。外商投资企业和外国企业可以同时使用一种外国文字。

纳税人如果会计制度健全，能够通过计算机正确、完整计算纳税人的收入和所得或者代扣代缴、代收代缴税款情况的，纳税人的计算机输出的完整的书面会计记录，可视同会计账簿。会计制度不健全，不能通过计算机正确、完整计算收入和所得或者代扣代缴、代收代缴税款情况的，应当建立总账及与纳税或者代扣代缴、代收代缴税款有关的其他账簿。

账簿、记账凭证、完税凭证及其他有关资料应当合法、真实、完整。不得伪造、变造或者擅自损毁。

纳税人如果有下列情形之一，税务机关有权核定应纳税额：

（1）依照法律、行政法规的规定可以不设置账簿的；

（2）依照法律、行政法规的规定应当设置账簿但未设置的；

（3）擅自销毁账簿或者拒不提供纳税资料的；

（4）虽设置账簿，但账目混乱或者成本资料、收入凭证、费用凭证残缺不全，难以查账的。

4. 如果未履行依法设置账簿、保管账簿和有关资料义务，纳税人可能承担的法律责任

纳税人如果未按照规定设置、保管账簿或者保管记账凭证和有关资料，税务机关将责令纳税人限期改正，可以处二千元以下的罚款；情节严重的，处二千元以上一万元以下的罚款。

纳税人未按照规定设置、保管代扣代缴、代收代缴税款账簿或者保管代扣代缴、代收代缴税款记账凭证及有关资料，税务机关将责令纳税人限期改正，可以处二千元以下的罚款；情节严重的，处二千元以上五千元以下的罚款。

纳税人如果伪造、变造、隐匿、擅自销毁账簿、记账凭证，不缴或者少缴应纳税款，税务机关将追缴纳税人不缴或者少缴的税款、滞纳金，并处不缴或者少缴的税款百分之五十以上五倍以下的罚款；构成犯罪的，由司法机关依法追究刑事责任。

5. 事例解说

B公司成立于2019年3月8日，采用小企业会计制度，依法应当设置总账及相应各类明细账、日记账，且总账、日记账应采用订本式。2019年4—6月，B公司连续进行收入和纳税零申报。税务机关遂要求B公司提供经营账簿备

查，但B公司在此期间尚未建立账簿，因此不能提供。根据以上情况，税务机关于6月21日对B公司作出责令其限期改正的处理决定，同时处以罚款处罚。

【相关知识】

首违不罚

为贯彻落实中共中央办公厅、国务院办公厅《关于进一步深化税收征管改革的意见》、国务院常务会有关部署，深入开展2021年“我为纳税人缴费人办实事暨便民办税春风行动”，推进税务领域“放管服”改革，更好地服务市场主体，根据《中华人民共和国行政处罚法》《中华人民共和国税收征收管理法》及其实施细则等法律法规，国家税务总局制定了《税务行政处罚“首违不罚”事项清单》，自2021年4月1日起施行。

对于首次发生清单中所列事项且危害后果轻微，在税务机关发现前主动改正或者在税务机关责令限期改正的期限内改正的，不予行政处罚。税务机关应当对当事人加强税法宣传和辅导。

《税务行政处罚“首违不罚”事项清单》具体内容：

1. 纳税人未按照税收征收管理法及实施细则等有关规定将其全部银行账号向税务机关报送。

2. 纳税人未按照税收征收管理法及实施细则等有关规定设置、保管账簿或者保管记账凭证和有关资料。

3. 纳税人未按照税收征收管理法及实施细则等有关规定的期限办理纳税申报和报送纳税资料。

4. 纳税人使用税控装置开具发票，未按照税收征收管理法及实施细则、发票管理办法等有关规定的期限向主管税务机关报送开具发票的数据且没有违法所得。

5. 纳税人未按照税收征收管理法及实施细则、发票管理办法等有关规定取得发票，以其他凭证代替发票使用且没有违法所得。

6. 纳税人未按照税收征收管理法及实施细则、发票管理办法等有关规定缴销发票且没有违法所得。

7. 扣缴义务人未按照税收征收管理法及实施细则等有关规定设置、保管代扣代缴、代收代缴税款账簿或者保管代扣代缴、代收代缴税款记账凭证及有关资料。

8. 扣缴义务人未按照税收征收管理法及实施细则等有关规定的期限报送代扣代缴、代收代缴税款有关资料。

9. 扣缴义务人未按照《税收票证管理办法》的规定开具税收票证。

10. 境内机构或个人向非居民发包工程作业或劳务项目，未按照《非居民承包工程作业和提供劳务税收管理暂行办法》的规定向主管税务机关报告有关事项。

（二）依法使用、取得和保管发票义务

1. 依法使用、取得和保管发票义务的含义

发票是指在购销商品，提供或者接受服务以及从事其他经营活动中，开具、收取的收付款凭证。其中，增值税专用发票是增值税一般纳税人销售货物或者提供应税劳务开具的发票，是购买方支付增值税额并可按照增值税有关规定据以抵扣增值税进项税额的凭证。对于各类发票的印制、领用、开具、取得、保管、使用和缴销，纳税人均应依法进行。

2. 依法使用、取得和保管发票义务的法律依据

《税收征管法》第二十一条　税务机关是发票的主管机关，负责发票印制、领用、开具、取得、保管、缴销的管理和监督。

单位、个人在购销商品、提供或者接受经营服务以及从事其他经营活动中，应当按照规定开具、使用、取得发票。发票的管理办法由国务院规定。

《税收征管法》第二十二条　增值税专用发票由国务院税务主管部门指定的企业印制；其他发票，按照国务院税务主管部门的规定，分别由省、自治区、直辖市国家税务局、地方税务局指定企业印制。未经前款规定的税务机关指定，不得印制发票。

其他发票的开具、使用、取得、保管等有关事项，其法律依据分别参见：《税收征管法实施细则》《中华人民共和国发票管理办法》（以下简称《发票管理办法》）、《中华人民共和国发票管理办法实施细则》（以下简称《发票管理办法实施细则》）、《中华人民共和国增值税暂行条例》（以下简称《增值税暂行条例》）、《中华人民共和国增值税暂行条例实施细则》（以下简称《增值税暂行条例实施细则》）、《增值税专用发票使用规定》。

3. 纳税人如何履行依法使用、取得和保管发票的义务

(1) 发票领用。

发票领用是指纳税人向税务机关领取发票的行为。

依法办理税务登记的单位和个人，在领取税务登记证件后，向纳税人的主管税务机关申请领用发票。需要临时使用发票的单位和个人，可以直接向纳税人的主管税务机关申请办理。

纳税人应当提出领用申请，提供经办人身份证明、税务登记证件或者其他有关证明，以及财务印章或者发票专用章的印模，经纳税人的主管税务机关审核后，领取发票领用簿。纳税人应当凭发票领用簿核准的种类、数量以及购票方式，向纳税人的主管税务机关领用发票。

纳税人临时到本省、自治区、直辖市行政区域以外从事经营活动，应当凭所在地税务机关的证明，向经营地税务机关申请领用经营地的发票。

(2) 发票开具、取得及使用。

发票开具是指按照经济业务实际发生的情况填制、出具发票。

发票取得是指单位和个人从发生经济往来的对方获得发票，也是发票管理的重要环节。

销售商品、提供服务以及从事其他经营活动的单位和个人，对外发生经营业务收取款项，收款方应向付款方开具发票；特殊情况下由付款方向收款方开具发票。

纳税人在购买商品、接受服务以及从事其他经营活动支付款项时，应当向收款方取得发票。取得发票时，不得要求变更品名和金额。不符合规定的发票，不得作为财务报销凭证，纳税人有权拒收。

纳税人开具发票应当按照规定的时限、顺序，逐栏、全部联次一次性如实开具，并加盖单位财务印章或者发票专用章。

纳税人使用电子计算机开具发票，须经纳税人的主管税务机关批准，并使用税务机关统一监制的发票，开具后的存根联应当按照顺序号装订成册。

纳税人不得转借、转让、代开发票；不得拆本使用发票；不得自行扩大专业发票使用范围；禁止倒买倒卖发票、发票监制章和发票防伪专用品。

纳税人不得跨规定的使用区域携带、邮寄、运输空白发票。禁止携带、邮寄或者运输空白发票出入境。

纳税人应当建立发票使用登记制度，设置发票登记簿，并定期向主管税务

机关报告发票使用情况。

纳税人应当在办理变更或者注销税务登记的同时，办理发票和发票领用簿的变更、缴销手续。

（3）发票保管、缴销。

发票保管是指领用、开具发票的单位和个人存放和管理发票的活动。发票缴销是指单位和个人向税务机关缴回已使用或未使用的发票，由纳税人的主管税务机关将其销毁。纳税人应当按照税务机关的规定存放和保管发票，不得擅自损毁。已开具的发票存根联和发票登记簿，应当保存五年。保存期满，报经税务机关查验后销毁。

4. 如果未履行使用、取得和保管发票义务，纳税人可能承担的法律责任

纳税人如果未按照规定印制发票或者生产发票防伪专用品，未按照规定领用、开具、取得、保管发票，或者未按照规定接受税务机关检查，税务机关将责令纳税人限期改正，没收非法所得，并可以处一万元以下的罚款。有以上所列两种或者两种以上行为的，可以分别处罚。

纳税人如果非法印制发票，税务机关将销毁非法印制的发票，没收违法所得和作案工具，并处一万元以上五万元以下的罚款；构成犯罪的，由司法机关依法追究刑事责任。

纳税人如果非法携带、邮寄、运输或者存放空白发票，税务机关将收缴发票，没收非法所得，可以并处一万元以下的罚款。

纳税人如果私自印制、伪造变造、倒买倒卖发票，私自制作发票监制章、发票防伪专用品，税务机关将依法予以查封、扣押或者销毁，没收非法所得和作案工具，可以并处一万元以上五万元以下的罚款；构成犯罪的，由司法机关依法追究刑事责任。

纳税人如果违反发票管理法规，导致其他单位或者个人未缴、少缴或者骗取税款，税务机关将没收非法所得，可以并处未缴、少缴或者骗取的税款一倍以下的罚款。

5. 事例解说

2019 年 3 月，某市税务局稽查局接到群众举报，B 茶叶经销公司可能存在偷税行为，稽查局对该公司进行税收检查。检查结果表明：该公司自上年 3 月至 12 月期间，在茶叶产区购入茶叶 5 万公斤；但该公司在销售过程中，采取“大头小尾”手段填开销售发票，将茶叶销售给区外的客商，应纳各种税款 200

万元，但该公司同期仅申报缴纳各种税款100万元，少缴税款100万元，占其应纳税款的50%。稽查局依照《增值税暂行条例》及《税收征管法》的有关规定，向该公司下达了税务处理决定，追缴其少缴的税款100万元及相应滞纳金，并按照《税收征管法》第六十三条第一款的规定对其处以少缴税款1.5倍的罚款。该公司按期补缴了税款、滞纳金和罚款。

该公司采取“大头小尾”手段进行偷税的行为已构成犯罪，但根据《中华人民共和国刑法》第二百零一条第四款“经税务机关依法下达追缴通知后，补缴应纳税款，缴纳滞纳金，已受行政处罚的，不予追究刑事责任”的规定，稽查局对该公司不作移交司法机关处理。

三、财务会计制度和会计核算软件备案的义务

纳税人的财务、会计制度或者财务、会计处理办法和会计核算软件，应当报送税务机关备案。纳税人的财务、会计制度或者财务、会计处理办法与国务院或者国务院财政、税务主管部门有关税收的规定抵触的，应依照国务院或者国务院财政、税务主管部门有关税收的规定计算应纳税款、代扣代缴和代收代缴税款。

（一）财务会计制度和会计核算软件备案义务的含义

财务会计制度和会计核算软件备案是指从事生产、经营的纳税人必须将所采用的财务、会计制度，具体的财务、会计处理办法和会计核算软件，按税务机关的规定，及时报送税务机关存储备查。

国家统一的会计制度是指国务院财政主管部门根据会计法规制定的关于会计核算、会计监督、会计机构和会计人员以及会计工作管理的制度。

会计核算软件是指专门用于会计核算工作的电子计算机应用软件，包括采用各种计算机语言编制的用于会计核算工作的计算机软件程序。

（二）财务会计制度和会计核算软件备案义务的法律依据

《税收征管法》第二十条　从事生产、经营的纳税人的财务、会计制度或者财务、会计处理办法和会计核算软件，应当报送税务机关备案。

纳税人、扣缴义务人的财务、会计制度或者财务、会计处理办法与国务院

或者国务院财政、税务主管部门有关税收的规定抵触的，依照国务院或者国务院财政、税务主管部门有关税收的规定计算应纳税款、代扣代缴和代收代缴税款。

《税收征管法实施细则》第二十四条　从事生产、经营的纳税人应当自领取税务登记证件之日起15日内，将其财务、会计制度或者财务、会计处理办法报送主管税务机关备案。

纳税人使用计算机记账的，应当在使用前将会计电算化系统的会计核算软件、使用说明书及有关资料报送主管税务机关备案。

纳税人建立的会计电算化系统应当符合国家有关规定，并能正确、完整核算其收入或者所得。

（三）纳税人如何履行财务会计制度和会计核算软件备案的义务

符合建账条件且按照查账征收方式征收税款的从事生产、经营的纳税人，应当将财务、会计制度或者财务、会计处理办法和会计核算软件，报送纳税人的主管税务机关备案。

纳税人如果使用计算机记账，应当在使用前将会计电算化系统的会计核算软件、使用说明书及有关资料报送纳税人的主管税务机关备案。

纳税人建立的会计电算化系统应当符合国家有关规定，并能正确、完整核算收入或者所得。

纳税人的财务、会计制度或者财务、会计处理办法如与国务院或者国务院财政、税务主管部门有关税收的规定抵触，应依照国务院或者国务院财政、税务主管部门有关税收的规定计算应纳税款、代扣代缴和代收代缴税款。

（四）如果未履行财务会计制度和会计核算软件备案义务，纳税人可能承担的法律责任

纳税人如果未按照规定将财务、会计制度或者财务、会计处理办法和会计核算软件报送税务机关备查，税务机关将责令纳税人限期改正，可以处二千元以下的罚款；情节严重的，处二千元以上一万元以下的罚款。

（五）事例解说

B公司为增值税一般纳税人，该公司原为手工记账。2021年5月18日，

主管税务机关对该公司进行税务检查时发现，B公司于2021年3月开始使用计算机记账，但是一直未将使用的会计电算化系统的会计核算软件、使用说明书等向主管税务机关备案。

发现这一问题之后，税务机关工作人员立即对B公司进行相应教育，并要求于5月20日前进行整改。B公司于第二天便向税务机关报送了会计核算软件、使用说明书。为此税务机关工作人员认为B公司的行为危害后果轻微且能够在税务机关责令限期改正的期限内改正，便做出了不予行政处罚的决定。

四、按照规定安装、使用税控装置的义务

国家根据税收征收管理的需要，积极推广使用税控装置。纳税人应当按照规定安装、使用税控装置，不得损毁或者擅自改动税控装置。如纳税人未按规定安装、使用税控装置，损毁或者擅自改动税控装置的，税务机关将责令纳税人限期改正，并可根据情节轻重处以规定数额内的罚款。

（一）按照规定安装、使用税控装置义务的含义

纳税人应当按照税务机关的要求安装、使用税控装置，报送有关数据和资料，不得损毁或者擅自改动税控装置。税控装置是正确反映纳税人收入情况，保证计税依据和有关数据的正确生成、安全传递及可靠储存，并能实现税收控制、管理的器具和支持该器具的管理系统。

（二）按照规定安装、使用税控装置义务的法律依据

《税收征管法》第二十三条　国家根据税收征收管理的需要，积极推广使用税控装置。纳税人应当按照规定安装、使用税控装置，不得损毁或者擅自改动税控装置。

《税收征管法实施细则》第二十八条　纳税人应当按照税务机关的要求安装、使用税控装置，并按照税务机关的规定报送有关数据和资料。

税控装置推广应用的管理办法由国家税务总局另行制定，报国务院批准后实施。

（三）纳税人如何履行按照规定安装、使用税控装置的义务

纳税人所开具的增值税专用发票，必须纳入防伪税控系统管理，普通发票纳入防伪税控一机多票系统管理。其他符合规定条件的纳税人，也应按照税务机关的统一要求，安装使用税控装置。

纳税人购置税控装置后，应当立即到纳税人的主管税务机关进行注册登记。新开业的用户，应当在办理税务登记的同时购置税控装置，并完成注册登记。纳税人如果在专业市场内，可由市场主办单位集中管理，统一购置使用税控装置。纳税人在使用税控收款机之前，由主管税务机关使用国家税务总局下发的《税控收款机管理系统》实施税控初始化。在经营过程中，不论以现金还是非现金方式收取款项（开具增值税专用发票的除外），都必须通过税控收款机如实录入经营数据，开具由税务机关统一印制的税控收款机发票。具体流程对照税控收款机管理系统软件操作内容，按照国家税务总局《税控收款机管理系统业务操作规程》的规定办理。

（四）如果未履行按照规定安装、使用税控装置的义务，纳税人可能承担的法律责任

纳税人如果未按规定使用税控收款机，或者不如实录入销售或经营数据，或者发生税控收款机丢失、被盗，或者擅自拆卸、改动和破坏税控收款机，上述行为造成纳税人申报的计税依据明显偏低，又无正当理由的，由主管税务机关核定纳税人的应纳税额。

纳税人如果未按照规定安装、使用税控装置，或者损毁、擅自改动税控装置，税务机关将责令纳税人限期改正，可以对纳税人处二千元以下的罚款；情节严重的，处二千元以上一万元以下的罚款。造成不缴或者少缴税款的，应当补缴税款、滞纳金。

纳税人如果未按照规定开具税控发票，税务机关将按照有关规定处理。

（五）事例解说

某区税务局稽查人员在2019年6月8日对B加油站进行专项检查时，发现该加油站加油机的税控装置部分已经损坏。税务机关经过认真调查取证，发现税控装置的损坏系是人为所致。税务机关依据税收法律规定，对该加油站发出

责令限期改正通知书，并作出罚款的决定。

五、按时、如实申报的义务

纳税人必须依照法律、行政法规规定或者税务机关依照法律、行政法规的规定确定的申报期限、申报内容如实办理纳税申报，报送纳税申报表、财务会计报表以及税务机关根据实际需要要求纳税人报送的其他纳税资料。

作为扣缴义务人，纳税人必须依照法律、行政法规规定或者税务机关依照法律、行政法规的规定确定的申报期限、申报内容如实报送代扣代缴、代收代缴税款报告表以及税务机关根据实际需要要求纳税人报送的其他有关资料。

纳税人即使在纳税期内没有应纳税款，也应当按照规定办理纳税申报。享受减税、免税待遇的，在减税、免税期间应当按照规定办理纳税申报。

（一）按时、如实申报义务的含义

纳税申报是指纳税人按照税法规定期限和内容向税务机关提交有关纳税事项书面报告的法律行为，是纳税人履行纳税义务、承担法律责任的主要依据，是税务机关税收管理信息的主要来源和税务管理的一项重要制度。按时申报是指应在规定的申报期限内进行申报，如实申报是指客观、正确地反映纳税人的计税依据和应纳税额。

无论纳税人当期是否有应纳税额，是否享受减税、免税待遇，纳税人都应当在规定纳税申报期限内办理纳税申报手续；如果纳税人是扣缴义务人，应当按照规定的申报期限，将代扣代缴、代收代缴情况进行申报，并报送代扣代缴、代收代缴税款报告表，以及税务机关要求报送的其他有关资料。以上所称的纳税申报表，是指税务机关为方便纳税人统一办理申报设计的专用税收表格，可以作为纳税人纳税申报的书面报告。

（二）按时、如实申报义务的法律依据

《税收征管法》第二十五条　纳税人必须依照法律、行政法规规定或者税务机关依照法律、行政法规的规定确定的申报期限、申报内容如实办理纳税申报，报送纳税申报表、财务会计报表以及税务机关根据实际需要要求纳税人报送的其他纳税资料。

扣缴义务人必须依照法律、行政法规规定或者税务机关依照法律、行政法规的规定确定的申报期限、申报内容如实报送代扣代缴、代收代缴税款报告表以及税务机关根据实际需要要求扣缴义务人报送的其他有关资料。

《税收征管法实施细则》第三十二条　纳税人在纳税期内没有应纳税款的，也应当按照规定办理纳税申报。

纳税人享受减税、免税待遇的，在减税、免税期间应当按照规定办理纳税申报。

其他各税种纳税申报的有关事项，其法律依据参见相关的法律、行政法规、规章。

（三）纳税人如何履行按时、如实申报义务

纳税人可以采取“非接触式”方式，通过电子税务局等渠道进行纳税申报，或者直接到税务机关办税服务厅（室）办理纳税申报或者报送代扣代缴、代收代缴税款报告表；也可以经税务机关批准，采取邮寄申报、数据电文申报（包括电话语音、电子数据交换和网络传输等）办理纳税申报或者报送代扣代缴、代收代缴税款报告表；或者按照主管税务机关要求，采取其他申报方式。纳税申报时，应当按照各税种的管理规定，在规定时限内办理纳税申报手续。

（四）如果未履行按时、如实申报义务，纳税人可能承担的法律责任

纳税人如果未按照规定的期限办理纳税申报和报送纳税资料，或者未按照规定的期限向税务机关报送代扣代缴、代收代缴税款报告表和有关资料，税务机关将责令纳税人限期改正，可以对纳税人处以二千元以下的罚款；情节严重的，可以处以二千元以上一万元以下的罚款。

纳税人如果不进行纳税申报，不缴或者少缴应纳税款的，税务机关将追缴纳税人不缴或者少缴的税款、滞纳金，并处以不缴或者少缴的税款百分之五十以上五倍以下的罚款。

（五）事例解说

B公司2019年2月份销售额为3.6万元，但在2019年3月15日之前没有进行纳税申报，主管税务机关于3月16日对其进行催报，发出责令限期改正通知书，并根据违法情节，对B公司作出罚款决定。

六、按时缴纳税款的义务

纳税人应当按照法律、行政法规规定或者税务机关依照法律、行政法规的规定确定的期限，缴纳或者解缴税款。未按照规定期限缴纳税款或者未按照规定期限解缴税款的，税务机关除责令限期缴纳外，从滞纳税款之日起，按日加收滞纳税款万分之五的滞纳金。

（一）按时缴纳税款义务的含义

按时缴纳税款是指纳税人应当按照税收法律、行政法规的规定，将当期应该缴纳的税款，在规定期限内进行缴纳的行为；以及扣缴义务人应当将纳税人当期应缴纳的税款进行代收或者代扣之后，在规定期限内将税款进行解缴的行为。按时缴纳税款义务的法律依据如下：

《税收征管法》第四条第三款　纳税人、扣缴义务人必须依照法律、行政法规的规定缴纳税款、代扣代缴、代收代缴税款。

涉及按时缴纳税款的其他有关事项，其法律依据参见《税收征管法》第三十条第一款和第二款、第三十一条第一款，以及各相关税种的法律、法规、规章。

（二）纳税人如何履行按时缴纳税款义务

为了方便纳税人缴纳税款，税务机关根据实际情况设定了多种的缴款方式，纳税人可以根据自身条件，选择税务机关认可的现金、支票、银行卡或者电子结算等缴款方式。履行按时缴纳税款义务的内容与“按时、如实申报的义务”基本一致，纳税人可以参照对“按时、如实申报的义务”解读的内容，如需更详细地了解，纳税人可以查阅各税种的具体规定，或者向当地主管税务机关咨询。

（三）如果未履行按时缴纳税款义务，纳税人可能承担的法律责任

纳税人如果未按照规定期限缴纳税款，或者未按照规定期限解缴税款，税务机关将责令纳税人限期缴纳，从滞纳税款之日起，按日加收滞纳税款万分之五的滞纳金。

纳税人如果是从事生产、经营的纳税人、扣缴义务人，未在规定期限内缴纳或者解缴税款，或者纳税人作为纳税担保人未按照规定的期限缴纳所担保的税款，经税务机关责令限期缴纳，逾期仍未缴纳的，税务机关可以依照《税收征管法》第四十条的规定采取强制执行措施追缴纳税人不缴或者少缴的税款。

此外，无论纳税人是否是从事生产、经营的纳税人、扣缴义务人或者纳税担保人，如纳税人在规定期限内不缴、少缴应纳或者应解缴的税款，经税务机关责令限期缴纳，逾期仍未缴纳的，税务机关均可以处不缴或者少缴的税款百分之五十以上五倍以下的罚款。

（四）事例解说

B 公司在 2019 年 5 月 5 日办理了税务登记，主要从事服装加工、销售业务，5 月份当月销售额约 10 万元。该公司于 2019 年 6 月 10 日按照规定向其主管税务机关办理了纳税申报，但是因该公司办税人员工作失误，未在 6 月 15 日之前缴纳应纳税款。根据《税收征管法》规定，税务机关对其发出责令限期改正通知书，并从 6 月 16 日起按日加收滞纳税款万分之五的滞纳金，同时处以应纳税款百分之五十的罚款。

七、代扣、代收税款的义务

如纳税人按照法律、行政法规规定负有代扣代缴、代收代缴税款义务，必须依照法律、行政法规的规定履行代扣、代收税款的义务。纳税人依法履行代扣、代收税款义务时，纳税人不得拒绝。纳税人拒绝的，纳税人应当及时报告税务机关处理。

（一）代扣、代收税款义务的含义

按照法律或行政法规规定负有代收代缴、代扣代缴税款义务的单位和个人为扣缴义务人，其中：单位既可以是各种类型的企业，也可以是行政单位、事业单位等其他组织；个人可以是个体经营者或者其他个人。

代扣税款是指支付纳税人收入的单位和个人，按照税收法律、行政法规规定，从向纳税人所支付的款项中，将纳税人的应纳税款代为扣缴的行为。

代收税款是指与纳税人有经济往来关系的单位和个人，借助经济往来关系向纳税人代收其应纳税款的行为。

作为扣缴义务人，纳税人履行了代扣代缴、代收代缴税款义务后，税务机关将按照规定向纳税人支付代扣代缴、代收代缴税款的手续费。

（二）代扣、代收税款义务的法律依据

《税收征管法》第四条第三款　纳税人、扣缴义务人必须依照法律、行政法规的规定缴纳税款、代扣代缴、代收代缴税款。

《税收征管法》第三十条第一款和第二款　扣缴义务人依照法律、行政法规的规定履行代扣、代收税款的义务。对法律、行政法规没有规定负有代扣、代收税款义务的单位和个人，税务机关不得要求其履行代扣、代收税款义务。

扣缴义务人依法履行代扣、代收税款义务时，纳税人不得拒绝。纳税人拒绝的，扣缴义务人应当及时报告税务机关处理。

《税收征管法实施细则》第九十四条　纳税人拒绝代扣、代收税款的，扣缴义务人应当向税务机关报告，由税务机关直接向纳税人追缴税款、滞纳金；纳税人拒不缴纳的，依照《税收征管法》第六十八条的规定执行。

（三）纳税人如何履行代扣、代收税款义务

作为扣缴义务人，纳税人可能会负有以下几个常见税种的代扣代缴、代收代缴义务，并应按照规定的期限向税务机关报送代扣代缴、代收代缴税款报告表和有关资料。

1. 增值税

中华人民共和国境外的单位或者个人在境内提供应税劳务，在境内未设有经营机构的，以其境内代理人为扣缴义务人；在境内没有代理人的，以购买方为扣缴义务人。

纳税人扣缴义务发生的时间为纳税人纳税义务发生的当天，并应当在纳税期限内足额向纳税人的主管税务机关申报解缴已扣缴的税款。

2. 消费税

委托加工的应税消费品，受托方为扣缴义务人（受托方为个人的除外），由受托方在向委托方交货时代收代缴税款。纳税人扣缴义务发生的时间为委托方提货的当天，并应当在纳税期限内足额向纳税人的主管税务机关申报解缴已扣缴的税款。

3. 企业所得税

非居民企业在中国境内未设立机构、场所的，或虽设立机构、场所但取得的所得与其所设机构、场所没有实际联系的所得应缴纳的所得税，实行源泉扣缴，以支付人为扣缴义务人；对非居民企业在中国境内取得工程作业和劳务所得应缴纳的所得税，税务机关可以指定工程价款或者劳务费的支付人为扣缴义务人。

纳税人应在每次支付或者到期应支付时，从支付或者到期应支付的款项中扣缴税款；纳税人每次代扣的税款，应自代扣之日起七日内足额向纳税人的主管税务机关申报缴纳。

4. 个人所得税

凡支付个人应纳税所得的单位和个人，为个人所得税的扣缴义务人。

纳税人在支付纳税人应税所得时，应履行代扣、代缴个人所得税的义务，应扣的税款按月计征，并应当在次月 15 日内足额向纳税人的主管税务机关申报缴纳已扣缴的税款。

5. 资源税

收购未税矿产品的单位为资源税的扣缴义务人，所指的单位是独立矿山、联合企业及其他收购未税矿产品的单位。纳税人履行代扣代缴税款的义务发生时间为支付货款的当天，并应当在纳税期限内足额向纳税人的主管税务机关申报缴纳已扣缴的税款。

6. 城市维护建设税及教育费附加

城市维护建设税及教育费附加以纳税人实际缴纳的增值税、消费税、营业税的税额为计税依据，分别与增值税、消费税、营业税同时缴纳，以上税种的扣缴义务人同时也是城市维护建设税及教育费附加的扣缴义务人，与其履行义务的主要内容一致。

7. 车船税

从事机动车交通事故责任强制保险业务的保险机构为机动车车船税的扣缴义务人。

扣缴义务人在纳税人购买机动车交通事故责任强制保险的同时扣缴车船税，并应当及时解缴代收代缴的税款，具体期限参照各省、自治区、直辖市地方税务机关的规定执行。除以上列举税种外，其他税种的代扣、代收义务的要求，纳税人可查阅相关法律、法规、规章的规定，或者向纳税人的主管税务机关进行咨询。

（四）如果未履行代扣、代收税款义务，纳税人可能承担的法律责任

纳税人如果未按照规定的期限向主管税务机关报送代扣代缴、代收代缴税款报告表和有关资料，税务机关将责令纳税人限期改正，并可以处二千元以下的罚款；情节严重的，可以处二千元以上一万元以下的罚款。

纳税人如果应扣未扣、应收而不收税款，税务机关可对纳税人处应扣未扣、应收未收税款百分之五十以上三倍以下的罚款。

（五）事例解说

2019 年 8 月 2 日，税务机关接到群众举报说 B 公司年初以来未按规定代扣个人所得税，税务机关在对其进行检查的过程中发现，该公司每月向甲、乙、丙三类员工分别实际发放工资 8200 元、7600 元、5400 元，无其他应发放或应扣除项目。上述三类员工的工资每月均超过了 5000 元的费用扣除标准（无其他专项扣除、专项附加扣除、依法确定的其他扣除），但是该公司未按照规定进行个人所得税的代扣代缴，税务机关于 8 月 3 日向该公司发出责令限期改正通知书，并按规定对其作出罚款的决定。

八、接受依法检查的义务

纳税人有接受税务机关依法进行税务检查的义务，应主动配合税务机关按法定程序进行的税务检查，如实地向税务机关反映自己的生产经营情况和执行财务制度的情况，并按有关规定提供报表和资料，不得隐瞒和弄虚作假，不能阻挠、刁难税务机关的检查和监督。

（一）接受依法检查义务的含义

税务检查是税务机关依据法律、行政法规的规定对纳税人、扣缴义务人的缴纳或代扣代缴、代收代缴税款及其他有关税务事项进行的检查和处理工作的总称。

接受依法检查义务包括：接受税务机关依法进行的检查和处理，不得逃避；客观反映有关情况，如实提供有关报表和资料；不得有相关法律、法规禁止的隐瞒、弄虚作假、阻挠、刁难等拒绝检查的行为。

（二）接受依法检查义务的法律依据

《税收征管法》第五十六条　纳税人、扣缴义务人必须接受税务机关依法进行的税务检查，如实反映情况，提供有关资料，不得拒绝、隐瞒。

《税收征管法》第五十七条　税务机关依法进行税务检查时，有权向有关单位和个人调查纳税人、扣缴义务人和其他当事人与纳税或者代扣代缴、代收代缴税款有关的情况，有关单位和个人有义务向税务机关如实提供有关资料及证明材料。

（三）纳税人如何履行接受依法检查义务

纳税人应当按照税务机关的要求如实提供纳税人的账簿、记账凭证、报表和有关资料；配合税务机关对纳税人的生产、经营场所和货物存放地进行检查；按照税务机关的要求提供与纳税或者代扣代缴、代收代缴税款有关的文件、证明材料和有关资料；如实回答税务机关对纳税人纳税或者代扣代缴、代收代缴税款有关的询问；如实反映情况，提供有关资料，不得拒绝、隐瞒或阻挠，并配合税务机关记录、录音、录像、照相和复制。

车站、码头、机场、邮政企业及其分支机构等有关单位应配合税务机关依法对托运、邮寄应纳税商品、货物或者其他财产的有关单据、凭证和有关资料进行的检查；银行及其他金融机构应配合经县以上税务局（分局）局长批准的存款账户检查及经设区的市、自治州以上税务局（分局）局长批准的案件涉嫌人员的储蓄账户检查。

（四）如果未履行接受依法检查的义务，纳税人可能承担的法律责任

纳税人如逃避、拒绝或者以其他方式阻挠税务机关检查，税务机关可对纳税人处一万元以下的罚款；情节严重的，处一万元以上五万元以下的罚款。

到车站、码头、机场、邮政企业及其分支机构检查纳税人有关情况时，有关单位拒绝的，税务机关可以对其处一万元以下的罚款；情节严重的，处一万元以上五万元以下的罚款。

银行或者其他金融机构拒绝接受依法检查纳税人、扣缴义务人存款账户的，税务机关可对其处十万元以上五十万元以下的罚款；对其直接负责的主管人员和其他直接责任人员处一千元以上一万元以下的罚款。

（五）事例解说

2018年3月27日，某税务稽查局接到群众电话举报，B公司存在逃避纳税嫌疑。于是，税务人员依法对B公司进行了询问和检查，并要求B公司提供经营账簿，但B公司以种种理由拒绝提供经营账簿及相关资料。根据《税收征管法》第七十条，税务机关对B公司拒绝提供经营账簿的行为，责令其限期改正，并处以罚款处罚。

九、及时提供信息的义务

纳税人除通过税务登记和纳税申报向税务机关提供与纳税有关的信息外，还应及时提供其他信息。如纳税人有歇业、经营情况变化、遭受各种灾害等特殊情况的，应及时向税务机关说明，以便税务机关依法妥善处理。

（一）及时提供信息义务的含义

纳税人应当按照法律、法规的规定，通过税务登记和纳税申报等方式向税务机关如实提供相关涉税信息。如果纳税人在生产、经营过程中，出现某些特殊情况，如发生歇业、歇业后复业、经营情况变化、遭受各种灾害等，也应及时向税务机关报告和说明，以便税务机关依法根据纳税人的情况中止（终止）纳税人的纳税申报义务，或准许纳税人延期纳税申报或延期缴纳税款，或免除纳税人因不可抗力等因素逾期纳税申报或逾期缴纳税款的法律责任。

（二）及时提供信息义务的法律依据

《税收征管法》第六条第二款　纳税人、扣缴义务人和其他有关单位应当按照国家有关规定如实向税务机关提供与纳税和代扣代缴、代收代缴税款有关的信息。

（三）纳税人如何履行及时提供信息义务

纳税人应当按照法律、法规的规定向税务机关如实提供相关涉税信息，其主要方式为税务登记和纳税申报。

此外，纳税人如果发生歇业、歇业后复业、经营情况变化或遭受各种灾害等特殊情况，应向税务机关及时提供信息。如歇业或歇业后复业，应当按规定办理歇业或复业登记；因自然灾害等不可抗力，不能按期办理纳税申报或者报送代扣代缴、代收代缴税款报告表，应当在不可抗力情形消除后立即向税务机关报告不可抗力灾害事件的发生情况，及对纳税人生产经营的影响范围与程度；还应按照税务机关规定的要求及时报告纳税人其他经营情况变化的信息。

（四）如果未履行及时提供信息义务，纳税人可能承担的法律责任

纳税人不能自行中止（终止）相关涉税义务，这样纳税人可能会承担未按期申报纳税和缴纳税款而被处以罚款的风险。如果纳税人事实上已经歇业但未向税务机关报告歇业的信息，税务机关视同纳税人未歇业，并按正常经营对待，纳税人就必须继续按期申报纳税和缴纳税款；如纳税人在已批准的歇业期间又恢复营业，且未及时向税务机关提供复业的信息，税务机关将向纳税人发出限期改正通知书，并可以对纳税人处二千元以下的罚款；情节严重的，可以处二千元以上一万元以下的罚款。

纳税人如果因自然灾害等不可抗力未能按期办理纳税申报或者报送代扣代缴、代收代缴税款报告表，且在不可抗力情形消除后，未立即向税务机关报告相关信息，税务机关可以对纳税人依法追究逾期申报的法律责任。

纳税人如果未及时提供生产经营情况变化、遭受各种灾害等特殊情况的信息，就不能依法享受延期申报、延期缴纳税款等相关权利。

（五）事例解说

2019 年 5 月 14 日上午，某税务所发现辖区内个体铝矿负责人王某在已经申请停业并被核准的情况下，继续生产销售，且未进行纳税申报和缴纳税款。

根据《税收征管法》的有关规定，税务所向王某下达了《责令限期改正通知书》，责令其按规定办理复业登记、申报缴纳应纳税款和滞纳金，并对其未按规定报告复业信息和办理复业登记的行为处以罚款。

十、报告其他涉税信息的义务

为了保障国家税收能够及时、足额征收入库，税收法律还规定了纳税人有义务向税务机关报告如下涉税信息：

1. 纳税人有义务就纳税人与关联企业之间的业务往来，向当地税务机关提供有关的价格、费用标准等资料。

纳税人有欠税情形而以财产设定抵押、质押的，应当向抵押权人、质权人说明纳税人的欠税情况。

2. 企业合并、分立的报告义务。纳税人有合并、分立情形的，应当向税务机关报告，并依法缴清税款。合并时未缴清税款的，应当由合并后的纳税人继续履行未履行的纳税义务；分立时未缴清税款的，分立后的纳税人对未履行的纳税义务应当承担连带责任。

3. 报告全部账号的义务。如纳税人从事生产、经营，应当按照国家有关规定，持税务登记证件，在银行或者其他金融机构开立基本存款账户和其他存款账户，并自开立基本存款账户或者其他存款账户之日起 15 日内，向纳税人的主管税务机关书面报告全部账号；发生变化的，应当自变化之日起 15 日内，向纳税人的主管税务机关书面报告。

4. 处分大额财产报告的义务。如纳税人的欠缴税款数额在 5 万元以上，纳税人在处分不动产或者大额资产之前，应当向税务机关报告。

（一）报告其他涉税信息义务的含义

其他涉税信息，是指除前述义务以外的涉税信息，主要包括两大类：一是报告影响纳税人收入、成本和利润水平的重大涉税信息，如关联业务往来信息；二是影响纳税人税款缴纳能力的重大涉税信息，如银行账户开立、企业合并、分立、处置大额财产等信息。

（二）报告其他涉税信息义务的法律依据

企业合并、分立情况报告、存款账号报告、处分大额财产报告及关联企业之间的业务往来等有关事项，其法律依据分别参见《税收征管法》第十七条、第四十六条、第四十八条、第四十九条及《税收征管法实施细则》第五十条、第五十一条第二款。

（三）纳税人如何履行报告其他涉税信息义务

1. 存款账号报告

纳税人应当自基本存款账户或者其他存款账户开立或变化之日起 15 日内，

填写《纳税人存款账户账号报告表》，向税务机关报送相应的账户、账号开立证明复印件。

2. 关联企业业务往来报告

纳税人与关联企业发生业务往来，应按规定向税务机关报告关联业务往来的有关信息。

关联企业是指在资金、经营、购销等方面存在直接或者间接的控制关系，或直接或者间接地同为第三者控制，或在利益上具有相关联的其他关系的企业。

纳税人应当在向税务机关报送年度企业所得税纳税申报表时，就纳税人与关联方之间的业务往来，附送年度关联业务往来报告表。税务机关在进行关联业务调查时，纳税人及关联方应当按照税务机关规定的时限提供下列相关资料：

（1）与关联业务往来有关的价格、费用的制定标准、计算方法和说明等同期资料；

（2）关联业务往来所涉及的财产、财产使用权、劳务等再销售（转让）价格或者最终销售（转让）价格的相关资料；

（3）与关联业务调查有关的其他企业应当提供的与被调查企业可比的产品价格、定价方式以及利润水平等资料；

（4）其他与关联业务往来有关的资料。

3. 合并、分立报告

合并，是指两个以上的公司，通过订立合同，依照法定程序，合并为一个公司，包括吸收合并和新设合并两种方式。分立，是指一个公司依法定程序分开设立为两个以上的公司，一般以两种方式进行：一种是派生分立，另一种是新设分立。自合并（分立）文件生效之日起十个工作日内，纳税人应填写《纳税人合并（分立）情况报告书》，报送企业合并（分立）的批准文件或企业决议复印件，并依法缴清税款。

4. 欠税人处置不动产或大额资产报告

纳税人如果欠税达五万元以上，以变卖、赠予、抵押、质押、投资等形式处置不动产或大额资产，应在处置不动产或大额资产之前，填写《欠税人处置不动产或大额资产报告表》，提供拟处分不动产或大额资产清单，并按税务机关规定时限结清税款。

（四）如果未履行报告其他涉税信息的义务，可能承担的法律责任

1. 未按照规定报告全部银行账号

纳税人如果未按照规定报告全部银行账号，税务机关将向纳税人发出限期改正通知书，并可对纳税人处二千元以下的罚款；情节严重的，处二千元以上一万元以下的罚款。

2. 未按照规定报告关联业务往来

纳税人如果未按照规定报告关联业务往来信息，除了按照《税收征管法》的有关规定予以处罚外，税务机关有权依照有关规定对纳税人的应税收入和应缴税款按照独立交易原则进行合理调整，补征税款，并按照税款所属纳税年度中国人民银行公布的与补税期间同期的人民币贷款基准利率加5个百分点加收利息。

3. 未按规定报告企业合并、分立情况

纳税人合并时未缴清税款的，应当由合并后的纳税人继续履行未履行的纳税义务；纳税人分立时未缴清税款的，分立后的纳税人对未履行的纳税义务应当承担连带责任。

4. 欠税企业未按规定报告不动产或大额财产处置情况

纳税人如果采取转移或者隐匿财产的手段逃避缴纳税款，税务机关将追缴纳税人所欠的税款、滞纳金，并处欠缴税款百分之五十以上五倍以下的罚款；构成犯罪的，由司法机关依法追究刑事责任。

纳税人如果将不动产或大额财产设置抵押、质押、留置，税款先于抵押权、质权、留置权执行。

纳税人如果怠于行使到期债权或无偿转让财产，税务机关可以分别根据《合同法》第七十三条、第七十四条的规定行使代位权、撤销权。

（五）事例解说

2019年5月12日，某税务局在日常管理中发现：B公司在银行开设了三个账户，除基本账户外，其余账户未向税务机关报告。对于未按规定报告银行账号的事实，2019年6月18日，该税务局根据《税收征管法》第六十条第一款第四项的规定，责令其在十日内向税务机关报告全部银行账号，并对B公司处以罚款。

【思考与练习】

1. 请谈谈纳税人应有的权利与应尽的义务的具体内容？
2. 纳税人如何实现延期缴纳税款权？
3. 纳税人如何实现申请退还多缴税款权？

第三章　纳税服务制度及相关规定

【本章要点】

通过本章的学习，帮助读者了解税务机关为纳税人提供纳税服务、保护纳税人合法权益的各项制度与规定的具体内容，便于纳税人充分利用各项制度与规定，正确、切实履行自身纳税义务，有效、充分行使自身合法权利。

第一节　税收宣传相关规定

税收宣传是税务机关为帮助纳税人、扣缴义务人和缴费人（以下简称“纳税人”）充分了解税收权利、正确履行纳税缴费义务，依据法律法规及相关规定，通过多种途径为纳税人和社会公众提供的包括税费政策、办税流程、缴费流程等一系列内容的宣传告知、问题解答和培训辅导等免费服务性的工作。

根据《中华人民共和国税收征收管理法》的规定，税务机关应当广泛宣传税收法律、行政法规，普及纳税知识，无偿地为纳税人提供纳税咨询服务。同时纳税人有权向税务机关了解国家税收法律、行政法规的规定以及与纳税缴费程序有关的情况。为落实税收法律与法规的规定，税务机关通过多种方式与渠道为纳税人提供相应的税收宣传服务。

一、日常税收宣传

在日常工作当中，税务机关通过税务网站、办税服务厅公告栏、电子显示屏等渠道发布税收政策宣传、办税（费）流程宣传相关内容。纳税人可以登录税务机关网站查询，到办税服务厅取得宣传材料或扫描宣传内容对应的二维码进行了解。根据宣传的内容进行区分，税务机关日常实施的税收宣传分为税收政策宣传和办税（费）流程宣传。

税收政策宣传是指税务机关对税收、非税收入等政策及政策解读进行的宣传。政策包括法律、行政法规、部门规章、规范性文件等；政策解读是为了便于纳税人和社会公众对税收文件的理解、执行和宣传，与文件同步起草、同步报批、同步发布的解释性说明。

办税（费）流程宣传指税务机关对涉税缴费事项的办理渠道、报送资料、办理程序、办理方法等内容进行的宣传。

在日常工作当中，纳税人可通过国家税务总局网站（http：//www. chinatax. gov. cn/）及各省税务机关网站进行税收政策宣传和办税（费）流程宣传内容的查阅及具体了解。同时纳税人还可以通过“国家税务总局 12366 纳税服务平台”（https：//12366. chinatax. gov. cn/）设立的“最新法规”及“热点问题”模块，对税务总局发布的各项税收法律、法规规定进行查询并可以了解近期纳税人咨询热点的相应答复情况。

二、税收宣传月宣传

税收宣传月宣传是指税务机关在每年 4 月份的税收宣传月期间，通过多种渠道及形式对社会公众进行的普及性税法宣传活动。

从 1992 年开始，全国税务系统每年定于 4 月份集中开展税收宣传，称为“税收宣传月”。税收宣传月期间，税务总局每年确定一个税收宣传月主题，各级税务机关根据相应的主题开展形式多样、内容丰富的税收宣传活动。税收宣传月活动的成功举办，已经成为全国税务机关系统地开展税收宣传，做好纳税服务的一项重要工作；也成为全国纳税人自觉接受纳税教育，做依法纳税公民的重要课堂；已经成为社会各界人士主动了解税收，努力增强纳税意识的重要途径。

2020 年，税务总局以“减税费优服务 助复产促发展”为主题，在 2020 年 4 月 1 日至 5 月 20 日期间，深入开展第 29 个全国税收宣传月活动，从落实税费优惠政策、优化办税缴费服务、助力企业复工复产、促进经济社会发展等方面再加劲再发力，把“带温度”的税费优惠政策送到每一位纳税人、缴费人的手中。与往年相比，2020 年的税收宣传月有如下特点：

一是更进一步落实税费优惠政策。针对小规模纳税人按季来申报的实际情况，国家出台的支持疫情防控和企业复工复产的系列税费优惠政策，大量纳税人将在 4 月份纳税申报期集中体现享受。为此，税务总局延长了 4 月份纳税申报期限，将截止日期统一由 4 月 20 日延长至 4 月 24 日，并以税收宣传月为契机，进一步加大精准辅导力度、精准落实力度、精准服务力度，确保政策红利充分释放。

二是更进一步助力企业复工复产。疫情发生以来，税务部门分 3 批推出 54 项办税缴费服务措施，在巩固已有成效的基础上，将再推出一批更具针对性的服务措施。比如将 2020 年度的税收宣传月的时间由传统的一个月延长到 50 天，在 4 月 1 日—5 月 20 日持续开展宣传活动，以促进政策落实和服务优化。

三是更进一步优化税收营商环境。深入推进税收领域“放管服”改革，扎实开展“便民办税春风行动”，加快建立税务系统政务服务“好差评”制度体系；切实推动各地税务机关依法履职担责，对企业反映的合理诉求，依法依规积极主动处理好，避免层层请示影响服务管理效率。

2021 年，税务总局以“税收惠民办实事　深化改革开新局”为主题，深入开展第 30 个全国税收宣传月活动，一方面将税收宣传月活动作为全国税务系统庆祝建党 100 周年、开展党史学习教育、抓好“我为群众办实事”实践活动的重要举措；另一方面以开展税收宣传月活动为契机，深入落实中办、国办印发的《关于进一步深化税收征管改革的意见》，助力“十四五”顺利开局。税收宣传月期间，各级税务机关聚焦五个方面开展了相关工作：

一是聚焦宣传中办、国办印发的《关于进一步深化税收征管改革的意见》。组织开展“深化改革优化执法改进服务”系列宣传活动，系统回顾党的十八大以来税收征管改革的发展历程及成就。

二是聚焦宣传各项便民办税缴费服务措施。根据“便民办税春风行动”着重突出“我为纳税人缴费人办实事”的工作要求，税收宣传月期间，各级税务机关加大了各项便民利民惠民服务措施的宣传，着力解决办税缴费堵点、难点、痛点问题。

三是聚焦宣传税收服务经济社会发展的做法。各级税务机关积极宣传税务部门落实《政府工作报告》及“十四五”规划涉税任务的举措，全面解读继续实施和新出台的优惠政策，有效解读税收服务高质量发展的创新做法和成效。

四是聚焦宣传税收服务国家重大战略的成果。开展“讲述决胜全面小康的‘税月’故事”活动，展示税务系统助力全面建成小康社会的做法及成效；开展“助力开放国际共赢”宣传活动，在国际舞台上展示中国税务的责任与担当。

五是聚焦税法宣传普及教育。各级税务机关开展“税务人讲税法”活动，利用“青少年税法学堂”网站开展税法宣传，提高公众对税法的知晓度和遵从度。

【相关知识】

近年税收宣传月主题

2015—2021 年税收宣传月主题

年 度	税收宣传月主题
2021	税收惠民办实事　深化改革开新局
2020	减税费优服务　助复产促发展
2019	落实减税降费　促进经济高质量发展
2018	优化税收营商环境　助力经济高质量发展
2017	深化税收改革　助力企业发展
2016	聚焦营改增试点　助力供给侧改革
2015	新常态新税风

三、纳税人学堂

相对于日常税收宣传内容的广泛性及税收宣传月宣传时间的固定性，纳税人学堂的宣传内容更加具体且具有更强的针对性，在时间安排上更为灵活，更利于纳税人系统且有效地学习税收政策规定及具体规定。

纳税人学堂是由税务机关主办的，有组织有计划地为纳税人提供税收法律法规及相关政策规定培训辅导的网络平台和实体场所。开设纳税人学堂，旨在建立规范持久的税法宣传和纳税辅导机制，增强税法宣传和纳税辅导的长效性、针对性和实用性，有效解决服务纳税人“最后一公里”问题，促进提高纳税人的满意度和税法遵从度。

纳税人学堂的办学原则：一是免费举办。纳税人学堂不得以任何名义向纳税人收取培训费用，不得利用纳税人学堂的名义向纳税人推销任何产品和服务。二是自愿参加。纳税人学堂应丰富培训形式，充实培训内容，引导和鼓励纳税人自愿选择学习，不得以任何形式强制纳税人参加培训辅导。三是课程实用。纳税人学堂应经常收集和分析纳税人的学习需求，有针对性地开展培训工作。四是教学相长。纳税人学堂在满足纳税人对税收业务知识需求的同时，应注重收集整理和及时反馈纳税人反映的意见建议，促进税务人员不断加强学习，提高自身业务水平和服务水平。

纳税人学堂采用实体教学和网络教学相结合的方式办学。

（一）实体纳税人学堂

实体纳税人学堂主要由县级税务机关具体实施，通过教学讲座、座谈讨论等面对面的形式集中组织纳税人开展税费政策的学习培训和互动交流。

实体纳税人学堂一般根据纳税人的需求进行分类，开展具有针对性的专题培训，如针对新办纳税人开展税收基本知识、相关税费政策、办税缴费流程、软件操作、税控设备操作等方面的新办纳税人学堂，对中小型企业开展小微企业税收优惠纳税人课堂等。实体纳税人学堂每个季度应至少开展一次教学活动。

（二）网络纳税人学堂

网络纳税人学堂是指税务机关通过网络教学平台开展在线学习交流。网络教学平台主要模块应包括在线学习、课件下载、互动问答、课程计划、预约报名、教学评估等，网络纳税人学堂原则上每个季度应及时更新教学内容。

网络纳税人学堂主要由省税务机关负责建设与管理。

税务机关在重视纳税人学堂组织管理同时，同样重视通过纳税人学堂实施的各项教学内容的实际效果，并通过以下方式开展质量管理：

1. 采取问卷调查、在线留言、课堂反馈等形式，收集纳税人意见，并根据纳税人的实际需求和关注热点，编制调整教学培训计划。

2. 加强网络和实体纳税人学堂之间的互动交流，实体纳税人学堂的培训通知一般提前在网络纳税人学堂公布，将实体教学培训课件通过网络纳税人学堂提供给纳税人下载学习，网络纳税人学堂的课件用于实体教学培训，实现资源共享及互补。

3. 采取满意度测评、在线评分等形式，开展教学质量评估，并根据反馈结果及时改进教学内容与形式，促进教学质量持续提升。

四、“二维码”一次性告知

办税事项“二维码”一次性告知是指税务机关制作并在办税服务厅、门户网站等办税服务平台放置二维码图标，纳税人扫描相应业务的二维码即可通过手机等移动终端获知办理该项业务的资料准备、基本流程等信息的一种税收宣传工作机制。

（一）“二维码”措施的业务内容

“二维码”一次性告知事项内容主要包含“全国统一事项”和“地方适用事项”。此处的“事项”指根据《全国税务机关纳税服务规范》的规定，依纳税人申请办理的涉税事项有：

1. “全国统一事项”是指税务总局根据《办税指南》对服务事项进行梳理，就全国通行事项统一制发二维码。

目前，税务总局网站在“纳税服务”栏目的“办税指南”版块当中，对信息报告、发票办理、申报纳税、优惠办理证明办理、社会保险费及非税收入业务办理、出口退（免）税、国际税收、信用评价、税务注销、涉税咨询、涉税信息查询、纳税服务投诉、涉税专业服务等14类，共计201个全国通用的服务事项标注了相应的二维码，并实施相应的二维码推送。

2. “地方适用事项”是指省税务机关对地方业务进行梳理，自行生成供本地纳税人使用的二维码。“地方适用事项”不得与现行涉税法律法规、“全国统一事项”及相关规定相悖，并且原则上不与“全国统一事项”重复。

（二）“二维码”的制作

1. 税务总局和省税务机关纳税服务主管部门负责涉税业务的梳理，并经审核后发布。

2. 税务总局和省税务机关网站管理部门负责在门户网站上确定梳理后的业务内容存放位置，获取相应服务事项的网址信息。

3. 税务总局和省税务机关纳税服务主管部门根据梳理的业务内容和存放网址，利用相关软件编码生成二维码图标。

（三）“二维码”措施的宣传和应用

目前各级税务机关利用办税服务厅、门户网站、微博、微信等多种渠道强化对办税事项“二维码”一次性告知工作的宣传，当纳税人前往办税服务厅时，办税服务厅工作人员和12366热线坐席人员也会主动引导纳税人扫描相应业务的二维码，帮助纳税人理解和使用二维码当中包含的涉税业务办理的相关要求。

1. 各地税务机关在办税服务厅的导税台、咨询台和各办税窗口明显位置摆放印有二维码图标的指南，同时在资料架上摆放宣传手册供纳税人查阅。

2. 税务总局和省税务机关在门户网站等网上办税平台首页显示“二维码”一次性告知窗口（悬浮窗），纳税人点开链接后，可以扫描二维码查看相应业务。已开通手机APP、微信和微博的单位，也通过这些渠道主动推送“二维码”，纳税人可以轻松实施自主查询。

【思考与练习】

1.【判断题】为便于纳税人掌握税收政策及具体规定，动态实施税收宣传工作，各省、市、县税务机关均需根据工作职责开展网络纳税人学堂与实体纳税人学堂的建设与管理工作。

【参考答案】错误

【答案解析】根据税务机关对纳税人学堂管理的相关规定，实体纳税人学堂主要由县级税务机关负责日常管理，网上纳税人学堂则主要由省级税务机关负责建设与管理。

2.【单项选择题】税务机关依据税收法律法规及其相关规定，通过多种渠道宣传税收法律法规，普及税收知识，为纳税人提供宣传咨询服务。根据税收宣传的规定，下列表述错误的是：

A. 税收政策宣传的具体内容包括税收法律法规具体规定及办理渠道、报送资料等内容的宣传

B. 税收宣传月宣传是指在每年 4 月份的税收宣传月期间，税务机关通过多种渠道、多种形式对社会公众进行的普及性税收宣传活动

C. 纳税人学堂采用实体教学和网络教学相结合的方式办学，实体纳税人学堂每个季度应至少开展一次教学活动

D. 税务机关既可通过税务网站，又可通过办税服务厅公告栏、电子显示屏等渠道发布税收政策文件及其解读

【参考答案】A

【答案解析】税收政策宣传是指税务机关对税收、社会保险费、非税收入等政策及政策解读进行的宣传。政策包括法律、行政法规、部门规章、规范性文件等。政策解读是为了便于纳税人和社会公众对税收文件的理解、执行和宣传，与文件同步起草、同步报批、同步发布的解释性说明。

办税流程宣传指税务机关对涉税缴费事项的办理渠道、报送资料、办理程序、办理方法等进行的宣传。

第二节　纳税（缴费）咨询相关规定

纳税（缴费）咨询是指当纳税人在遇到税收政策疑惑、办税（费）操作疑难时，通过电话、互联网、面对面咨询等方式与税务机关工作人员进行沟通，获取相应帮助的服务机制。

通过纳税（缴费）咨询所产生的咨询解答仅供纳税人缴费人参考，不作为法律依据，当咨询解答内容与税收法律法规及社会保险费、非税收入等政策不一致情况时，以相关法律法规及政策文件规定为准。

一、电话咨询

电话咨询是指税务工作人员通过税务机关对外公开的咨询服务电话解答纳税人提出的涉税缴费问题。这一咨询方式有效节约了咨询成本，适合进行对税收法律、法规、规章、规范性文件及社会保险费、非税收入政策规定和办税缴费流程等问题的咨询。

电话咨询根据税务机关提供的电话服务渠道不同，区分为12366纳税服务热线（以下简称“12366热线”）提供的咨询服务及各级税务机关对外办公电话提供的咨询服务。

（一）12366热线提供的咨询服务

12366热线是全国税务机关为纳税人（缴费人）提供纳税服务的热线号码。全国纳税人通过电话拨打“12366”便可获取当地税务机关通过的税收政策咨询、办税（缴费）流程指引、税费信息查询等服务，同时12366还为纳税人（缴费人）提供接收纳税服务投诉、涉税违法举报和对税务机关及税务人员税收违法行政行为举报以及意见建议等服务。

12366热线在工作日的工作时间为纳税人（缴费人）提供人工咨询服务，其他时间通过IVR（自动语音）向纳税人（缴费人）提供相应服务，部分地区还为借助智能语音服务技术，为纳税人（缴费人）提供12366智能咨询服务。

纳税人（缴费人）通过12366热线能够获取以下相应的服务：

1. 税收政策咨询与办税（缴费）指引服务

12366热线可为纳税人解答关于国家税收法律、行政法规、纳税程序以及社会保险费和税务机关管辖的非税收入征管有关问题，但不提供税收策划、各类社会性涉税考试辅导，也不进行涉税学术研究、探讨。不属于受理范围的，12366工作人员会主动告知纳税人不予受理的理由。

12366热线咨询员在提供咨询服务过程中，主要依据现有政策规定及办税（缴费）提示信息为纳税人（缴费人）提供政策解读及办税（费）指引服务，对于不能够现场答复的问题，相关工作人员将进行相应记录并在5个工作日内通过相应税收知识库、12366智能咨询库查找答复依据或转主管部门办理并答复纳税人（缴费人），紧急的事项应根据实际需要在限定时限内办结。

2. 税费信息查询服务

纳税人（缴费人）通过电话、网络、现场、传真等方式提出查询需求，12366热线在按规定可查询范围内为纳税人（缴费人）提供税费信息查询服务。税费信息查询包括人工查询和自助查询，自助查询服务是指12366热线预先在IVR系统录制语音、文本信息，纳税人（缴费人）利用电话机键盘输入进行选择，或利用语音识别技术在智能咨询平台自行根据语音提示获得税费信息的查询服务，以及通过12366纳税服务平台相关栏目获得税费信息的查询服务。

3. 接受纳税服务投诉服务

接受纳税服务投诉是指12366接受纳税人（缴费人）对于税务机关及其工作人员服务言行、服务质效和在履行纳税服务职责过程中侵害其合法权益的行为进行的其他投诉。

对服务言行的投诉，是指纳税人（缴费人）认为税务机关工作人员在履行纳税服务职责过程中服务言行不符合文明服务规范要求而进行的投诉。具体包括对税务机关工作人员服务用语不符合文明服务规范要求的投诉和对税务机关工作人员行为举止不符合文明服务规范要求的投诉。

对服务质效的投诉，是指纳税人（缴费人）认为税务机关及其工作人员在履行纳税服务职责过程中未能提供优质便捷的服务而进行的投诉。

侵害纳税人（缴费人）合法权益的其他投诉，是指纳税人（缴费人）认为税务机关及其工作人员在履行纳税服务职责过程中未依法执行税收法律法规等相关规定，侵害纳税人（缴费人）的合法权益而进行的其他投诉。

4. 接受涉税违法举报

纳税人税收违法行为举报分为“纳税人一般税收违法行为举报”和“纳税人轻微税收违法行为举报”。12366通过举报专岗接受纳税人税收违法行为举报，并实现举报事项的记录转办和归口查询。纳税人一般税收违法行为举报，应当辅导举报人以书面形式向稽查局举报中心进行举报。

纳税人一般税收违法行为举报是指举报人对纳税人、扣缴义务人涉嫌偷税，逃避追缴欠税，骗税，虚开、伪造、非法提供、非法取得发票，以及其他税收违法行为进行的举报，业务上属于稽查部门职责范围。

纳税人轻微税收违法行为举报是指举报人对应开具而未开具发票、未申报办理税务登记和其他轻微税收违法行为进行的举报，业务上属于被举报的纳税人或扣缴义务人主管税务机关负责征管业务的部门的职责范围。

5. 收集意见建议

纳税人（缴费人）借助 12366，以电话、网络、现场、传真等渠道收集纳税人（缴费人）对于税收工作以及社会保险费和税务机关负责的非税收入征管工作的意见与建议。税务机关将按照相关规定对其进行响应并按时答复。

12366 在借助热线为纳税人提供相应服务的同时，还在电脑端设置了“国家税务总局 12366 纳税服务平台”（https：//12366. chinatax. gov. cn/），开设了纳税咨询、涉税查询、纳税人学堂、办税服务、在线互动、涉税专业服务等栏目，借助网络为纳税人提供相应的纳税服务，同时该平台还归集了纳税人近期咨询的热点问题并集中发布最新法规供纳税人查询。

（二）各级税务机关对外办公电话提供的咨询服务

电话咨询是指税务机关通过对外公开的咨询服务电话解答公众和纳税人（缴费人）提出的涉税（费）问题，提供相应的纳税服务。纳税人可以通过税务机关网站，查询到各地税务机关对外公开的咨询服务、政务公开、服务投诉、涉税举报等电话。以上电话在工作时间内提供涉税（缴费）咨询服务，对于不能即时答复的涉税问题，税务机关将于 5 个工作日内回复，不能按期回复的，税务机关将在回复期限内向纳税人进行说明。

二、互联网咨询

互联网咨询是指税务机关通过互联网解答纳税人提出的纳税缴费问题。这种咨询方式以计算机、移动终端为载体，采用门户网站、电子邮件、微博、微信、手机 APP 等多种方式进行，时效性、互动性较强。

三、面对面咨询

面对面咨询是指税务工作人员当面解答纳税人（缴费人）提出的涉税缴费问题。这种咨询方式便于征纳双方深入交流，帮助纳税人解决纳税（缴费）难题。各级税务机关办税服务厅均设置有咨询服务岗位，为纳税人提供面对面咨询服务，对不能即时答复的涉税问题，税务机关也将按照规定及时向纳税人（缴费人）反馈。

【思考与练习】

1. 12366纳税服务热线是税务机关为纳税人设立的专门提供纳税服务的咨询热线，其需要对纳税人提出的各类涉税服务需求进行相应响应，包括政策解读、税费申报指引、权益维护、不同业务办理税费承担对比分析等服务。（判断题）

【参考答案】错误

【答案解析】12366热线不向纳税人提供税收策划、各类社会性涉税考试辅导，也不进行涉税学术研究、探讨的服务。

2. 税务机关在受理纳税人对税收违法行为的举报时，一般将相应举报区分为（　　）。（多项选择题）

A. 一般税收违法行为举报

B. 特殊税收违法行为举报

C. 轻微税收违法行为举报

D. 严重税收违法行为举报

【参考答案】AC

【答案解析】纳税人税收违法行为举报分为“纳税人一般税收违法行为举报”和“纳税人轻微税收违法行为举报”。

第三节　办税服务厅设置与业务受理范围

根据《中华人民共和国税收征收管理法》的规定，纳税人、扣缴义务人可以直接到税务机关办理纳税申报或者报送代扣代缴、代收代缴税款报告表，也可以按照规定采取邮寄、数据电文或者其他方式办理上述申报、报送事项。在社保费和非税收入征收职能划转税务机关之后，税务机关同时也为缴费人提供多元化的缴费渠道。为此，税务机关为纳税人提供了通过办税服务厅进行现场办税（缴费）、借助电子税务局实现网上办税（缴费）以及通过自助办税设备开展自助办税（缴费）的多元化办税渠道。结合目前税收征管工作的开展现状和纳税人的实际需求，办税服务厅在现阶段还将以面对面服务的方式继续为纳税人提供办税（缴费）服务、宣传咨询、涉税（费）维权等服务。

一、办税服务厅的设置及职能

办税服务厅是指税务机关依职责为纳税人、缴费人、扣缴义务人（以下统称“纳税人”）集中办理涉税事项以及社会保险费和非税收入缴纳事项，提供服务的场所。按照相关要求，各级税务机关应当结合税费管理工作需要，根据便利纳税人、降低征纳征缴成本的原则，合理设置办税服务厅。目前全国各县（市、区）税务机关一般均设立了办税服务厅，同时根据工作需要在纳税人较为集中的地区或政务服务中心等场所均设立了办税服务厅或办税服务场所。

现阶段，办税服务厅主要为纳税人提供以下服务：

1. 办理纳税缴费事项服务（以下简称“税费事项”）；
2. 引导、辅导纳税人办理税费事项；
3. 宣传税费法律法规和政策；
4. 收集纳税人意见建议；
5. 依照职责办理税务违法行为简易处罚事项；
6. 办理其他涉税事项。

二、办税服务厅管理相关规定

为便于纳税人办理涉税业务，各地办税服务厅在规定时间内（一般为行政办公时间，进驻各级政府政务服务中心的办税服务厅办公时间以政务服务中心办公时间为准），为纳税人提供相应的税费事项办理服务及其他涉税服务。

（一）办税服务厅功能区域及服务窗口设置

按规定，办税服务厅一般设置有办税服务区、咨询辅导区、自助办税区和等候休息区等功能区域，并在相应区域为纳税人提供对应的服务。

税务机关在办税服务区一般设置“综合服务”“发票管理”“申报纳税”三类窗口或“综合服务”“发票管理”两类窗口，具体办理涉税提交的涉税业务。有条件的办税服务厅还实行“一窗式”服务为纳税人提供更为高效的办税服务。

（二）办税服务厅受理业务分类

当纳税人到办税服务厅办理具体涉税事项时，按照业务种类及办理时限进行区分，相关业务可分为：税务行政许可事项、限时办结事项和即时办结事项。

1. 税务行政许可事项

（1）目前税务行政许可事项共有6项：分别是企业印制发票审批、对纳税人延期缴纳税款的核准、对纳税人延期申报的核准、对纳税人变更纳税定额的核准、增值税专用发票（增值税税控系统）最高开票限额审批、对采取实际利润额预缴以外的其他企业所得税预缴方式的核定。

（2）对于纳税人提交的行政许可事项的办理申请，资料齐全、符合法定形式、填写内容完整的，税务机关自受理之日起，分不同业务情形进行具体处理。

（3）办理流程分为：受理环节、审查决定环节、出件环节。

——受理环节：办税服务厅接收纳税人报送的资料，核对资料是否齐全、是否符合法定形式、填写内容是否完整，符合的即时接收，制作《税务行政许可受理通知书》送达纳税人，并制作《税务文书送达回证》由纳税人签收。

申请材料存在问题可以当场更正的，应当一次性告知纳税人更正；申请材料不齐全或不符合法定形式的，应当当场制作《补正税务行政许可材料告知书》，一次性告知纳税人需要补正的材料，并制作《税务文书送达回证》由纳税人签收。

申请事项属于税务机关管辖范围，但不需要取得税务行政许可的，应当即时告知申请人不受理，同时告知其解决的途径。

纳税人提出的行政许可申请事项依法不属于本行政机关职权范围的，办税服务厅不予受理，当场制作并送达《税务行政许可不予受理通知书》，并制作《税务文书送达回证》由纳税人签收。

——审查决定环节：税务行政许可事项受理后，办税服务厅工作人员应于1个工作日内将相关信息转下一环节进行审查。承接税务行政许可事项的办理部门在规定时间内向办税服务厅反馈办理结果。

对于部分无法在规定时间内核准完成的税务行政许可事项，经决定机构负责人批准可以延长10个工作日，税务机关需制作《税务行政许可延期决定告知书》送达纳税人，并制作《税务文书送达回证》由纳税人签收。

——出件环节：办税服务厅收到反馈后1个工作日内通知纳税人领取办理结果。纳税人应凭《税务行政许可受理通知书》领取《准予税务行政许可决定书》或《不予税务行政许可决定书》，制作《税务文书送达回证》由纳税人签收。审批结果为“不予税务行政许可”的，应告知纳税人在《不予税务行政许可决定书》上注明的期限内，享有依法申请行政复议或提起行政诉讼的权利。

【相关知识】

为推进税务行政许可标准化建设，提高办税便利化程度，2017年6月国家税务总局对税务行政许可事项相关办理程序进行了简化，主要是：

1. 简化受理文书。对能够当即办理的税务行政许可事项，直接出具和送达《准予税务行政许可决定书》，不再出具《税务行政许可受理通知书》。各省税务局确定本省税务行政许可事项即办范围。网上受理税务行政许可申请的，通过电子回执单等方式予以确认。

2. 提供代办转报服务。税务行政许可实施机关与申请人不在同一县（市、区、旗）的，申请人可在规定的申请期限内，选择由其主管税务机关代为转报申请材料。主管税务机关在核对申请材料后向申请人出具材料接收清单，并向税务行政许可实施机关转报。代办转报一般应当在5个工作日内完成。有条件的税务机关可以通过信息化手段实现申请资料网上传递。税务机关对代办转报事项应当做好台账登记。代办转报不得收取任何费用。

3. 简化申请材料。税务行政许可申请材料为税务行政许可实施机关发放的证照或批准文书，或者相关证照、批准文书信息能够通过政府信息共享获取的，不再提交材料原件或复印件。取消经办人、代理人身份证件复印件报送要求，改为当场查验证件原件。

4. 实现咨询服务可预约。税务行政许可实施机关通过官方网站、电子邮箱或移动办税平台等咨询服务预约渠道，对税务行政许可事项相关问题的咨询实现24小时可预约。

5. 完善文书送达方式。税务行政许可实施机关与申请人不在同一县（市、区、旗），或者直接送达税务行政许可文书存在其他困难情形的，税务行政许可实施机关可以委托申请人主管税务机关代为送达，在文书出具之日起2个工作日内向申请人邮寄送达。税务机关应当保留邮寄单据并做好台账登记，邮寄送达不得收取任何费用。

2019年12月起，国家税务总局决定进一步简化税务行政许可事项办理程序、部分税务行政许可文书和报送材料。具体为：

一、压缩办理时间

税务机关办理对纳税人延期申报的核准、增值税专用发票（增值税税控系统）最高开票限额审批、对采取实际利润额预缴以外的其他企业所得税预缴方式的核定，自受理申请之日起10个工作日内作出行政许可决定；办理对纳税人变更纳税定额的核准，自受理申请之日起15个工作日内作出行政许可决定。在上述时限内不能办结的，经税务机关负责人批准，可以延长5个工作日。

二、简并申请文书

（一）取消《税务行政许可申请表》中“法定代表人（负责人）”“联系地址”栏次。

（二）税务机关办理对纳税人延期缴纳税款、延期申报的核准，不再要求申请人填写《延期缴纳税款申请审批表》《延期申报申请核准表》。

三、减少材料报送

（一）税务机关办理对纳税人延期缴纳税款的核准，不再要求申请人单独提供申请延期缴纳税款报告、当期货币资金余额材料、应付职工工资和社会保险费等税务机关要求提供的支出预算材料，改为申请人在《税务行政许可申请表》中填写相关信息及申请理由；不再要求申请人提供连续3个月缴纳税款情况和资产负债表，由税务机关在信息系统中主动核查。

（二）税务机关办理对纳税人延期申报的核准，不再要求申请人单独提供确有困难不能正常申报的情况说明，改为申请人在《税务行政许可申请表》中填写申请理由。

四、简化送达程序

税务机关通过办税服务窗口向申请人直接送达税务行政许可文书，且申请人无异议的，由受送达人或者其他法定签收人在税务行政许可文书末尾的签收栏签名或者盖章，注明收到日期，不再另行填写《税务文书送达回证》。

2. 限时办结事项

限时办结事项是指办税服务厅受理的符合办理条件，但需要按照规定流转至其他部门进行审核、办理，在规定的时限内方可办结相关手续的税费事项，限时办结事项需遵守“窗口受理、内部流转、限时办结、窗口出件”的工作原则。

办理流程分为：受理环节、审查办理环节、出件环节。

（1）受理环节：办税服务厅接收纳税人报送的资料，核对资料是否齐全、是否符合法定形式、填写内容是否完整，符合的即时受理，不符合的当场一次性告知应补正资料或不予受理原因，并制作《税务事项通知书》。

（2）审查办理环节：限时办结事项受理后，办税服务厅工作人员应于1个工作日内将相关信息转下一环节进行核查、检查、审核及办理。承接限时办结事项的办理部门在规定时间内向办税服务厅反馈办理结果。

（3）出件环节：办税服务厅收到反馈后1个工作日内通知纳税人领取办理结果。

3. 即时办结事项

即时办结事项是指办税服务厅受理的符合办理条件且无须流转至其他部门办理，可立即办结相关手续的税费事项。

办理流程为：办税服务厅接收纳税人报送的资料，核对资料是否齐全、是否符合法定形式、填写内容是否完整，符合的即时办结，不符合的当场一次性告知应补正资料或不予受理原因。

以上业务事项按照具体业务种类进行区分，可分为信息报告、发票办理、申报纳税、优惠办理、证明办理、社会保险费及非税收入业务办理、出口退（免）税、国际税收、信用评价、税务注销等十类。

【思考与练习】

1. 以下关于办税服务厅业务管理的表述当中，错误的是（　　）。（单项选择题）

A. 办税服务厅一般设置综合服务、发票管理、申报纳税三类窗口

B. 办税服务厅除了受理依纳税人申请业务外，不得发起办理依税务机关职权的事项

C. 宣传税收法律法规和政策也属于办税服务厅的工作职责

D. 办税服务厅接收纳税人报送的资料，如遇资料不齐全时，可以不予受理

【参考答案】B

【答案解析】办理税务违法行为简易处罚事项属于依税务机关职权事项，可由办税服务厅发起。

2. 以下关于税务行政许可管理相关的表述当中，正确的有（　　）。（多项选择题）

A. 税务行政许可与限时办结事项的管理要求是一致的，对于不予受理的涉税业务需制作不予受理通知书

B. 在受理税务各项行政许可业务时，应当向纳税人出具和送达《准予税务行政许可决定书》

C. 为确保税务行政许可业务的有效管理，纳税人具体的税务行政许可申请必须由有权做出决定的税务机关受理

D. 目前各项税务行政许可业务的办理时限是不一致的

【参考答案】AD

【答案解析】对能够当即办理的税务行政许可事项，直接出具和送达《准予税务行政许可决定书》，不再出具《税务行政许可受理通知书》，故B错误；

税务行政许可实施机关与申请人不在同一县（市、区、旗），或者直接送达税务行政许可文书存在其他困难情形的，税务行政许可实施机关可以委托申请人主管税务机关代为送达，在文书出具之日起2个工作日内向申请人邮寄送达。故C错误。

第四节　办税服务厅文明服务相关规定

税务机关为进一步优化纳税服务，提高办税服务质量和效率，通过完善首问责任制、一次性告知、预约服务、导税服务、免填单服务、通办服务、延时服务、最多跑一次服务、限时办结服务、办税公开等服务制度，为纳税人提供规范、便捷的办税服务。

一、首问责任制

【基本规定】

首问责任制是纳税人到税务机关或通过电话等方式办理涉税事项或寻求涉税事项帮助时，首位接洽的工作人员为纳税人办理或有效指引纳税人完成涉税事项的服务制度。纳入首问责任制的业务包括涉税业务办理、涉税业务咨询、纳税服务投诉和税收工作建议。

【服务内容】

1. 纳税人到税务机关或通过电话等方式办理涉税事项、寻求涉税帮助时，首位接洽的税务工作人员不得推诿、敷衍、拖延或者拒绝。

2. 税务机关首问责任人对职责范围内的涉税事项应按规定办理或答复；对不属于首问责任人职责范围的涉税事项，应为纳税人进行有效指引；不属于该税务机关职责范围的涉税问题，税务人员将向纳税人进行说明，并给予相应的指引帮助。

3. 税务机关首问责任人对不能现场办理的涉税事项将登记台账并在规定时限内进行答复或反馈办理情况。

二、一次性告知

【基本规定】

一次性告知是指办税服务厅在受理纳税人涉税事项时，对资料不符合规定的，税务机关工作人员将对纳税人进行一次性告知；对不予办理的涉税事项也将说明理由、依据等。

【服务内容】

1. 在受理涉税事项时，对资料不齐全或者不完全符合法定条件的，税务人员将一次性告知所办事项的办理依据、办理时限、办理程序和所需资料，或明确告知不予办理的理由、依据等；对申请材料可以当场更正错误的，纳税人可以当场更正；纳税人也可对补正的内容存在疑义的，税务人员需作出准确的说明、解释。

2. 税务人员在为纳税人提供涉税咨询服务过程中，将向纳税人一次性告知所咨询事项的办理依据、时限、程序以及办理所需的全部资料。

3. 税务人员所进行的一次性告知可通过书面或口头方式进行；但对于税务行政许可事项，税务人员将通过书面形式进行告知。

三、预约服务

【基本规定】

预约服务是指税务机关与纳税人约定在适当的工作时间办理涉税事项。预约服务可以由纳税人发起，也可以由税务机关发起，服务时间由双方协商约定。包括涉税业务办理、税收政策咨询以及省税务机关确定的其他事项。

【服务内容】

1. 纳税人可通过办税服务厅当面预约、税务机关网站预约、电话预约等多种预约形式向税务机关提出预约服务申请，预约申请一般应提前1—3个工作日提交。

2. 对已确定预约的事项，税务机关及人员不得单方面解除。因特殊情况需解除预约的，税务人员将会主动联系纳税人协商解决，并重新安排预约时间。

3. 纳税人超过预约时间而未到场的，视为主动放弃预约服务。

4. 税务机关可根据申报期办税业务量峰值高低、办税事项集中度等情况向纳税人提出错峰预约。纳税人可根据自身情况选择是否接受这一预约。

四、导税服务

【基本规定】

导税服务是指纳税人进入办税服务厅后，税务机关将安排导税人员为纳税人提供准确、快捷的导税服务。

【服务内容】

1. 导税人员的服务内容主要有：引导纳税人到相关的服务区域或窗口办理各类税费事项；辅导纳税人填写资料和自助办理税费事项；协助纳税人核对涉税资料和表单填写的完整性；解答纳税人办税咨询；宣传税收法律法规政策、维护办税服务厅秩序。

2. 在办税服务厅业务量大时，导税人员将利用网上平台、自助终端、服务窗口等渠道，合理有效分流纳税人的办税需求，减少纳税人排队等候时间。

3. 导税人员在提供导税服务时，将主动询问纳税人所办业务，对办税资料进行预先审核。纳税人资料齐全的，将引导其填单、取号或等候办理；资料不齐全的，应当场一次性告知应补正资料或不能办理原因。

五、免填单服务

【基本规定】

免填单服务是指纳税人到前台或通过电子税务局办理业务时，办税服务厅工作人员通过应用系统间数据共享，将能够从信息系统中提取的数据信息自动带出，由纳税人补充其他信息并签字（盖章）确认。具体业务范围由各省税务机关确定，纳税人可通过查询各省税务机关网站或通过办税服务厅获取免填单服务的具体范围。

【服务内容】

1. 税务人员在受理涉税事项时，根据纳税人提供的资料、证件或口述信息，依托税收核心征管系统或相关辅助软件，录入纳税人相关涉税申请，打印税务文书，经纳税人核对、修订、补充并签字（盖章）确认后，按规定程序办理涉税事项。

2. 纳税人通过电子税务局办理某些业务时，系统将根据此前纳税人申报的涉税数据，为纳税人预先填制相关申报表单，经纳税人确认后，完成相应申报办理。

3. 免填单服务当中，税务机关为纳税人预填申报数据仅是税务机关提供的一项便民服务措施，是税务机关根据纳税人此前申报的数据及自身掌握的其他与纳税人相关的数据而按照一定规则填写的，纳税人依然需要对申报数据的真实性、准确性和完整性负责。

六、通办服务

【基本规定】

通办服务是指税务机关通过办税服务厅、自助办税终端等渠道为纳税人提供不受地域限制、主管税务机关区域限制的办税服务。包括同城通办、省内通办、全国通办。

【服务内容】

1. 同城通办、省内通办的区域和业务范围由省税务机关确定。纳税人可通过查询各省税务机关网站或通过办税服务厅获取同城通办、省内通办服务的具体范围。

2. 全国通办是指跨省（自治区、直辖市、计划单列市）经营企业，可以根据办税需要就近选择税务机关申请办理4类14项异地涉税事项。主要是：

（1）涉税信息报告类。具体包括存款账户账号报告、财务会计制度及核算软件备案报告。

（2）申报纳税办理类。具体包括欠税人处置不动产或大额资产报告、纳税人合并分立情况报告、发包出租情况报告、企业年金职业年金扣缴报告。

（3）优惠备案办理类。具体包括增值税优惠备案、消费税优惠备案、印花税优惠备案、车船税优惠备案、城市维护建设税优惠备案、教育费附加优惠备案。

（4）证明办理类。具体包括完税证明开具、开具个人所得税完税证明。

3. 依法应当进行处理的涉税违法行为涉及的相关办税事项不纳入通办范围。

4. 全国通办涉税事项采取"异地受理，内部流转，属地办理，办结反馈"的方式办理。纳税人按规定提供资料及委托授权书向受理税务机关提出申请，由受理税务机关接收资料后，传递到属地税务机关办理，纳税人可以选择申请邮寄或主管税务机关领取办理结果。

七、延时服务

【基本规定】

延时服务是指税务机关对已到下班时间正在办理涉税事宜以及已在办税服务场所等候办理涉税事项的纳税人提供延时办税的服务制度。

【服务内容】

1. 临近下班时间，税务机关将根据办税服务场所纳税人等候情况，预测纳税人需要等候时间，并在纳税人等候或取号时，及时提醒纳税人预计办理时间，纳税人可自愿选择是否继续等候办理。

2. 对选择继续等候的纳税人，税务机关将延长工作时间，直至涉税事项办结；对选择再次上门办税的纳税人，税务机关将提供二次优先办理服务，或与纳税人预约时间，提供绿色通道即来即办。

3. 对短时间内无法办结的涉税事项，税务机关将在征得纳税人同意后，留存纳税人涉税资料及联系方式，待业务办理完结后，通知纳税人领取办理结果。

4. 为避免纳税人集中在临近节假日及申报期结束前到办税服务厅办税，税务机关工作人员将通过各种渠道引导纳税人提前规划办税时间。

八、最多跑一次服务

【基本规定】

"最多跑一次"服务是指纳税人办理一定范围内的涉税事项时，在资料完整且符合法定受理条件的前提下，税务机关承诺纳税人最多只需要到税务机关跑一次，便可完成相关涉税业务办理的服务。

【服务内容】

1. 2018 年 2 月，税务总局发布了《办税事项"最多跑一次"清单》，各省税务机关也持续通过推行网上办税、邮寄配送、上门办税等多种方式，在此基础之上增列"最多跑一次"办税事项，形成各地办税事项"最多跑一次"清单。纳税人可通过查询各省税务机关网站或通过办税服务厅获取本省"最多跑一次"清单具体范围。

2. 纳税人在了解"最多跑一次"业务范围时，还需了解"最多跑一次"办税事项的报送资料、办理条件、办理时限、办理方式及流程等内容，确保资料完整且符合法定受理条件方可实现办理涉税业务"最多跑一次"。

九、限时办结服务

【基本规定】

限时办结是指办税服务厅对纳税人发起的非即办事项，应在规定的时限内办结或答复。

【服务内容】

1. 税务人员在受理非即办事项时，将告知纳税人办理时限，并在规定的时限内办结或回复。

2. 因客观原因，不能按期办结需要延期的事项，经相应程序（主管税务机关受理部门分管领导批准）批准后，税务机关将在办理时限到期之前告知纳税人，并明确延期办理时限。

十、办税公开

【基本规定】

办税公开是指税务机关依据国家法律、法规的规定，在税收征收、管理、检查和实施税收法律救济过程中，依照一定的程序和形式，向纳税人公开相关涉税事项和具体规定。

【服务内容】

1. 办税公开的内容包括税收法律法规政策、服务事项、办税程序、税务违法处罚标准、办理时限、办公时间、服务人员信息以及咨询和投诉举报电话等事项。

2. 对于国家秘密和涉及国家安全的信息、依法受保护的商业秘密和个人隐私，以及法律法规禁止公开的事项，税务机关不得公开。

【思考与练习】

1.【判断题】税务机关与纳税人约定在适当的工作时间办理涉税事项称为预约服务。通常预约服务仅能够由纳税人提出，税务机关则不能够主动提出。

【参考答案】错误

【答案解析】根据预约服务的相关规定，税务机关可根据申报期办税业务量峰值高低、办税事项集中度等情况向纳税人提出错峰预约。纳税人可根据自身情况选择是否接受这一预约。

2.【多项选择题】纳税人在到税务机关办理业务时，首位接洽的工作人员将按照首问责任制的要求，为纳税人办理或有效指引纳税人完成涉税事项的办理。以下事项当中，属于税务人员务必要向纳税人提供首问责任的有（　　）。

A. 纳税人向办税服务厅人员咨询减税降费过程当中遇到的政策疑难问题

B. 纳税人就某办税服务厅工作人员服务质效问题，向税务局机关业务科

室工作人员提出相应投诉

C. 纳税人就某企业偷税问题向办税服务厅人员提出举报

D. 纳税人就电子税务局操作遇到的问题向办税服务厅人员提出相应咨询

【参考答案】ABD

【答案解析】首问责任制是纳税人到税务机关或通过电话等方式办理涉税事项或寻求涉税事项帮助时，首位接洽的工作人员为纳税人办理或有效指引纳税人完成涉税事项的服务制度。纳入首问责任制的业务包括涉税业务办理、涉税业务咨询、纳税服务投诉和税收工作建议。

第五节 纳税人权益保护相关规定

纳税人权益保护是指纳税人在依法履行纳税义务时，由法律确认、保障与尊重的权利和利益，以及合法权益受到侵害时，纳税人所应获得的救助与补偿的权利。保护纳税人合法权益，有利于激发经济发展的内生动力，有利于构建和谐征纳关系，有利于维护社会稳定，有利于提高纳税服务能力和践行以人为本的理念，对于进一步深化纳税服务具有重大的战略意义。

一、纳税人需求管理

根据税务总局的统一工作部署，各级税务机关将“始于纳税人需求 基于纳税人满意 终于纳税人遵从”作为建设纳税服务新格局的整体目标。因此全面收集、客观反映、有效应对纳税人的服务需求是税务机关开展各项纳税服务工作的基础。

纳税人需求管理，是指为准确把握纳税人正当需求，及时响应纳税人合理诉求，全面提高税收管理服务水平，持续提升纳税人满意度和税法遵从度而进行的与纳税人需求有关的管理工作。其具体的工作流程为：

（一）纳税人需求征集

在实际工作当中，税务机关可按地域、规模、行业等要素选择有代表性的纳税人作为定向征集对象，也可以根据工作需要将全体纳税人作为非定向征集对象。

纳税人需求征集类型可分为全面征集、日常征集和专项征集。税务总局、各省税务机关原则上每年针对整体税收工作情况开展一次纳税人服务需求的全面征集；省以下税务机关原则上每半年对税收管理服务各个环节开展一次纳税人需求的日常征集；各级税务机关结合税收重点工作，针对某一类问题或某个专项工作开展专项需求征集，征集时间根据税收重点工作安排确定。

税务机关可通过互联网平台、计算机辅助电话、移动终端平台、税务应用平台、纸质问卷、外部门信息、纳税人满意度调查、纳税人座谈会、入户走访、设置意见箱或意见簿等方式征集纳税人需求。

（二）纳税人需求分析

纳税人需求包括政策落实、征管执法、服务规范、法律救济、信息化建设、人员素质和其他需求等7个方面。

1. 政策落实需求。指纳税人在参与制定、修改税收法律、行政法规与规章，政策落实到位情况以及监督税收政策落实等方面的需求。

2. 征管执法需求。指纳税人对税务机关、税务人员征收管理和执法行为，以及在税收征收管理过程中尊重和保护纳税人合法权益等方面的需求。具体包括税款征收、涉税审批、表证单书、征管流程、涉税资料、税务稽查、税收检查、税收处罚等方面的需求。

3. 服务规范需求。指纳税人对税务机关、税务人员提供规范便捷服务方面的需求。具体包括税法宣传、纳税咨询、税收辅导、办税时限、服务形式、信用管理、涉税中介服务、服务投诉等方面的需求。

4. 法律救济需求。指纳税人认为税务机关的具体行政行为侵害其合法权益时需要税务机关提供行政救济的需求。具体包括税收听证、行政复议、行政诉讼、行政赔偿等方面的需求。

5. 信息化建设需求。指纳税人对税务机关提供的信息化技术手段的需求。具体包括申报软件、发票软件、认证软件、自助办税终端等方面的需求。

6. 人员素质需求。指纳税人对税务机关工作人员工作素质和工作能力提出的需求。具体包括业务水平、廉洁自律等方面的需求。

7. 其他需求。指纳税人提出的具有较强代表性和个性化特征的需求。

税务机关对纳税人需求进行分析评估，将分别采取不同的处理及应对方式。

（1）对违反法律、法规、规章有关规定，超越现实资源和条件，反映事实不清等非正当纳税人需求，税务机关不作响应，以适当方式向纳税人反馈。

（2）对纳税人的正当需求，税务机关在充分参考政策法规、服务资源和职责范围的条件下，提出切实可行的改进工作意见，从重要性和满意度两个方面，形成不同的服务改进策略：立即改进重要性高、满意度低的项目；持续关注重要性和满意度“双低”的项目；稳定发展重要性低、满意度高的项目；继续保持重要性和满意度“双高”的项目。

（三）纳税人需求响应

税务机关对纳税人需求采取“分工负责、分级办理、分类处理”的响应机制。

1. 分工负责

各级税务机关建立纳税人需求快速响应机制，各部门对属于职责范围的需求，直接处理，及时反馈纳税人。

对不属于本部门职责范围的需求，及时转交相关职责部门办理。

对涉及多个部门的需求，由纳税服务部门牵头，相关部门协同办理。税务机关纳税服务部门要不定期组织召开有关部门参加的纳税人需求分析例会，根据例会形成的工作要求，各相关部门依职责组织落实。

2. 分级办理

各级税务机关依照本级职责办理纳税人需求，对超出本级职责范围的纳税人需求，报上级主管部门协调办理。

税务机关认为下级税务机关应当办理而未办理的，可以责令其办理。上级税务机关认为有必要的，可以直接办理应由下级税务机关办理的纳税人需求。

3. 分类处理

各级税务机关对纳税人提出的暂时不能响应的正当需求，应及时反馈纳税人，待条件具备时，主动采取措施予以响应。

对不属于税务机关工作范围的需求，要及时告知、引导纳税人通过其他渠道反映需求。

税务机关对纳税人提出的简单需求，将及时反馈；对一般涉税需求，应于15个工作日内响应或反馈；对复杂涉税需求，应于30个工作日内响应或反馈；对存在困难不能在规定期限内响应或反馈的，经相应手续批准，可能适当延长，纳税人将收到相应的说明。

（四）纳税人需求结果运用

纳税人需求结果主要运用于改进工作、辅助决策、定期公开等方面。

1. 改进工作。各级税务机关纳税服务部门对征集的纳税人需求定期整理、分析研究，找出重点、共性需求加以应对，并根据纳税人需求变化，及时发现工作中的薄弱环节，采取相应措施，形成税收工作持续改进机制。

2. 辅助决策。各级税务机关纳税服务部门充分利用纳税人需求大数据分析结果，定期向相关部门推送征管制度和税收政策的改进建议，为税务机关完善税收征管和税收政策提供参考。

3. 定期公开。各级税务机关纳税服务部门定期向社会公开具有普遍性、代表性的纳税人需求办理结果，接受社会各界监督，不断提高纳税人对税收工作的参与度、满意度和税法遵从度。

二、纳税人满意度调查

纳税人满意度调查，是指税务机关通过开展抽样调查、统计分析等有效方法，进行满意度评价采集、意见采集，从而及时了解纳税人的满意水平、关注焦点和需求建议，掌握纳税人诉求意见的活动。

税务机关根据相应的工作安排，通过自行组织或委托第三方专业机构，采用电话、网络、信函、入户走访、窗口服务评价等方式定期开展满意度调查。

调查指标一般包括政策落实、规范执法、服务质效、信息化建设、廉洁自律等方面，它反映纳税人对税务部门工作效率、工作作风和执法公平公正性等的评价。

为确保合法权益得到有效保障，促进自身合法合理的需求得到有效响应，纳税人应当主动配合税务机关所实施的满意度调查，公正、客观地评价税务机关各方面的情况，表达自身的纳税服务需求。税务机关将根据调查结果，掌握纳税人需求变化动向，不断地提升自身纳税服务工作水平。

三、纳税服务投诉处理

为充分保障纳税人的合法权益，纳税人认为税务机关及其工作人员在履行纳税服务职责过程中未提供规范、文明的纳税服务或者有其他侵犯其合法权益的情形，可以向税务机关进行投诉，税务机关应按规定办理纳税人投诉事项。

纳税服务投诉管理工作遵循依法公正、规范高效、属地管理、分级负责的原则。

（一）纳税服务投诉范围

纳税服务投诉的范围包括以下三个方面：纳税人对税务机关工作人员服务言行进行的投诉；纳税人对税务机关及其工作人员服务质效进行的投诉；纳税人对税务机关及其工作人员在履行纳税服务职责过程中侵害其合法权益的行为进行的其他投诉。

1. 对服务言行的投诉

对服务言行的投诉，是指纳税人认为税务机关工作人员在履行纳税服务职责过程中服务言行不符合文明服务规范要求而进行的投诉。对服务言行的投诉具体包括：

（1）税务机关工作人员服务用语不符合文明服务规范要求的；

（2）税务机关工作人员行为举止不符合文明服务规范要求的。

2. 对服务质效的投诉

对服务质效的投诉，是指纳税人认为税务机关及其工作人员在履行纳税服务职责过程中未能提供优质便捷的服务而进行的投诉。对服务质效的投诉具体包括：

（1）税务机关及其工作人员未准确掌握税收法律法规等相关规定，导致纳税人应享受未享受税收优惠政策的；

（2）税务机关及其工作人员未按规定落实首问责任、一次性告知、限时办结、办税公开等纳税服务制度的；

（3）税务机关及其工作人员未按办税事项“最多跑一次”服务承诺办理

涉税业务的；

（4）税务机关未能向纳税人提供便利化办税渠道的；

（5）税务机关及其工作人员擅自要求纳税人提供规定以外资料的；

（6）税务机关及其工作人员违反规定强制要求纳税人出具涉税鉴证报告，违背纳税人意愿强制代理、指定代理的。

3. 侵害纳税人合法权益的其他投诉

侵害纳税人合法权益的其他投诉，是指纳税人认为税务机关及其工作人员在履行纳税服务职责过程中未依法执行税收法律法规等相关规定，侵害纳税人的合法权益而进行的其他投诉。

对依法应当通过税务行政复议、诉讼、举报等途径解决的事项，应当依照有关法律、法规、规章及规范性文件的规定办理。

投诉内容存在以下情形的，不属于纳税服务投诉的范围：

（1）违反法律、法规、规章有关规定的；

（2）针对法律、法规、规章和规范性文件规定进行投诉的；

（3）超出税务机关法定职责和权限的；

（4）不属于本办法投诉范围的其他情形。

（二）纳税服务投诉提交与受理

1. 纳税服务投诉提交。纳税人可以通过网络、电话、信函或者当面等方式提出投诉，进行纳税服务投诉原则上以实名提出，实名投诉时，应当列明下列事项：

（1）投诉人的姓名（名称）、有效联系方式；

（2）被投诉单位名称或者被投诉个人的相关信息及其所属单位；

（3）投诉请求、主要事实、理由。

纳税人通过电话或者当面方式提出投诉的，税务机关在告知纳税人的情况下可以对投诉内容进行录音或者录像。

纳税人对纳税服务的投诉，可以向本级税务机关提交，也可以向其上级税务机关提交。

已就具体行政行为申请税务行政复议或者提起税务行政诉讼，但具体行政行为存在不符合文明规范言行问题的，可就该问题单独向税务机关进行投诉。

2. 纳税服务投诉受理。各级税务机关的纳税服务部门是纳税服务投诉的主管部门，负责纳税服务投诉的接收、受理、调查、处理、反馈等事项。需要其他部门配合的，由纳税服务部门进行统筹协调。各级税务机关应当配备专职人员从事纳税服务投诉管理工作，保障纳税服务投诉工作的顺利开展。

纳税服务投诉符合规定的投诉范围且属于下列情形的，税务机关应当受理：

（1）纳税人进行实名投诉，且投诉材料符合实名投诉应当列明的事项；

（2）纳税人虽进行匿名投诉，但投诉的事实清楚、理由充分，有明确的被投诉人，投诉内容具有典型性。

纳税服务投诉属于下列情形的，税务机关不予受理：

（1）对税务机关已经处理完毕且经上级税务机关复核的相同投诉事项再次投诉的；

（2）对税务机关依法、依规受理，且正在办理的服务投诉再次投诉的；

（3）不属于投诉范围的其他情形。

3. 审查处理

税务机关收到投诉后应于1个工作日内决定是否受理，并按照“谁主管、谁负责”的原则办理或转办。对于不予受理的实名投诉，税务机关应当以适当形式告知投诉人，并说明理由。逾期未告知的，视同自收到投诉后1个工作日内受理。

上级税务机关认为下级税务机关应当受理投诉而不受理或者不予受理的理由不成立的，可以责令其受理。上级税务机关认为有必要的，可以直接受理应由下级税务机关受理的纳税服务投诉。

纳税人的同一投诉事项涉及两个以上税务机关的，应当由首诉税务机关牵头协调处理。首诉税务机关协调不成功的，应当向上级税务机关申请协调处理。

纳税人就同一事项通过不同渠道分别投诉的，税务机关接收后可合并办理。

税务机关应当建立纳税服务投诉事项登记制度，记录投诉时间、投诉人、被投诉人、联系方式、投诉内容、受理情况以及办理结果等有关内容。

（三）纳税服务投诉调查与处理

税务机关调查处理投诉事项，应依法依规、实事求是、注重调解，化解征纳争议。税务机关调查人员与投诉事项或者投诉人、被投诉人有利害关系的，应当回避。

1. 纳税服务投诉调查

调查纳税服务投诉事项，应当由两名以上工作人员参加。一般流程为：

（1）核实情况。查阅文件资料，调取证据，听取双方陈述事实和理由，必要时可向其他组织和人员调查或实地核查；

（2）沟通调解。与投诉人、被投诉人确认基本事实，强化沟通，化解矛盾，促进双方就处理意见形成共识；

（3）提出意见。依照有关法律、法规、规章及其他有关规定提出处理意见。

2. 纳税服务投诉处理

（1）税务机关对各类服务投诉应限期办结。对服务言行类投诉，自受理之日起5个工作日内办结；服务质效类、其他侵害纳税人合法权益类投诉，自受理之日起10个工作日内办结。

（2）下列情形税务机关应快速处理，自受理之日起3个工作日内办结：

①纳税人提出的对税务机关及其工作人员未准确掌握税收法律法规等相关规定，导致纳税人应享受未享受税收优惠政策的投诉；

②自然人纳税人提出的个人所得税服务投诉；

③自然人缴费人提出的社会保险费和非税收入征缴服务投诉；

④涉及其他重大政策落实的服务投诉。

（3）下列情形税务机关可即时处理：

①纳税人当场提出投诉，事实简单、清楚，不需要进行调查的；

②一定时期内集中发生的同一投诉事项且已有明确处理意见的。

服务投诉因情况复杂不能按期办结的，经受理税务机关纳税服务部门负责人批准，可适当延长办理期限，最长不得超过10个工作日，同时向转办部门进行说明并向投诉人做好解释。

调查过程中发生下列情形之一的，应当终结调查，并向纳税人说明理由：

（1）投诉事实经查不属于纳税服务投诉事项的；

（2）投诉内容不具体，无法联系投诉人或者投诉人拒不配合调查，导致无法调查核实的；

（3）投诉人自行撤销投诉，经核实确实不需要进一步调查的；

(4) 已经处理反馈的投诉事项，投诉人就同一事项再次投诉，没有提供新证据的；

(5) 调查过程中发现不属于税务机关职责范围的。

税务机关根据调查核实的情况，对于投诉情况属实的，责令被投诉人限期改正，并视情节轻重分别给予被投诉人相应的处理；投诉情况不属实的，向投诉人说明理由。

最终税务机关需要将纳税服务投诉的处理结果对投诉人进行相应的反馈：

(1) 税务机关应在规定时限内将处理结果以适当形式向投诉人反馈。反馈时应告知投诉人投诉是否属实，对投诉人权益造成损害的行为是否终止或改正；不属实的投诉应说明理由。

(2) 投诉人对税务机关反馈的处理情况有异议的，税务机关应当决定是否开展补充调查以及是否重新作出处理结果。

(3) 投诉人认为处理结果有失公正的，可向上级税务机关提出复核申请。上级税务机关自受理之日起，10 个工作日内作出复核意见。

【思考与练习】

1. 下列投诉事项当中，属于纳税服务投诉受理范围的有（　　）。（多项选择题）

A. 对税务人员服务态度、言行不满而进行的投诉

B. 对税务人员不履行办结限时相关规定的行为进行的投诉

C. 针对税务人员要求纳税人税务注销前必须结清欠税款而进行的投诉

D. 针对税务人员要求提供多于纳税服务规范要求的资料而进行的投诉

【参考答案】ABD

【答案解析】纳税服务投诉包括：纳税人对税务机关工作人员服务言行进行的投诉；纳税人对税务机关及其工作人员服务质效进行的投诉；纳税人对税务机关及其工作人员在履行纳税服务职责过程中侵害其合法权益的行为进行的其他投诉。

2. 以下关于纳税人权益事项办理时限的表述当中，正确的有（　　）。（多项选择题）

A. 纳税人提出关于增加办税窗口的建议，税务机关应于 15 个工作日内响

应或反馈

B. 纳税人提出的关于进一步优化税务注销管理的建议，鉴于涉及多个部门无法在短时间内进行答复，因此可以适当延长答复时限，但最长不得超过30个工作日

C. 对税务机关工作人员无端指责纳税人行为的投诉应当于3个工作日内完结

D. 对税务机关工作人员没有向纳税人耐心辅导，导致纳税人无法通过个税年度汇算获得退税的投诉应当于3个工作日内完结

【参考答案】AD

【答案解析】根据纳税人需求管理的规定，对复杂涉税需求，应于30个工作日内响应或反馈；对存在困难不能在规定期限内响应或反馈的，经相应手续批准，可适当延长，纳税人将收到相应的说明。因此选项B错误。根据纳税服务投诉管理办法的规定，纳税人对税务机关工作人员服务言行类投诉，自受理之日起5个工作日内办结。因此选项C错误。

第六节　纳税信用管理

纳税信用是指纳税人依法履行纳税义务，并被社会所普遍认可的一种信用，是社会信用体系建设的重要内容。纳税信用管理，是指税务机关对纳税人的纳税信用信息开展的采集、评价、确定、发布和应用等活动。

一、纳税信用管理基本规定

（一）纳税信用概述

2014年6月14日，国务院印发了《社会信用体系建设规划纲要（2014—2020年）》（国发〔2014〕21号），明确税务领域信用建设要“建立跨部门信用信息共享机制。开展纳税人基础信息、各类交易信息、财产保有和转让信息以及纳税记录等涉税信息的交换、比对和应用工作。进一步完善纳税信用等级

评定和发布制度，加强税务领域信用分类管理，发挥信用评定差异对纳税人的奖惩作用。建立税收违法黑名单制度。推进纳税信用与其他社会信用联动管理，提升纳税人税法遵从度”。

同年，国家税务总局根据《中华人民共和国税收征收管理法》及其实施细则、《国务院关于促进市场公平竞争维护市场正常秩序的若干意见》（国发〔2014〕20号），制定《纳税信用管理办法（试行）》（国家税务总局公告2014年第40号），并自2014年10月1日起施行。

（二）纳税信用管理工作的组织和实施

国家税务总局主管全国纳税信用管理工作，推行纳税信用管理工作的信息化，规范统一纳税信用管理。省以下税务机关负责所辖地区纳税信用管理工作的组织和实施。税务机关与相关部门建立信用信息共建共享机制，推动纳税信用与其他社会信用联动管理。

（三）纳税信用管理的原则

纳税信用管理遵循客观公正、标准统一、分级分类、动态调整的原则。

（四）纳税信用评价指标

纳税信用评价指标包括纳税人信用历史信息和税务内部信息、外部信息。

1. 纳税人信用历史信息

纳税人信用历史信息包括基本信息、评价年度前的优良信息记录、评价年度前的不良信息记录。

（1）基本信息包括税务登记信息、人员信息、经营信息。

（2）评价年度前优良信用记录包括外部门信用最高级别、本部门A级信用记录、稽查无问题年份。

（3）评价年度之前不良信用记录包括外部门信用最低级别、本部门D级信用记录。

2. 税务内部信息

税务内部信息包括经常性指标信息和非经常性指标信息。

（1）经常性指标信息。

经常性指标信息是指涉税申报信息、税（费）款缴纳信息、发票与税控器具信息、登记与账簿信息等纳税人在评价年度内经常产生的指标信息。

（2）非经常性指标信息。

非经常性指标信息是指税务检查信息等纳税人在评价年度内不经常产生的指标信息，具体包括：纳税评估、税务审计、反避税调查信息及税务稽查信息（包括涉税犯罪，涉税违法被行政处罚，发现少缴税款行为作出补缴税款处理，拒绝、阻挠税务机关执法的信息）。

3. 外部信息

外部信息包括外部参考信息和外部评价信息。

（1）外部参考信息。

外部参考信息包括评价年度海关、工商、质检、环保、银行等相关部门评定的优良信用记录和不良信用记录。外部参考信息在年度纳税信用评价结果中记录，与纳税信用评价信息形成联动机制。

（2）外部评价信息。

外部评价信息是指从相关部门取得的影响纳税人纳税信用评价的指标信息。目前主要是来自银行、工商、房管、土地管理部门或媒介、海关等部门的信息。

（五）纳税信用信息采集

纳税信用信息采集是指税务机关对纳税人纳税信用信息的记录和收集。纳税信用信息采集工作由国家税务总局和省税务机关组织实施，按月采集。

纳税人信用历史信息中的基本信息由税务机关从税务管理系统中采集，税务管理系统中暂缺的信息由税务机关通过纳税人申报采集；评价年度之前的纳税信用记录，以及相关部门评定的优良信用记录和不良信用记录，从税收管理记录、国家统一信用信息平台等渠道中采集。

税务内部信息从税务管理系统中采集，采集的信息记录截止时间为评价年度 12 月 31 日（含本日）。

外部信息主要通过税务管理系统、国家统一信用信息平台、相关部门官方网站、新闻媒体或者媒介等渠道采集。通过新闻媒体或者媒介采集的信息应核实后使用。

二、纳税信用评价

（一）纳税信用评价方式

纳税信用评价采取年度评价指标得分和直接判级方式。评价指标包括税务内部信息和外部评价信息。

年度评价指标得分采取扣分方式。主管税务机关使用税务管理系统中纳税人的纳税信用信息，按照指标体系和评价标准，以扣分方式计算得分，按得分确定相应信用级别。纳税人评价年度内经常性指标和非经常性指标信息齐全的，从100分起评；非经常性指标缺失的，从90分起评。

自开展2020年度评价时起，调整纳税信用评价计分方法中的起评分规则。近三个评价年度内存在非经常性指标信息的，从100分起评；近三个评价年度内没有非经常性指标信息的，从90分起评。

直接判级适用于有严重失信行为的纳税人。在现行纳税信用评价指标中，直接判级主要表现为纳税信用等级直接判为D级的情形。

（二）纳税信用评价管理范围

1. 参加纳税信用评价范围

参加纳税信用评价的范围为已办理税务登记（含“三证合一、一照一码”、临时登记），从事生产、经营的独立核算企业、个人独资企业和个人合伙企业。

2015年10月1日之后，新办的“三证合一、一照一码”企业纳入纳税信用管理的时间，从税务机关采集纳税人补充信息之日计算。

从2018年4月1日起，新增以下三类企业纳入评价范围：

（1）从首次在税务机关办理涉税事宜之日起时间不满一个评价年度的企业（以下简称新设立企业）。

（2）评价年度内无生产经营业务收入的企业。

（3）适用企业所得税核定征收办法的企业。

从2020年11月1日起，非独立核算分支机构可自愿参与纳税信用评价。非独立核算分支机构是指由企业纳税人设立，已在税务机关完成登记信息确认且核算方式为非独立核算的分支机构。

非独立核算分支机构参评后，2019 年度之前的纳税信用级别不再评价，在机构存续期间适用国家税务总局纳税信用管理相关规定。

2. 不参加本期评价的情形

（1）因涉嫌税收违法被立案查处尚未结案的。

因涉嫌税收违法被立案查处是指因涉嫌税收违法被移送公安机关或被公安机关直接立案查处，根据税务管理系统中的移送记录或被立案记录确定。

尚未结案是指在评价年度 12 月 31 日前，税务管理系统中有移送记录或被立案记录而没有已结案的记录。

被税务稽查部门立案检查的，不属于因涉嫌税收违法被立案查处尚未结案的情形，应纳入本期评价范围。

（2）被审计、财政部门依法查出税收违法行为，税务机关正在依法处理，尚未办结的。

尚未办结是指在评价年度 12 月 31 日前，税务管理系统中有在办、在流转处理的记录而没有办结的记录。

（3）已申请税务行政复议、提起行政诉讼尚未结案的。

尚未结案是指在评价年度 12 月 31 日前，税务管理系统中有受理复议、提起诉讼的记录而没有结案的记录。

（三）纳税信用级别

纳税信用级别设 A、B、M、C、D 五级。

1. A 级纳税信用为年度评价指标得分 90 分以上的；

2. B 级纳税信用为年度评价指标得分 70 分以上不满 90 分的；

3. M 级纳税信用为未发生《纳税信用管理办法（试行）》第二十条所列失信行为的新设立企业和评价年度内无生产经营业务收入且年度评价指标得分 70 分以上的企业；

4. C 级纳税信用为年度评价指标得分 40 分以上不满 70 分的；

5. D 级纳税信用为年度评价指标得分不满 40 分或者直接判级确定的。

（四）不能评为 A 级的情形

1. 实际生产经营期不满 3 年的。

2. 上一评价年度纳税信用评价结果为 D 级的。

3. 非正常原因一个评价年度内增值税连续3个月或者累计6个月零申报、负申报的。

正常原因是指季节性生产经营、享受政策性减免税等正常情况原因。非正常原因是除上述原因外的其他原因。按季申报视同连续3个月。

4. 不能按照国家统一的会计制度规定设置账簿，并根据合法、有效凭证核算，向税务机关提供准确税务资料的。

（五）直接判为D级的情形

1. 存在逃避缴纳税款、逃避追缴欠税、骗取出口退税、虚开增值税专用发票等行为，经判决构成涉税犯罪的。

2. 存在逃避缴纳税款、逃避追缴欠税、骗取出口退税、虚开增值税专用发票等行为，未构成犯罪，但偷税（逃避缴纳税款）金额10万元以上且占各税种应纳税总额10%以上，或者存在逃避追缴欠税、骗取出口退税、虚开增值税专用发票等税收违法行为，已缴纳税款、滞纳金、罚款的。

偷税（逃避缴纳税款）金额占各税种应纳税总额比例＝一个纳税年度的各税种偷税（逃避缴纳税款）总额÷该纳税年度各税种应纳税总额。

3. 在规定期限内未按税务机关处理结论缴纳或者足额缴纳税款、滞纳金和罚款的。

以该情形在税务管理系统中的记录日期确定判D级的年度。

4. 以暴力、威胁方法拒不缴纳税款或者拒绝、阻挠税务机关依法实施税务稽查执法行为的。

5. 存在违反增值税发票管理规定或者违反其他发票管理规定的行为，导致其他单位或者个人未缴、少缴或者骗取税款的。

6. 提供虚假申报材料享受税收优惠政策的。

7. 骗取国家出口退税款，被停止出口退（免）税资格未到期的。

具体指在评价年度内，被停止出口退（免）税资格未到期。根据税务管理系统中的记录信息确定。

8. 有非正常户记录或者由非正常户直接责任人员注册登记或者负责经营的。

有非正常户记录是指在评价年度12月31日为非正常状态。

由非正常户直接责任人员注册登记或者负责经营的是指由非正常户直接责

任人员在认定为非正常户之后注册登记或负责经营的企业。该类企业在纳入纳税信用管理的当年即纳入评价范围，且直接判为 D 级。

9. 由 D 级纳税人的直接责任人员注册登记或者负责经营的。

由 D 级纳税人的直接责任人员在被评价为 D 级之后注册登记或者负责经营的企业，在纳入纳税信用管理的当年即纳入评价范围，且直接判为 D 级。

10. 存在税务机关依法认定的其他严重失信情形的。

上述第 1、2、4、5、6 项直接判为 D 级的情形，以该情形在税务管理系统中的记录日期确定判 D 级的年度，同时按照《纳税信用管理办法（试行）》第二十五条规定调整其以前年度信用记录。

（六）D 级评价的保留

1. 上一评价年度按照评价指标被评价为 D 级的企业，本评价年度保留 D 级评价，次年不得评为 A 级。

自开展 2019 年度评价时起，对于因评价指标得分评为 D 级的纳税人，次年由直接保留 D 级评价调整为评价时加扣 11 分；税务机关应在 2020 年 11 月 30 日前调整纳税人 2019 年度纳税信用级别，2019 年度以前的纳税信用级别不作追溯调整。对于因直接判级评为 D 级的纳税人，维持 D 级评价保留 2 年、第 3 年纳税信用不得评价为 A 级。

2. D 级企业直接责任人在企业被评价为 D 级之后注册登记或者负责经营的企业评价为 D 级（以下简称关联 D）。关联 D 只保留 1 年，次年度根据《纳税信用管理办法（试行）》规定重新评价但不得评为 A 级。

3. 主管税务机关按规定调整纳税人以前年度纳税信用级别为 D 级，该 D 级评价（简称动态 D）不保留到下一年度。

（七）不影响纳税信用评价的情形

1. 由于税务机关原因或者不可抗力，造成纳税人未能及时履行纳税义务的。

2. 非主观故意的计算公式运用错误以及明显的笔误造成未缴或者少缴税款的。

3. 国家税务总局认定的其他不影响纳税信用评价的情形。

三、纳税信用评价结果的确定和发布

纳税信用评价结果的确定和发布遵循谁评价、谁确定、谁发布的原则。

(一) 纳税信用评价结果的确定

1. 年度纳税信用评价结果的确定

税务机关每年4月确定上一年度纳税信用评价结果。对首次在税务机关办理涉税事宜的新设立企业，税务机关及时进行纳税信用评价，确定评价结果。

2. 纳税信用补评和复评

(1) 纳税信用补评。

纳税信用补评适用于纳税人因不参加本期评价的有关情形解除，或对当期未予评价有异议的。

纳税人可在纳税信用评价结果公布后的任意时间内申请补评。申请补评时需填写《纳税信用补评申请表》。

纳税人的主管税务机关受理纳税人的纳税信用补评，按规定开展纳税信用补评工作，并自受理申请之日起15个工作日内完成补评工作，向纳税人反馈纳税信用评价信息或提供评价结果的自我查询服务。

(2) 纳税信用复评。

纳税信用复评适用于纳税人对纳税信用评价结果有异议的。

纳税人在纳税信用评价结果公布后的当年内申请该年度纳税信用复评。申请复评时需填写《纳税信用复评申请表》。

纳税人的主管税务机关受理纳税人的纳税信用复评申请，作出评价的税务机关按规定对评价结果进行复核，并自受理申请之日起15个工作日内完成复评工作，向纳税人反馈纳税信用复评信息或提供复评结果的自我查询服务。

纳税人对指标评价情况有异议的，纳税人可在评价年度次年3月份填写《纳税信用复评（核）申请表》，向主管税务机关提出复核，主管税务机关在开展年度评价时审核调整，并随评价结果向纳税人提供复核情况的自我查询服务。

(3) 纳税信用级别动态调整。

税务机关对纳税人的纳税信用级别实行动态调整。因税务检查等发现纳税人以前评价年度需扣减信用评价指标得分或者直接判级的，税务机关按《纳税信用管理办法（试行）》有关规定调整其以前年度纳税信用评价结果和记录。

①动态调整情形

因税务检查等发现纳税人以前评价年度存在直接判为D级情形的，主管税务机关应调整其相应评价年度纳税信用级别为D级，并记录动态调整信息，该D级评价不保留至下一年度。

对税务检查等发现纳税人以前评价年度存在需扣减纳税信用评价指标得分情形的，主管税务机关暂不调整其相应年度纳税信用评价结果和记录。

②动态调整流程

主管税务机关按月开展纳税信用级别动态调整工作。税务管理系统可实现动态调整指标信息的自动采集和动态调整任务的自动发起。

③动态调整结果通告

主管税务机关完成动态调整工作后，于次月初5个工作日内将动态调整情况层报至省税务机关备案，并发布A级纳税人变动情况通告。省税务机关据此更新税务网站公布的纳税信用评价信息，于每月上旬将A级纳税人变动情况汇总报送税务总局。

纳税信用年度评价结果发布前，主管税务机关发现纳税人在评价年度存在动态调整情形的，应调整后再发布评价结果。

目前，B、M、C、D信用级别只供纳税人自我查询，税务机关暂不主动对外公开，税务机关暂不存在调整B、M、C、D级纳税人变动情况通告的问题。

（二）纳税信用评价情况的告知

纳税信用评价情况告知的目的，是让纳税人了解当前的纳税信用状况、加强自我管理、规范日常行为，促进纳税人诚信自律。

纳税信用评价年度之中，税务机关在按月采集纳税信用评价信息时，发现纳税人的信用评价指标出现扣分且将影响评价级别下降的情形，即纳税人信用评价状态变化的，可通过邮件、短信、微信等适当方式，通知、提醒纳税人，并视纳税信用评价状态变化趋势采取相应的服务和管理措施。

企业（包括新设立企业）发生《纳税信用管理办法（试行）》第二十条所列失信行为的，税务机关及时对其纳税信用级别进行调整，并以适当的方式告知。

（三）纳税信用评价结果的发布

税务机关对纳税信用评价结果，按分级分类原则，依法有序开放。

A 级纳税人评价结果的发布由纳税人主管税务机关负责。纳税人主管税务机关每年 4 月按照税务总局统一规定的时间以通告的形式对外发布 A 级纳税人信息，上级税务机关汇总公布 A 级纳税人评价结果。

A 级纳税人发布内容包括：纳税人识别号、纳税人名称、评价年度、纳税人主管税务机关。税务总局、省税务机关、市税务机关通过门户网站（或子网站）汇总公布管辖范围内的 A 级纳税人信息。由于复评、动态调整等原因需要调整 A 级名单的，由税务机关发布变化情况通告，及时更新公告栏内容，并层报税务总局。

1. 税务机关主动公开 A 级纳税人名单及相关信息。在评价结果公布前（每年 1 月至 4 月），税务机关发现评价为 A 级的纳税人已注销或被税务机关认定为非正常户的，其评价结果不予发布。

2. 税务机关根据社会信用体系建设需要，以及与相关部门信用信息共建共享合作备忘录、协议等规定，逐步开放 B、M、C、D 级纳税人名单及相关信息。

3. 对于重大税收违法案件信息，税务机关定期或者不定期进行公布。

四、纳税信用修复

为鼓励和引导纳税人增强依法诚信纳税意识，主动纠正纳税失信行为，根据《国务院办公厅关于加快推进社会信用体系建设构建以信用为基础的新型监管机制的指导意见》（国办发〔2019〕35 号），自 2020 年 1 月 1 日起，推行纳税信用修复工作机制。

（一）申请纳税信用修复条件

纳入纳税信用管理的企业纳税人，符合下列条件之一的，可在规定期限内向主管税务机关申请纳税信用修复。

1. 纳税人发生未按法定期限办理纳税申报、税款缴纳、资料备案等事项且已补办的。

2. 未按税务机关处理结论缴纳或者足额缴纳税款、滞纳金和罚款，未构成犯罪，纳税信用级别被直接判为 D 级的纳税人，在税务机关处理结论明确的期限期满后 60 日内足额缴纳、补缴的。

3. 纳税人履行相应法律义务并由税务机关依法解除非正常户状态的。

（二）申请纳税信用修复时间

对未按法定期限办理纳税申报、税款缴纳、资料备案等事项且已补办的纳税人且失信行为已纳入纳税信用评价的，纳税人可在失信行为被税务机关列入失信记录的次年年底前向主管税务机关提出信用修复申请，税务机关按照《纳税信用修复范围及标准》调整该项纳税信用评价指标分值，重新评价纳税人的纳税信用级别；以上纳税人失信行为尚未纳入纳税信用评价的，无须提出申请，税务机关按照《纳税信用修复范围及标准》调整纳税人该项纳税信用评价指标分值并进行纳税信用评价。

对于符合其他纳税信用修复条件的纳税人，可在纳税信用被直接判为 D 级的次年年底前向主管税务机关提出申请，税务机关根据纳税人失信行为纠正情况调整该项纳税信用评价指标的状态，重新评价纳税人的纳税信用级别，但不得评价为 A 级。

非正常户失信行为纳税信用修复一个纳税年度内只能申请一次。纳税年度自公历 1 月 1 日起至 12 月 31 日止。

纳税信用修复后纳税信用级别不再为 D 级的纳税人，其直接责任人注册登记或者负责经营的其他纳税人之前被关联为 D 级的，可向主管税务机关申请解除纳税信用 D 级关联。

（三）纳税信用修复其他规定

1. 需向主管税务机关提出纳税信用修复申请的纳税人应填报《纳税信用修复申请表》，并对纠正失信行为的真实性作出承诺。

税务机关发现纳税人虚假承诺的，撤销相应的纳税信用修复，并按照《纳税信用评价指标和评价方式（试行）调整表》予以扣分。

2. 主管税务机关自受理纳税信用修复申请之日起 15 个工作日内完成审核，并向纳税人反馈信用修复结果。

3. 纳税信用修复完成后，纳税人按照修复后的纳税信用级别适用相应的税收政策和管理服务措施，之前已适用的税收政策和管理服务措施不作追溯调整。

五、纳税信用评价结果的应用

税务机关按照守信激励，失信惩戒的原则，对不同信用级别的纳税人实施分类服务和管理。

（一）对A级纳税人的服务和管理措施

1. 主动向社会公告年度A级纳税人名单。

2. 一般纳税人可单次领取3个月的增值税发票用量，需要调整增值税发票用量时即时办理。

3. 普通发票按需领用。

4. 连续3年被评为A级信用级别（简称3连A）的纳税人，除享受以上措施外，还可以由税务机关提供绿色通道或专门人员帮助办理涉税事项。

5. 税务机关与相关部门实施的联合激励措施，以及结合当地实际情况采取的其他激励措施。

6. 纳税信用级别为A级的出口企业可评为出口企业管理一类企业。评为出口管理一类企业的A级纳税人，享受以下便利措施：

（1）税务机关受理出口退（免）税正式申报后，经核对申报信息齐全无误的，即可办理出口退（免）税。

（2）可优先安排该类企业办理出口退税。

（3）税务机关可向该类企业提供绿色办税通道（特约服务区），并建立重点联系制度，指定专人负责并定期联系企业。

2016年，国家发展改革委和税务总局牵头，人民银行、中央文明办等29个部门联合制定了《关于对纳税信用A级纳税人实施联合激励措施的合作备忘录》，就纳税信用A级纳税人实施联合激励措施达成一致意见。联合激励措施涉及财政资金使用、土地使用和管理、进出口便利化、运输便利化、外汇管理等十八个方面。国家发展改革委基于全国信用信息共享平台建立守信联合激励系统。税务总局通过该系统向签署《关于对纳税信用A级纳税人实施联合激励措施的合作备忘录》的部门和单位提供纳税信用A级纳税人名单，并按照有关规定更新。其他部门和单位从守信联合激励系统中获取纳税信用A级纳税人名单，执行或协助执行备忘录规定的激励措施，并按季度将执行情况通过该系统反馈给国家发展改革委和税务总局。

联合激励实施动态管理，税务机关每年4月份确定上一年度纳税信用评价结果，并根据补评、复评情况对纳税人的纳税信用级别实施动态调整。全国信用信息共享平台将A级纳税人名单与其他领域失信名单进行交叉比对，将未纳入其他领域失信名单的A级纳税人确定为联合激励对象，结合该企业在本领域的信用状况实施激励；在日常监管中，参加联合激励的单位发现A级纳税人存在违法失信行为，及时通过全国信用信息共享平台，反馈至国家发展改革委和税务总局，一经核实，立即取消其参与守信联合激励资格并通报各单位，停止适用守信联合激励措施。

（二）对B级纳税人的服务和管理措施

1. 对纳税信用级别为B级的纳税人，税务机关实施正常管理，适时进行税收政策和管理规定的辅导，并视信用评价状态变化趋势选择性地提供适用于A级纳税人的激励措施。

2. 纳税信用级别为B级的纳税人可一次领取不超过2个月的增值税发票用量，其生产经营情况发生变化，需要调整增值税发票用量，手续齐全的，按照规定即时办理。

（三）对M级纳税人的服务和管理措施

税务机关适时进行税收政策和管理规定的辅导。

（四）对C级纳税人的服务和管理措施

对纳税信用级别为C级的纳税人，税务机关应依法从严管理，并视信用评价状态变化趋势选择性地采取适用于D级纳税人的管理措施。

（五）对D级纳税人的管理措施

1. 按照《纳税信用管理办法（试行）》第二十七条的规定，公开D级纳税人及其直接责任人员名单，对直接责任人员注册登记或者负责经营的其他纳税人纳税信用直接判为D级。

2. 增值税专用发票领用按辅导期一般纳税人政策办理，普通发票的领用实行交（验）旧供新、严格限量供应。

3. 加强出口退税审核。

4. 加强纳税评估，严格审核其报送的各种资料。

5. 列入重点监控对象，提高监督检查频次，发现税收违法违规行为的，不得适用规定处罚幅度内的最低标准。

6. 将纳税信用评价结果通报相关部门，建议在经营、投融资、取得政府供应土地、进出口、出入境、注册新公司、工程招投标、政府采购、获得荣誉、安全许可、生产许可、从业任职资格、资质审核等方面予以限制或禁止。

7. D级评价保留2年，第三年纳税信用不得评价为A级。

8. 税务机关与相关部门实施的联合惩戒措施，以及结合实际情况依法采取的其他严格管理措施。

六、信用信息共享应用

（一）纳税信用信息共享

税务行政许可和行政处罚信息公示，简称“双公示”。税务机关依据法律、法规、规章，以“公开为常态、不公开为例外”为原则，结合“税务行政许可事项目录”“权力清单”和“责任清单”的推进落实，梳理确定本级税务机关依法设立的需公示的行政许可和行政处罚事项，除涉及国家秘密、商业秘密或个人隐私及其他依法不予公开的事项外，都应规范、完整、清晰、准确地向社会公开。

税务行政许可事项公示内容应包括：行政许可决定书及其文号、设定依据、项目名称、行政相对人统一社会信用代码和审批部门等信息。

税务行政处罚事项公示内容应包括：行政处罚决定书文号、执法依据、案件名称、行政相对人统一社会信用代码、处罚事由、作出处罚决定的部门和处罚结果等信息。简易处罚可暂不公示。

税务总局在门户网站进行公示，并同步将公示内容推送至“信用中国”网站及其他综合性政务门户网站。

省及省以下税务机关统一在省税务机关门户网站进行公示，并按照“谁生产、谁提供、谁负责”原则，配合同级政府“双公示”牵头部门做好行政许可和行政处罚等信用信息在政府门户网站的公示工作，协商确定公示信息的归集上报方式。

各级税务机关在作出行政许可和行政处罚决定之日起 7 个工作日内完成公示。

（二）重大税收违法失信案件信息公布

重大税收违法失信案件信息公布，是指税务机关依照规定，向社会公布重大税收违法失信案件信息，并将信息通报相关部门，共同实施严格监管和联合惩戒。

公布重大税收违法失信案件信息，遵循依法行政、公平公正、统一规范的原则。

1. 重大税收违法失信案件，是指符合下列标准的案件：

（1）纳税人伪造、变造、隐匿、擅自销毁账簿、记账凭证，或者在账簿上多列支出或者不列、少列收入，或者经税务机关通知申报而拒不申报或者进行虚假的纳税申报，不缴或者少缴应纳税款 100 万元以上，且任一年度不缴或者少缴应纳税款占当年各税种应纳税总额 10% 以上的。

（2）纳税人欠缴应纳税款，采取转移或者隐匿财产的手段，妨碍税务机关追缴欠缴的税款，欠缴税款金额 10 万元以上的。

（3）骗取国家出口退税款的。

（4）以暴力、威胁方法拒不缴纳税款的。

（5）虚开增值税专用发票或者虚开用于骗取出口退税、抵扣税款的其他发票的。

（6）虚开普通发票 100 份或者金额 40 万元以上的。

（7）私自印制、伪造、变造发票，非法制造发票防伪专用品，伪造发票监制章的。

（8）具有偷税、逃避追缴欠税、骗取出口退税、抗税、虚开发票等行为，经税务机关检查确认走逃（失联）的。经税务机关检查确认走逃（失联）的，是指检查对象在税务局稽查局案件执行完毕前，不履行税收义务并脱离税务机关监管的。

（9）其他违法情节严重、有较大社会影响的。

符合标准的重大税收违法失信案件，税务局稽查局依法作出《税务处理决定书》或者《税务行政处罚决定书》的，税务机关可以依据《中华人民共和国税收征收管理法》相关规定，通知出入境管理机关阻止其出境。

①税务机关将当事人信息提供给参与实施联合惩戒的相关部门，由相关部门依法对当事人采取联合惩戒和管理措施。

②税务机关依法采取的其他严格管理措施。

（10）对按规定不向社会公布的当事人，纳税信用级别直接判为 D 级，适用相应的 D 级纳税人管理措施。

根据《关于对重大税收违法案件当事人实施联合惩戒措施的合作备忘录（2016 版）》，联合惩戒措施具体包括阻止出境、限制担任相关职务、禁止部分高消费行为、向社会公示、限制取得政府供应土地、强化检验检疫监督管理、依法禁止参加政府采购活动等 28 项。

2. 信息共享

国家税务总局和省税务机关通过约定方式，向同级参与联合惩戒的部门提供税务机关对外公布的本辖区内重大税收违法失信案件信息。市以下税务机关根据实际情况，与相关部门协商决定，是否向同级参与联合惩戒的部门提供对外公布的本辖区内重大税收违法失信案件信息。

（三）银税互动

“银税互动”是指在依法合规的基础上，由税务部门、银监会派出机构和银行业金融机构通过协商，共享区域内企业纳税信用评价结果，助力企业健康发展。“银税互动”遵循互认互惠、褒限并重、协同推进的原则。

“银税互动”工作的开展坚持以下原则：

1. 互认互惠原则。银税双方依托各自独立的信用评价体系，在“征信互认”的基础上，实现纳税信用和贷款信用的有机结合，推动双方信用的联动管理。税务机关在向银监部门和银行业金融机构提供纳税信用评价信息的同时，积极通过信用信息交换共享，获取企业银行账户、财务报表等信息，进一步拓宽外部信用信息的来源。

2. 褒限并重原则。税务部门支持银行业金融机构通过共享纳税信用评价信息，向守信企业提供信用贷款等相关金融服务，推动银行业金融机构对失信企业给予信贷限制或禁止，形成正向褒扬和反向限制的双向合力，促进纳税人诚信自律、提高税法遵从度。

3. 协同推进原则。税务部门密切与银监部门和银行业金融机构的联系，协同银税各方依法推进信用信息共享交换，完善合作机制，提高“银税互动”效率。及时与银监部门和银行业金融机构总结核实“银税互动”活动成果，主动向当地政府汇报，推进“银税互动”活动深入开展，共同维护守信企业合法权益，共同扶助守信企业健康发展。

近年来，税务总局与主要商业银行总行共同签署“银税互动”合作框架协议。各地税务机关也参照税务总局签署的合作框架协议，与当地银行业金融机构签订“银税互动”协议，扩大银税合作的对象。与此同时，税务部门积极推动银行业金融机构创新服务产品，助力国家战略性新兴产业、高新技术产业、农产品加工业以及国家重点支持领域发展。例如，将“银税互动”同助力进出口贸易和企业“走出去”结合起来，联合研究推出“纳税信用＋外贸”等金融产品；鼓励银行业金融机构研究探索搭建“互联网＋大数据＋金融＋税务”平台提升金融服务效率；鼓励银行业金融机构针对纳税守信、经营状况和发展前景较好的小微企业研发信用贷款类产品，给予优惠的信贷支持等。

在信息共享方面，税务部门利用全国统一的信用信息共享交换平台，及时向银行业金融机构推送纳税信用评价信息，并不断深化“银税互动”合作领域，在税收服务方面，积极探索利用银行业金融机构的服务网点，在自助服务、委托服务和服务体验方面开展银税合作。

为扩大“银税互动”的社会影响力，税务、银监部门和银行业金融机构依托办税服务厅、银行网点、服务热线、门户网站、微博微信等渠道和方式，对“银税互动”活动和相关金融产品进行全方位宣传，提升社会公众、市场主体对“银税互动”的知晓度，提高市场主体的参与度和活跃度。同时，积极开展典型案例宣传，通过守信激励的示范引领效应，在全社会形成诚信经营、依法纳税的价值导向，促进营造良好的市场信用环境。

（四）税收管理领域和食品药品监督管理领域的信用互动

税务部门与食品药品监督管理部门建立以信用信息共享为基础的信用互动机制，使纳税信用和生产领域信用有效衔接，并在此基础上开展联合激励与惩戒。

1. 双方建立信用信息共享机制。在符合国家法律法规及双方管理规定条件下，依托全国统一的信用信息共享交换平台，充分共享双方信用评价结果。

2. 双方建立信用互动机制。在本部门信用评价信息中记录对方的优良信用记录和不良信用记录，并在加强事中、事后监管中加以应用。

3. 双方建立合作成效反馈机制。

（五）联合激励和联合惩戒

近年来，税务部门不断深化与其他部门的信用领域合作，并配合多个部门实施失信联合激励和联合惩戒。2015 年至 2018 年，税务总局先后参与签订《失信企业协同监管和联合惩戒合作备忘录》《关于对失信被执行人实施联合惩戒的合作备忘录》《关于对违法失信上市公司相关责任主体实施联合惩戒的合作备忘录》《关于对电力行业严重违法失信市场主体及其有关人员实施联合惩戒的合作备忘录》《关于对交通运输工程建设领域守信典型企业实施联合激励的合作备忘录》《关于对家政服务领域相关失信责任主体实施联合惩戒的合作备忘录》等合作备忘录，积极推动社会信用体系建设。

税务部门对交通运输工程建设领域守信企业的联合激励具体如下。

1. 联合激励对象

联合激励的对象为交通运输部门根据《交通运输部办公厅关于界定和激励公路水运工程建设领域守信典型企业有关事项的通知》（交办水〔2018〕11 号）和相关法律、法规、规章及规范性文件等有关规定，公布的交通运输工程建设领域守信典型企业。同时，联合激励的对象必须是全国信用信息共享平台核查优良的法人或非法人组织，即无不良记录，不属于黑名单、重点关注名单对象。

2. 税务部门的激励措施

税务部门将守信情况纳入纳税信用评价的外部参考信息，作为纳税信用评价的重要外部参考。

（六）税务部门对失信企业的协同监管和联合惩戒

1. 联合惩戒对象

联合惩戒的对象为违背市场竞争准则和诚实信用原则，存在侵犯消费者合法权益、制假售假、未履行信息公示义务等违法行为，被各级工商行政管理、市场监督管理部门吊销营业执照、列入经营异常名录或严重违法失信企业名单，并在企业信用信息公示系统上予以公示的企业及其法定代表人（负责人），以及根据相关法律法规规定对企业严重违法行为负有责任的企业法人和自然人股东、其他相关人员。

2. 税务部门的协同监管和联合惩戒措施

税务机关在接到工商部门传来的经营异常名录和严重违法失信企业名单等数据信息后，依法依规对当事人实施协同监管和联合惩戒。

（1）税务部门的协同监管措施。

①纳税人不办理税务登记（含行政登记）的，由税务部门责令限期改正；逾期不改正的，经税务部门提请，由工商行政管理部门吊销其营业执照。

②工商部门向税务部门提供核准外国企业注销信息，税务部门取得工商部门信息后，作为重要的第三方信息，加强对注销企业和其他相关企业的后续监管。

③工商部门向税务部门定期通报市场主体设立、变更、注销登记以及吊销营业执照信息，税务部门取得工商部门信息后，与税务管理系统中的数据进行比对，对异常情况及时采取相应管理措施；稽查部门将工商部门的经营异常名录和严重违法失信企业相关信息列入税务稽查异常对象名录库。

④税收法律、行政法规或者规范性文件明确将税务行政相对人纳税信用状况或者无违法记录作为税务行政审批条件的，税务机关应当将企业信用信息系统上公示的信息作为重要参考，推动将申请人良好的信用状况作为税务行政审批的必备条件，加强税务行政审批监管和服务。

根据《工商总局　税务总局关于加强信息共享和联合监管的通知》（工商企注字〔2018〕11号）的规定，税务、工商部门将建立健全增值税发票申领等协同监管机制。税务部门充分利用工商共享信息进行税收风险分析和应对，并将纳税人的税收违法“黑名单”等信息共享给工商部门，由税务、工商部门施行联合监管。

（2）信息共享和税务部门的联合惩戒措施。

被工商部门列入经营异常名录和严重违法失信企业名单的当事人不得评为纳税信用A级。

各级税务机关与工商部门通过全国企业信用信息系统、全国统一的信用信息共享交换平台或专线传输等方式定期共享监管信息和数据。

（七）税务部门对失信被执行人的联合惩戒

1. 联合惩戒对象

联合惩戒对象为最高人民法院公布的失信被执行人（包括自然人和单位）。

2. 信息共享和税务部门的联合惩戒措施

税务部门在实施税收优惠性政策时，查询相关机构及法定代表人、实际控制人、董事、监事、高级管理人员是否为失信被执行人，对其享受该政策时审慎性参考。

国家发展改革委基于全国信用信息共享平台建立失信行为联合惩戒系统，最高人民法院在全国信用信息共享平台失信行为联合惩戒系统上实时更新失信被执行人信息。税务等部门和单位根据各自职责，下发给下级单位，指导监督下级单位按照备忘录及有关规定实施惩戒或解除惩戒。

（八）税务部门对电力行业严重违法失信市场主体及其有关人员的联合惩戒

1. 联合惩戒对象

联合惩戒对象为违反电力管理等相关法律、法规规定，违背诚实信用原则，经政府主管部门认定存在严重违法失信行为并纳入电力“黑名单”的市场主体及负有责任的法定代表人、自然人股东、其他相关人员。

2. 信息共享和税务部门的联合惩戒措施

税务部门对列入税务管理重点监控对象，加强税收风险管理，提高监督检查频次。

国家发展改革委通过全国信用信息共享平台等信息技术手段定期向参与失信联合惩戒的相关部门提供电力行业市场主体严重违法失信“黑名单”的相关信息。同时，相关名单信息在国家发展改革委政府网站、“信用中国”网站、国家企业信用信息公示系统等向社会公布。

（九）税务部门对家政服务领域相关失信责任主体的联合惩戒

1. 联合惩戒对象

联合惩戒对象主要指在家政服务领域经营活动中违反《家庭服务业管理暂行办法》（商务部令2012年第11号，《家庭服务业管理暂行办法》中“家庭服务业”等同于“家政服务业”)，以及其他法律、法规、规章和规范性文件，违背诚实信用原则，经有关主管部门确认存在严重失信行为的相关机构及人员等责任主体，包括：失信家政服务企业；失信家政服务企业的法定代表人、主要负责人和对失信行为负有直接责任的从业人员。

2. 信息共享和税务部门的联合惩戒措施

税务部门将联合惩戒对象列入税务管理重点监控对象，提高监督检查频次。

国家发展改革委基于全国信用信息共享平台建立联合奖惩子系统，商务部通过该系统向签署备忘录的其他部门和单位提供家政服务领域失信责任主体信息并按照有关规定更新动态。税务部门按照备忘录约定内容，依法依规对家政服务领域失信责任主体实施联合惩戒。税务部门根据实际情况将联合惩戒实施情况通过全国信用信息共享平台联合奖惩子系统反馈至国家发展改革委和商务部。

【思考与练习】

1. 纳税信用评价指标体系中，经常性指标信息一级指标除涉税申报信息、税（费）款缴纳信息、发票与税控器具信息外，还包括（　　）。（单项选择题）

A. 税收优惠资格资料真实申报信息

B. 纳税评估信息

C. 违法违章信息

D. 登记与账簿信息

【参考答案】D

【答案解析】纳税信用评价指标体系中，经常性指标信息是指涉税申报信息、税（费）款缴纳信息、发票与税控器具信息、登记与账簿信息等纳税人在评价年度内经常产生的指标信息。

2. 下列纳税人中，哪些纳税人纳税信用等级本评价年度不能评定为 A 级？（　　）（多项选择题）

A. 实际生产经营期不满 4 年的

B. 上一评价年度纳税信用评价结果为 D 级的

C. 非正常原因一个评价年度内增值税连续3个月或者累计6个月零申报、负申报的

D. 不能按照国家统一的会计制度规定设置账簿，并根据合法、有效凭证核算，向税务机关提供准确税务资料的

【参考答案】BCD

【答案解析】根据纳税信用不能评为A级的情形的相关规定，“实际生产经营期不满3年的”是其中之一。因此选项A错误，其他选项正确。

第七节 涉税服务监管相关规定

涉税专业服务是指涉税专业服务机构接受委托，利用专业知识和技能，就涉税事项向委托人提供的税务代理等服务。

涉税专业服务机构包括税务师事务所和从事涉税专业服务的会计师事务所、律师事务所、代理记账机构、税务代理公司、财税类咨询公司等机构。

(一) 涉税专业服务的业务范围

1. 纳税申报代理。对纳税人、扣缴义务人提供的资料进行归集和专业判断，代理纳税人、扣缴义务人进行纳税申报准备和签署纳税申报表、扣缴税款报告表以及相关文件。

2. 一般税务咨询。对纳税人、扣缴义务人的日常办税事项提供税务咨询服务。

3. 专业税务顾问。对纳税人、扣缴义务人的涉税事项提供长期的专业税务顾问服务。

4. 税收策划。对纳税人、扣缴义务人的经营和投资活动提供符合税收法律法规及相关规定的纳税计划、纳税方案。

5. 涉税鉴证。按照法律、法规以及依据法律、法规制定的相关规定要求，对涉税事项真实性和合法性出具鉴定和证明。

6. 纳税情况审查。接受行政机关、司法机关委托，依法对企业纳税情况进行审查，作出专业结论。

7. 其他税务事项代理。接受纳税人、扣缴义务人的委托，代理建账记账、发票领用、减免退税申请等税务事项。

8. 其他涉税服务。前 7 项未规定的其他涉税服务事项，如涉税培训、纳税风险评估等。

（二）税务师事务所行政登记与信息采集

1. 税务师事务所行政登记

（1）行政登记申请。税务师事务所行政登记是指税务机关对在商事登记名称中含有“税务师事务所”字样的行政相对人进行书面记载的行政行为。未经行政登记不得使用“税务师事务所”名称，不能享有税务师事务所的合法权益。

行政相对人应当自取得营业执照之日起 20 个工作日内，向所在地省税务机关办理税务师事务所行政登记。

办理税务师事务所行政登记需要报送资料：

①《税务师事务所行政登记表》；

②营业执照复印件；

③国家税务总局规定的其他资料。

行政相对人提交材料齐全、符合法定形式的，省税务机关即时受理；材料不齐全或者不符合法定形式的，一次性告知需要补正的全部材料。

（2）行政登记办理。省税务机关自受理材料之日起 20 个工作日内，审核其是否符合行政登记条件，办理税务师事务所行政登记。

（3）行政登记公示。符合行政登记条件的，税务机关将税务师事务所名称、合伙人或者股东、执行事务合伙人或者法定代表人、职业资格人员等相关信息在门户网站上公示，公示期不得少于 5 个工作日。公示期满无异议或者公示期内有异议、但经调查异议不实的，税务机关予以行政登记。公示期内有异议、经调查确不符合行政登记条件的，税务机关会出具《税务师事务所行政登记不予登记通知书》。

（4）行政登记证书发放。予以行政登记的，税务机关颁发纸质《税务师事务所行政登记证书》或者电子证书，证书编号使用统一社会信用代码。

（5）行政登记公告。省税务机关在门户网站、电子税务局和办税服务场所对取得《税务师事务所行政登记证书》的税务师事务所的相关信息进行公告。

不符合行政登记条件或者公示期内有异议、经调查确不符合行政登记条件的，税务机关出具《税务师事务所行政登记不予登记通知书》并公告。

2. 税务师事务所行政登记变更

（1）行政登记变更申请。税务师事务所的名称、组织形式、经营场所、合伙人或者股东、执行事务合伙人或者法定代表人等事项发生变更的，应当自办理工商变更之日起20个工作日内办理变更行政登记。

办理税务师事务所行政登记变更需要报送资料：

①《税务师事务所变更/终止行政登记表》；

②原《税务师事务所行政登记证书》；

③变更后的营业执照复印件；

④国家税务总局规定的其他资料。

行政相对人提交材料齐全、符合法定形式的，省税务机关即时受理；材料不齐全或者不符合法定形式的，一次性告知需要补正的全部材料。

（2）行政登记变更办理。省税务机关自受理材料之日起15个工作日内，审核其是否符合行政登记变更条件，办理税务师事务所行政登记变更。

（3）行政登记证书换发。符合行政登记条件的，税务机关对《税务师事务所行政登记证书》记载事项发生变更的税务师事务所换发《税务师事务所行政登记证书》。

（4）行政登记变更公告。省税务机关在门户网站、电子税务局和办税服务场所对税务师事务所变更情况进行公告。

3. 税务师事务所终止行政登记

（1）终止行政登记申请。税务师事务所注销工商登记前，应当向所在地省税务机关提交材料办理终止行政登记。

办理税务师事务所终止行政登记需要报送资料：

①《税务师事务所变更/终止行政登记表》；

②《税务师事务所行政登记证书》。

行政相对人提交材料齐全、符合法定形式的，省税务机关即时受理；材料不齐全或者不符合法定形式的，一次性告知需要补正的全部材料。

（2）税务机关审核税务师事务所终止情形属实的，予以终止行政登记。

（3）终止行政登记公告。省税务机关在门户网站、电子税务局和办税服务场所对税务师事务所终止情况进行公告。

4. 涉税专业服务信息采集

（1）涉税专业服务机构（人员）基本信息采集。

涉税专业服务机构（人员）基本信息采集是指涉税专业服务机构向税务机关报送涉税专业服务机构及其从事涉税服务人员的基本信息。

涉税专业服务机构应当于首次提供涉税专业服务前，向主管税务机关报送《涉税专业服务机构（人员）基本信息采集表》。

基本信息发生变更的，涉税专业服务机构应当自基本信息变更之日起30日内，向主管税务机关报送《涉税专业服务机构（人员）基本信息采集表》。

涉税专业服务机构暂时停止提供涉税专业服务的，应当于完成或终止全部涉税专业服务协议后向主管税务机关报送《涉税专业服务机构（人员）基本信息采集表》；恢复提供涉税专业服务的，应当于恢复后首次提供涉税专业服务前向主管税务机关报送《涉税专业服务机构（人员）基本信息采集表》。

（2）涉税专业服务协议要素信息采集。

涉税专业服务协议要素信息采集是指涉税专业服务机构向税务机关报送与委托人签订的业务委托协议的要素信息。

涉税专业服务机构应当于首次为委托人提供业务委托协议约定的涉税服务前报送《涉税专业服务协议要素信息采集表》。

业务委托协议发生变更的，涉税专业服务机构应当自变更之日起30日内向主管税务机关报送《涉税专业服务协议要素信息采集表》。

业务委托协议发生终止的，涉税专业服务机构应当自终止之日起30日内向主管税务机关报送《涉税专业服务协议要素信息采集表》。

（3）涉税专业服务年度报告采集。

涉税专业服务年度报告采集是指涉税专业服务机构应当以年度报告形式，向税务机关报送从事涉税专业服务的总体情况。

涉税专业服务机构应当于每年3月31日前，向主管税务机关报送《年度涉税专业服务总体情况采集表》。

（4）涉税专业服务专项报告要素信息采集。

涉税专业服务专项报告要素信息采集是指税务师事务所、会计师事务所、律师事务所从事专业税务顾问、税收策划、涉税鉴证、纳税情况审查业务，应当向税务机关报送专项业务报告要素信息。

税务师事务所、会计师事务所、律师事务所应当于完成专业税务顾问、税收策划、涉税鉴证、纳税情况审查的次月底前向主管税务机关报送《专项业务报告要素信息采集表》。上述业务的完成时间，以税务师、注册会计师、律师在相关文书上签字的时间为准。

（三）涉税专业服务信用评价管理

1. 涉税专业服务信用信息采集

（1）信息分类。

①涉税专业服务信用信息分为涉税专业服务机构信用信息和从事涉税服务人员信用信息。

②涉税专业服务机构信用信息包括：纳税信用、委托人纳税信用、纳税人评价、税务机关评价、实名办税、业务规模、服务质量、业务信息质量、行业自律、人员信用等。

③从事涉税服务人员信用信息包括：基本信息、执业记录、不良记录、纳税记录等。

（2）采集信用信息的渠道。

①涉税专业服务机构和从事涉税服务人员报送的信息；

②税务机关税收征管过程中产生的信息和涉税专业服务监管过程中产生的信息；

③其他行业主管部门和行业协会公开的信息；

④涉税专业服务机构跨区域从事涉税专业服务的相关信用信息，归集到机构所在地。

（3）信用积分。

①涉税专业服务机构信用积分为评价周期内的累计积分，按月公告，下一个评价周期重新积分。评价周期为每年 1 月 1 日至 12 月 31 日。

②第一个评价周期信用积分的基础分为涉税专业服务机构当前纳税信用得分，以后每个评价周期的基础分为该机构上一评价周期信用积分的百分制得分。

③涉税专业服务机构未参加纳税信用级别评价的，第一个评价周期信用积分的基础分按照 70 分计算。

2. 涉税专业服务信用等级

（1）信用等级评价。

省税务机关根据信用积分和信用等级标准对管辖的涉税专业服务机构进行

信用等级评价。在一个评价周期内新设立的涉税专业服务机构，不纳入信用等级评价范围。每年 4 月 30 日前完成上一个评价周期信用等级评价工作。信用等级评价结果自产生之日起，有效期为一年。

（2）信用等级标准。

涉税专业服务机构信用（英文名称为 Tax Service Credit，缩写为 TSC）按照从高到低顺序分为五级，分别是 TSC5 级、TSC4 级、TSC3 级、TSC2 级和 TSC1 级。涉税专业服务机构信用积分满分为 500 分，涉税专业服务机构信用等级标准如下：

①TSC5 级为信用积分 400 分以上的；

②TSC4 级为信用积分 300 分以上不满 400 分的；

③TSC3 级为信用积分 200 分以上不满 300 分的；

④TSC2 级为信用积分 100 分以上不满 200 分的；

⑤TSC1 级为信用积分不满 100 分的。

（3）对违规行为的信用管理措施。

①税务机关对涉税专业服务机构违反《涉税专业服务监管办法（试行）》第十四条、第十五条规定进行处理的，根据处理结果和《涉税专业服务机构信用积分指标体系及积分规则》，进行积分扣减和降低信用等级。

②对从事涉税服务人员违反《涉税专业服务监管办法（试行）》第十四条、第十五条规定进行处理的，根据处理结果和《从事涉税服务人员个人信用积分指标体系及积分记录规则》，进行积分扣减和执业负面记录。

③税务机关对涉税专业服务机构和从事涉税服务人员违反《涉税专业服务监管办法（试行）》第十四条、第十五条规定的情形进行分类处理。属于严重违法违规情形的，纳入涉税服务失信名录，期限为 2 年，到期自动解除。

3. 涉税专业服务信用信息公告、查询及复核

（1）信用信息公告。

税务机关应当在门户网站、电子税务局和办税服务场所公告下列信息：

①涉税专业服务机构信用积分；

②涉税服务失信名录。

（2）信用信息查询。

①税务机关应当通过门户网站、电子税务局等渠道提供涉税专业服务信用信息查询服务。

②纳税人可以查询涉税专业服务机构的涉税专业服务信用等级和从事涉税服务人员的信用积分；涉税专业服务机构可以查询本机构的涉税专业服务信用等级及积分明细和所属从事涉税服务人员的信用积分；从事涉税服务人员可以查询本人的信用积分明细。

（3）信用信息复核。

①涉税专业服务机构和从事涉税服务人员对信用积分、信用等级和执业负面记录有异议的，可以书面向主管税务机关提供相关资料或者证明材料，申请复核。主管税务机关对相关资料或者证明材料的完整性进行审核，审核通过后逐级提交至省税务机关，由省税务机关组织复核。

②省税务机关应当于30个工作日内完成复核工作，并将复核结果逐级传递至受理复核申请的税务机关，由受理复核申请的税务机关告知申请人。

4. 涉税专业服务信用评价结果运用

税务机关建立涉税专业服务信用管理与纳税服务、税收风险管理联动机制，根据涉税专业服务机构和从事涉税服务人员信用状况，实施分类服务和监管。

涉税专业服务机构的涉税专业服务信用影响其自身的纳税信用。

（1）达到TSC5级的激励措施。

对达到TSC5级的涉税专业服务机构，税务机关采取下列激励措施：

①开通纳税服务绿色通道，对其所代理的纳税人发票可以按照更高的纳税信用级别管理；

②依托信息化平台为涉税专业服务机构开展批量纳税申报、信息报送等业务提供便利化服务；

③在税务机关购买涉税专业服务时，同等条件下优先考虑。

（2）达到TSC4级、TSC3级的管理措施。

对达到TSC4级、TSC3级的涉税专业服务机构，税务机关采取以下措施：

实施正常管理，适时进行税收政策辅导，并视信用积分变化，选择性地提供激励措施。

（3）TSC2级、TSC1级的管理措施。

对涉税专业服务信用等级为TSC2级、TSC1级的涉税专业服务机构，税务机关采取以下措施：

①实行分类管理，对其代理的纳税人税务事项予以重点关注；

②列为重点监管对象；

③向其委托方纳税人主管税务机关推送风险提示；

④涉税专业服务协议信息采集，必须由委托人、受托人双方到税务机关现场办理。

（4）纳入失信名录的管理措施。

对纳入涉税服务失信名录的涉税专业服务机构和从事涉税服务人员，税务机关采取以下措施：

①予以公告并向社会信用平台推送；

②向其委托方纳税人、委托方纳税人主管税务机关进行风险提示；

③不予受理其所代理的涉税业务。

（四）涉税专业违规处理

1. 未经行政登记的税务师事务所名单公告

省税务机关对未经行政登记的税务师事务所名单通过门户网站、电子税务局和办税服务场所进行公告，公告内容：机构名称、统一社会信用代码、法定代表人（或单位负责人）姓名、地址、联系电话、商事登记日期等基本信息。省税务机关于每月 10 日前对公告内容进行动态调整。

2. 未纳入实名制管理相关信息推送

税务机关纳税服务部门将未纳入实名制管理的涉税专业服务机构相关信息，向内部风险控制、征收管理、税政管理等部门推送。对风险高的涉税专业服务机构和人员进行风险预警、启动调查评估，向其委托人定期推送，为其委托人提供参考信息。推送内容包括：机构名称、统一社会信用代码、法定代表人（或单位负责人）姓名、地址、联系电话、商事登记日期等基本信息。

3. 责令限期改正或约谈

涉税专业服务机构及其涉税服务人员违反《涉税专业服务监管办法》第十四条规定情形的，由税务机关责令限期改正或予以约谈。

责令限期改正，是指税务机关对涉税专业服务机构及其涉税服务人员发生上述情形的，进行责令限期改正处理。

约谈是税务机关对认为需要向涉税专业服务机构及其涉税服务人员核实的问题行使税务询问权，采取电话、网络、信函等方式约请涉税专业服务机构负责人或其涉税服务人员当面核实，适用于案件较为复杂、事实需进一步确认或存在其他情形，税务机关认为应当实施约谈的情形。

4. 降低信用等级或纳入信用记录

涉税专业服务机构及其涉税服务人员违反《涉税专业服务监管办法》第十四条规定情形的，由税务机关责令限期改正或予以约谈后逾期不改正，由税务机关降低信用等级或纳入信用记录，暂停受理所代理的涉税业务（暂停时间不超过六个月）。

涉税专业服务机构及其涉税服务人员违反国家税务总局《涉税专业服务监管办法》第十五条规定，由税务机关列为重点监管对象，降低信用等级或纳入信用记录，暂停受理所代理的涉税业务（暂停时间不超过六个月）。

（五）涉税服务失信名录管理

1. 列入失信名录

涉税专业服务机构和从事涉税服务人员违反《涉税专业服务监管办法》第十四条逾期不改正且情节严重，或违反《涉税专业服务监管办法》第十五条且情节较重的，列入涉税服务失信名录。列入涉税服务失信名录，期限为 2 年，到期自动解除。

2. 失信名录复核

税务机关在将涉税专业服务机构和从事涉税服务人员列入涉税服务失信名录前，应当依法对其行为是否确属严重违法违规的情形进行核实，确认无误后向当事人送达告知书，告知当事人将其列入涉税服务失信名录的事实、理由和依据。当事人无异议的，列入涉税服务失信名录；当事人有异议且提出申辩理由、证据的，税务机关应当进行复核后予以确定。

3. 失信名录公告

税务机关应当在门户网站、电子税务局和办税服务场所公告涉税服务失信名录。省税务机关定期通过门户网站、电子税务局进行公告，并将公告内容传递至市和县税务机关。市、县税务机关负责本行政区域内涉税服务失信名录公告。

4. 失信名录推送

省税务机关负责定期整理涉税服务失信名录，并向社会信用平台、财政、司法等行业主管部门、行业协会等进行推送，对失信行为实行联合惩戒，提请予以相应处理和行业自律管理。

涉税专业服务机构失信名录推送内容：涉税专业服务机构名称、统一社会信用代码、法定代表人（或单位负责人）姓名、地址、联系电话、失信行为、认定日期等基本信息。

从事涉税服务人员失信名录推送内容：姓名、身份证件号码（隐去出生年、月、日号码段）、职业资格证书名称及编号、所属涉税专业服务机构名称、失信行为、认定日期等基本信息。

5. 暂停受理涉税业务

涉税专业服务机构及其涉税服务人员违反《涉税专业服务监管办法》第十四条规定，由税务机关责令限期改正，逾期不改正的税务机关可以暂停受理所代理的涉税业务（暂停时间不超过六个月）；涉税专业服务机构及其涉税服务人员违反《涉税专业服务监管办法》第十五条规定，税务机关可以暂停受理其所代理的涉税业务（暂停时间不超过六个月）。

6. 不予受理涉税业务

涉税专业服务机构及其涉税服务人员违反《涉税专业服务监管办法》第十四条规定，且情节严重的，税务机关可以不予受理其所代理的涉税业务；涉税专业服务机构及其涉税服务人员违反《涉税专业服务监管办法》第十五条规定，情节较重的，税务机关不予受理其所代理的涉税业务。

7. 证书管理

涉税专业服务机构使用税务师事务所名称未办理行政登记，由税务机关责令限期改正或予以约谈后逾期不改正的，由省税务机关提请市场监督管理部门吊销其营业执照。

税务师事务所及其涉税服务人员违反《涉税专业服务监管办法》第十五条规定，且情节严重的，税务机关宣布其《税务师事务所行政登记证书》无效，提请市场监督管理部门吊销其营业执照，提请全国税务师行业协会取消税务师职业资格证书登记、收回其职业资格证书并向社会公告。

8. 提请行业主管部门及行业协会处理

税务机关对除税务师事务所以外的涉税专业服务机构及其涉税服务人员违反《涉税专业服务监管办法》第十五条规定情形，且情节严重的，向财政、司法等行业主管部门和所属行业协会推送，提请予以相应处理和行业自律管理。

【相关知识】

1. 税务师事务所采取合伙制或有限责任制组织形式的，除国家税务总局另有规定外，应当具备以下条件：

（1）合伙人或者股东由税务师、注册会计师、律师担任，其中，税务师占比应高于百分之五十；

（2）有限责任制税务师事务所的法定代表人由股东担任；

（3）税务师、注册会计师、律师不能同时在两家以上的税务师事务所担任合伙人、股东或者从业；

（4）税务师事务所字号不得与已经行政登记的税务师事务所字号重复；

（5）税务师事务所分所的负责人应当由总所的合伙人或者股东担任。

2. 符合以下条件的税务师事务所，可以担任税务师事务所的合伙人或者股东：

（1）执行事务合伙人或者法定代表人由税务师担任；

（2）前3年内未因涉税专业服务行为受到税务行政处罚；

（3）法律行政法规和国家税务总局规定的其他条件。

3. 符合以下条件的从事涉税专业服务的科技、咨询公司，可以担任税务师事务所的合伙人或者股东：

（1）由税务师或者税务师事务所的合伙人（股东）发起设立，法定代表人由税务师担任；

（2）前3年内未因涉税专业服务行为受到税务行政处罚；

（3）法律行政法规和国家税务总局规定的其他条件。

【思考与练习】

1. 在商事登记名称中含有以下哪种字样的行政相对人，应当向省税务机关申请办理行政登记（　　）。（单项选择题）

A. 涉税专业服务

B. 涉税鉴证服务

C. 涉税专业服务事务所

D. 税务师事务所

【参考答案】D

【答案解析】根据税务师事务所行政登记事项的管理规定，在商事登记名称中含有“税务师事务所”字样的行政相对人，应当向省税务机关申请办理行政登记。

2. 税务机关应以涉税专业服务机构的纳税信用为基础，结合委托人的哪些情况，建立科学合理的信用评价指标体系，进行信用等级评价或信用记录(　　)。(多项选择题)

A. 纳税信用

B. 纳税人评价

C. 纳税人满意度

D. 税务机关评价

【参考答案】ABD

【答案解析】根据《国家税务总局关于发布〈涉税专业服务监管办法（试行)〉的公告》(国家税务总局公告2017年第13号）第十一条规定：税务机关应以涉税专业服务机构的纳税信用为基础，结合委托人纳税信用、纳税人评价、税务机关评价、实名办税、业务规模、服务质量、执业质量检查、业务信息质量等情况，建立科学合理的信用评价指标体系，进行信用等级评价或信用记录，具体办法另行制定。

第四章　常见涉税业务中的纳税服务相关规定

【本章要点】

通过本章的学习，帮助读者掌握纳税人从设立到办理日常涉税业务，直至注销登记全过程当中需要办理的常见涉税业务的基本规定与具体要求，了解税务机关应当向纳税人提供的各项纳税服务举措的相关依据与具体内容，便于读者掌握常见涉税业务的相关规定、办理流程，知晓自身能够获得的纳税服务的具体内容。

第一节　信息报告业务办理中的纳税服务相关规定

一、基础信息报告

（一）登记信息确认

【基本规定】

1. 实行“多证合一、一照一码”登记模式的纳税人，首次办理涉税事宜时，对税务机关依据市场监督管理等部门共享信息制作的《“多证合一”登记信息确认表》进行确认，对其中不全的信息进行补充，对不准确的信息进行更正。

2. 已实行“两证整合”登记模式的纳税人，首次办理涉税事宜时，对税务机关依据外部信息交换系统获取的登记表单信息及其他税务管理信息进行确认。

【办理要求】

1. 办税人员需携带身份证件原件到主管税务机关办税服务厅办理实名信息验证。

2. 对于以“一照一码”方式进行登记的企业类纳税人，办税服务厅或电子税务局制作《“多证合一”信息登记确认表》，提醒纳税人进行确认。对于以“两证整合”方式进行登记的个体工商户，办税服务厅或电子税务局依据外部获取的个体工商户信息，提醒纳税人进行确认。

3. 纳税人对登记信息中缺失、不全、不准或需要更新的信息予以补正，对市场监管部门未采集的其他必要涉税基础信息进行补充确认。

【服务举措】

1. 为帮助新办纳税人一次性办理完成相关涉税业务，税务机关为纳税人提供新办纳税人“套餐式”服务，纳税人可一并办理以下涉税事项：电子税务局开户、登记信息确认、财务会计制度及核算软件备案、纳税人存款账户账号报告、增值税一般纳税人登记、发票票种核定、增值税专用发票最高开票限额审批、实名办税、增值税税控系统专用设备初始发行、发票领用。具体可通过办税服务厅或电子税务局进行办理。

2. 新设立登记的企业、农民专业合作社和两证整合个体工商户完成“一照一码”户登记信息确认后，其加载统一社会信用代码的营业执照可代替税务登记证使用，不再另行发放税务登记证件。

（二）登记信息变更

【基本规定】

根据《税务登记管理办法》的规定，纳税人税务登记内容发生变化的，应当向原税务登记机关申报办理变更税务登记。被调查企业在税务机关实施特别纳税调查调整期间，申请变更经营地址的，税务机关在调查结案前原则上不予办理变更手续。

【办理要求】

根据信息变更内容的不同，税务登记信息变更区分为：向市场监管部门申请办理变更和向税务机关申请办理变更。

1. 向市场监督管理部门申请办理登记信息变更

“一照一码”户市场监管等部门登记信息发生变更以及两证整合个体工商户信息发生变化的，应向市场监督管理等部门申报办理变更登记。

市场监管部门完成相关信息变更之后，税务机关接收相关变更信息，经纳税人确认后更新系统内的对应信息。

2. 向税务机关申请办理登记信息变更

一照一码户纳税人的生产经营地、财务负责人等非市场监管等部门登记信息发生变化时，由纳税人向主管税务机关提供变更信息的有关材料复印件并申报办理变更。

经两证整合个体工商户申请，相应登记信息变更可向税务机关申请办理。但纳税人名称、纳税人识别号、业主姓名、经营范围不能向税务机关申请办理相应变更手续，相关手续无须纳税人提供证明材料。

3. 对于非市场监管等部门登记信息发生变化的一照一码户信息变更以及可由税务机关办理的两证整合个体工商户信息变更，办税服务厅根据纳税人有关材料录入数据。

4. 相关信息变更内容经纳税人确认后，税务机关打印《变更税务登记表》，提醒纳税人进行确认。

【服务举措】

1. 经过实名信息验证的办税人员，不再提供登记证件和身份证件复印件等资料。

2. 税务机关为本项业务提供同城通办服务。

（三）纳税人（扣缴义务人）身份信息报告

【基本规定】

1. 不适用“一照一码”“两证整合”的纳税人，满足以下情形的纳税人应办理纳税人（扣缴义务人）身份信息报告：

（1）未取得统一社会信用代码但经有关部门批准设立的。

（2）因经营地址变更等原因，注销后恢复开业的。

（3）有独立的生产经营权、在财务上独立核算并定期向发包人或者出租人上交承包费或租金的承包承租人。

（4）在中华人民共和国境内承包建筑、安装、装配、勘探工程和提供劳务的境外企业。

（5）从事生产、经营的纳税人，应经有关部门批准设立但未经有关部门批准的。

（6）非境内注册居民企业收到居民身份认定书的。

（7）根据税收法律、行政法规的规定负有扣缴税款义务的扣缴义务人，应当办理扣缴税款登记的。

2. 从事生产、经营的纳税人，应经有关部门批准设立但未经有关部门批准的，应当自纳税义务发生之日起 30 日内向生产、经营所在地税务机关办理“纳税人（扣缴义务人）身份信息报告”。

3. 履行个人所得税代扣代缴义务的，以支付所得的单位或者个人为扣缴义务人。履行代扣代缴义务的扣缴义务人，应当自扣缴义务发生之日起 30 日内，向机构所在地税务机关办理“纳税人（扣缴义务人）身份信息报告”。

4. 上述纳税人（扣缴义务人）身份信息发生变化的也通过该事项办理。

【办理要求】

1. 纳税人（扣缴义务人）在办理“纳税人（扣缴义务人）身份信息报告”时，需填制并向主管税务机关报送《纳税人（扣缴义务人）基础信息报告表》（2 份），提供法定代表人（负责人、业主）身份证件原件（查验后退回）。

2. 税务机关办理完成后，对应发放《税务登记证》（正、副本）、《临时税务登记证》（正、副本）、《扣缴税款登记证》等税务证件的，税务机关制证并发放。

3. 纳税人（扣缴义务人）身份信息发生变更的，需向税务机关提供变更信息的有关材料复印件。

【服务举措】

1.《纳税人（扣缴义务人）基础信息报告表》可在税务机关网站“下载中心”栏目查询下载或到办税服务厅领取。

2. 税务机关提供在电子税务局办理纳税人（扣缴义务人）身份信息报告服务。

3. 税务机关为本项业务提供同城通办服务。

（基础信息报告其他事项参阅国家税务总局公布的《办税指南》相关内容。）

【相关知识】

税务登记与信息报告

一、税务登记的相关规定

税务登记是负有纳税义务的纳税人办理涉税业务的首要环节，也是纳税人的法定义务。根据《中华人民共和国税收征收管理法》第十五条的规定：企业，企业在外地设立的分支机构和从事生产、经营的场所，个体工商户和从事生产、经营的事业单位自领取营业执照之日起三十日内，持有关证件，向税务机关申报办理税务登记。税务机关应当于收到申报的当日办理登记并发给税务登记证件。

根据《税务登记管理办法》第八条规定，企业，企业在外地设立的分支机构和从事生产、经营的场所，个体工商户和从事生产、经营的事业单位，向生产、经营所在地税务机关申报办理税务登记：

（一）从事生产、经营的纳税人领取工商营业执照的，应当自领取工商营业执照之日起30日内申报办理税务登记，税务机关发放税务登记证及副本；

（二）从事生产、经营的纳税人未办理工商营业执照但经有关部门批准设立的，应当自有关部门批准设立之日起30日内申报办理税务登记，税务机关发放税务登记证及副本；

（三）从事生产、经营的纳税人未办理工商营业执照也未经有关部门批准设立的，应当自纳税义务发生之日起30日内申报办理税务登记，税务机关发放临时税务登记证及副本；

（四）有独立的生产经营权、在财务上独立核算并定期向发包人或者出租人上交承包费或租金的承包承租人，应当自承包承租合同签订之日起30日内，向其承包承租业务发生地税务机关申报办理税务登记，税务机关发放临时税务登记证及副本；

（五）境外企业在中国境内承包建筑、安装、装配、勘探工程和提供劳务的，应当自项目合同或协议签订之日起30日内，向项目所在地税务机关申报办理税务登记，税务机关发放临时税务登记证及副本。

同时，相关税收法律与法规明确了不按规定办理税务登记的法律责任：

纳税人不办理税务登记的，税务机关应当自发现之日起3日内责令其限期改正；逾期不改正的，可以处二千元以下的罚款；情节严重的，处二千元以上一万元以下的罚款；纳税人未按照规定使用税务登记证件，或者转借、涂改、损毁、买卖、伪造税务登记证件的，处二千元以上一万元以下的罚款；情节严重的，处一万元以上五万元以下的罚款。

纳税人通过提供虚假的证明资料等手段，骗取税务登记证的，处2000元以下的罚款；情节严重的，处2000元以上10000元以下的罚款。纳税人涉嫌其他违法行为的，按有关法律、行政法规的规定处理。

二、信息报告的相关规定

2014年6月4日，国务院《关于促进市场公平竞争维护市场正常秩序的若干意见》（国发〔2014〕20号文）在“（四）改革市场准入制度”中提出“简化手续，缩短时限，鼓励探索实行工商营业执照、组织机构代码证和税务登记证‘三证合一’登记制度”的工作部署。

2014年7月7日，国家税务总局《关于创新税收服务和管理的意见》（税总发〔2014〕85号）提出“探索跨部门业务流程再造，建立营业执照、组织机构代码证与税务登记证‘一表登记、三证合一’制度。市场主体一次性提交包含办理营业执照、组织机构代码证、税务登记证所需的所有信息，相关部门受理申请并进行审核，准予登记的，向市场主体发放一份包含营业执照、组织机构代码证、税务登记证功能的证照”及“积极探索推进全程电子化登记，实现网上申请、网上审核、网上发证，足不出户就可以办理，纳税人不需要就不再发放纸质税务登记证件”的相关工作要求。

为落实国务院注册资本登记制度改革，便利市场主体，激发市场活力的工作部署，国家税务总局于2014年12月发布了《关于推进工商营业执照、组织机构代码证和税务登记证“三证合一”改革的若干意见》（税总发〔2014〕152号）明确指出，“三证联办”是指工商、质监、国税、地税部门实现工商营业执照、组织机构代码证和税务登记证“三证”联办同发。即由一个窗口单位归口受理申请表和申请资料，一次性采集信息，并共享至联合办证部门，限时反馈；各部门收到申请信息、材料后，按照职责分工，同时启动复查审办，准予登记的，一并制作“三证”，并反馈受理窗口；受理窗口一次性将“三证”发放申请人，部门间实现数据互换、档案共享、结果互认。

自此，全国各地税务机关陆续与当地工商行政管理部门、质量技术监督部门合作，共同推行“三证合一”，纳税人向工商行政管理部门申请并领取了加载统一社会信用代码的营业执照后，无须再次进行税务登记，不再领取税务登记证。企业办理涉税事宜时，在完成补充信息采集后，凭加载统一代码的营业执照可代替税务登记证使用。

按照以上规定，新设立的个体工商户，在获得加载统一社会信用代码的营业执照同时，也视同办理完成了《税务登记证》，简称“两证整合”。

三、税务登记与信息报告的工作衔接

按照国家税务总局与相关部门的管理规定，工商登记“一个窗口”统一受理纳税人的登记申请后，申请材料和登记信息在工商机关、税务机关之间共享，各部门数据互换、档案互认。

相关规定同时明确，已经办理了加载统一社会信用代码营业执照的纳税人首次到税务机关办理业务时，需首先办理登记信息确认手续，对于工商登记已采集信息，税务机关不再重复采集；其他必要涉税基础信息，可在纳税人办理有关涉税事宜时，及时采集，陆续补齐。发生变化的，由纳税人直接向税务机关申报变更，税务机关及时更新税务系统中的纳税人信息。

二、制度信息报告

（一）存款账户账号报告

【基本规定】

1. 根据《中华人民共和国税收征管理法》的规定，从事生产、经营的纳税人应当按照国家有关规定，持税务登记证件，在银行或者其他金融机构开立基本存款账户和其他存款账户，并将其全部账号向税务机关报告。

2. 从事生产、经营的纳税人应当自开立基本存款账户或者其他存款账户之日起 15 日内，向主管税务机关书面报告其全部账号；发生变化的，应当自发生变化之日起 15 日内，向主管税务机关书面报告。

【办理要求】

1. 纳税人在办理“存款账户账号报告”时，需填制《纳税人存款账户账号报告表》（2 份），提交账户、账号开立材料复印件 1 份，社会保险费缴费人还需提交《社会保险费缴费人存款账户账号报告表》。

2. 税务机关办理完成后，在《纳税人存款账户账号报告表》上加盖印章，一份返还纳税人；电子税务局办理的，将办理结果通过电子税务局反馈给纳税人。

【服务举措】

1.《纳税人存款账户账号报告表》可在税务机关网站“下载中心”栏目查询下载或到办税服务厅领取。

2. 税务机关提供“最多跑一次”服务。纳税人在资料完整且符合法定受理条件的前提下，最多只需要到税务机关跑一次。

3. 纳税人采用新办纳税人“套餐式”服务的，可在“套餐式”服务内一并办理存款账户账号报告业务。

（二）财务会计制度及核算软件备案报告

【基本规定】

1. 根据《中华人民共和国税收征管理法》的规定，纳税人、扣缴义务人按照有关法律、行政法规和国务院财政、税务主管部门的规定设置账簿，根据合法、有效凭证记账，进行核算。从事生产、经营的纳税人的财务、会计制度或者财务、会计处理办法和会计核算软件，应当报送税务机关备案。

2. 从事生产、经营的纳税人应当自领取税务登记证件起 15 日内，将其财务、会计制度或者财务、会计处理办法等信息报送税务机关备案。

3. 境外注册中资控股居民企业应当按照中国有关法律、法规和国务院财政、税务主管部门的规定，编制财务、会计报表，并在领取税务登记证件之日起 15 日内将企业的财务、会计制度或者财务、会计处理办法及有关资料报送主管税务机关备案。

4. 纳税人使用计算机记账的，还应在使用前将会计电算化系统的会计核算软件、使用说明书及有关资料报送主管税务机关备案。

5. 纳税人未准确填报适用的财务会计制度的，将影响财务会计报告报送等事项的办理。

【办理要求】

1. 纳税人在办理“财务会计制度及核算软件备案报告”时，需填制《财务会计制度及核算软件备案报告书》（2 份），提交纳税人财务、会计制度或纳税人财务、会计核算办法，使用计算机记账的纳税人还需提交财务会计核算软件、使用说明书复印件。

2. 税务机关办理完成后，在《财务会计制度及核算软件备案报告书》上加盖印章，一份返还纳税人；电子税务局办理的，将办理结果通过电子税务局反馈给纳税人。

【服务举措】

1. 《财务会计制度及核算软件备案报告书》可在税务机关网站“下载中心”栏目查询下载或到办税服务厅领取。

2. 税务机关提供“最多跑一次”服务。纳税人在资料完整且符合法定受理条件的前提下，最多只需要到税务机关跑一次。

3. 纳税人采用新办纳税人“套餐式”服务的，可在“套餐式”服务内一并办理存款账户账号报告业务。

（三）银税三方（委托）划缴协议

【基本规定】

1. 签订银税三方（委托）划缴协议是实施财税库银税收收入电子缴库的前提，协议签署后，纳税人便可实现使用电子缴税系统缴纳税费、滞纳金和罚款，财政部门、税务机关、中国人民银行国库、商业银行等联网单位，便可采用电子方式办理税收收入缴库、退库、更正、免抵调、对账等业务以及信息共享的管理。

2. 纳税人在办理“银税三方（委托）划缴协议”事项前，须先办理完成“存款账户账号报告”事项。

【办理要求】

1. 办理银税三方（委托）划缴协议的纳税人，需填制并向税务机关报送《委托银行代缴税款三方协议（委托划转税款协议书）》（3 份）

2. 税务机关根据《委托银行代缴税款三方协议（委托划转税款协议书）》，通过税收征管系统进行验证。

3. 验证通过的，税务机关在《委托银行代缴税款三方协议（委托划转税款协议书）》上加盖印章，一份返还纳税人；验证未通过的，应告知纳税人未通过验证的原因；电子税务局办理的，将办理结果通过电子税务局反馈给纳税人。

【服务举措】

纳税人可通过办税服务厅、电子税务局获取《委托银行代缴税款三方协议（委托划转税款协议书）》文本。

三、跨区域涉税事项

（一）跨区域涉税事项报告

【基本规定】

1. 纳税人跨省（自治区、直辖市和计划单列市）临时从事生产经营活动的，向机构所在地的税务机关填报《跨区域涉税事项报告表》。

2. 纳税人在省（自治区、直辖市和计划单列市）内跨县（市）临时从事生产经营活动的，是否实施跨区域涉税事项报验管理，由各省（自治区、直辖市和计划单列市）税务机关自行确定。

【办理要求】

1. 办理“跨区域涉税事项报告”的纳税人，需填制并向税务机关报送《跨区域涉税事项报告表》（2 份），出具加载统一社会信用代码的营业执照（或税务登记证、组织机构代码证等）原件，或加盖纳税人公章的复印件，供税务机关查验后退回。

2. 办理结束后，税务机关在《跨区域涉税事项报告表》上加盖印章，一份返还纳税人；电子税务局办理的，将办理结果通过电子税务局反馈给纳税人。

【服务举措】

1.《跨区域涉税事项报告表》可在税务机关网站“下载中心”栏目查询下载或到办税服务厅领取。

2. 税务机关提供“最多跑一次”服务。纳税人在资料完整且符合法定受理条件的前提下，最多只需要到税务机关跑一次。

3. 纳税人跨区域经营合同延期的，可以选择在经营地或机构所在地的税务机关办理报验管理有效期限延期手续。

（二）跨区域涉税事项报验

【基本规定】

纳税人首次在经营地办理涉税事宜时，向经营地税务机关报验跨区域涉税事项。

【办理要求】

1. 办理“跨区域涉税事项报验”的纳税人，凭加载统一社会信用代码的营业执照（或税务登记证、组织机构代码证等）原件，或加盖纳税人公章的复印件向经营地税务机关申请办理跨区域涉税事项报验手续，相关材料的原件经查验后退回。

2. 办理结束后，经营地税务机关向纳税人反馈办理结果；电子税务局办理的，将办理结果通过电子税务局反馈给纳税人。

【服务举措】

税务机关提供“最多跑一次”服务。纳税人在资料完整且符合法定受理条件的前提下，最多只需要到税务机关跑一次。

（三）跨区域涉税事项信息反馈

【基本规定】

纳税人跨区域经营活动结束后，应当结清经营地税务机关的应纳税款以及其他涉税事项，向经营地税务机关填报《经营地涉税事项反馈表》。

【办理要求】

1. 办理“跨区域涉税事项信息反馈”的纳税人需填制并向经营地税务机关报送《经营地涉税事项反馈表》。

2. 经营地税务机关核对《经营地涉税事项反馈表》后，及时将相关信息反馈给机构所在地的税务机关。纳税人不需要另行向机构所在地的税务机关反馈。

【服务举措】

1. 《经营地涉税事项反馈表》可在税务机关网站“下载中心”栏目查询下载或到办税服务厅领取。

2. 税务机关提供“最多跑一次”服务。纳税人在资料完整且符合法定受

理条件的前提下，最多只需要到税务机关跑一次。

四、资格信息报告

（一）增值税一般纳税人登记

【基本规定】

1. 根据《增值税一般纳税人登记管理办法》相关规定，增值税纳税人年应税销售额超过财政部、国家税务总局规定的小规模纳税人标准的，除特殊规定外，应当办理一般纳税人登记。

年应税销售额，是指纳税人在连续不超过12个月或四个季度的经营期内累计应征增值税销售额。财政部、国家税务总局规定的增值税小规模纳税人标准为年应征增值税销售额500万元及以下。

2. 年应税销售额未超过规定标准的纳税人，会计核算健全、能够提供准确税务资料的，可以办理一般纳税人登记。

3. 纳税人应在年应税销售额超过规定标准的月份（季度）所属申报期结束后15日内办理增值税一般纳税人登记或者选择按照小规模纳税人纳税的手续；未按规定时限办理的，应在收到《税务事项通知书》后5日内向主管税务机关办理相关手续；逾期未办理的，自通知时限期满的次月起按销售额依照增值税税率计算应纳税额，不得抵扣进项税额，直至办理相关手续为止。

4. 可不办理增值税一般纳税人登记的特殊规定是指：应税销售额超过规定标准的自然人不办理增值税一般纳税人登记；非企业性单位、年应税销售额超过规定标准且不经常发生应税行为的单位和个体工商户，可选择按照小规模纳税人纳税。

5. 从事成品油销售的加油站、航空运输企业、电信企业总机构及其分支机构，一律由主管税务机关登记为增值税一般纳税人。

【办理要求】

1. 办理增值税一般纳税人登记的纳税人需填制并向税务机关报送《增值税一般纳税人登记表》（2份），并向税务机关提交经办人身份证件原件、加载统一社会信用代码的营业执照（或税务登记证、组织机构代码证等）原件（以上原件查验后退回）。

2. 税务机关核对后退还纳税人留存的《增值税一般纳税人登记表》可以作为纳税人成为增值税一般纳税人的凭据。

3. 税务机关办理结束后，在文书表单上加盖印章，一份返还纳税人；电子税务局办理的，将办理结果通过电子税务局反馈给纳税人。

【服务举措】

1.《增值税一般纳税人登记表》可在税务机关网站“下载中心”栏目查询下载或到办税服务厅领取。

2. 税务机关提供“最多跑一次”服务。纳税人在资料完整且符合法定受理条件的前提下，最多只需要到税务机关跑一次。

3. 经过实名信息验证的办税人员，不再提供登记证件和身份证件复印件等资料。

（二）选择按小规模纳税人纳税的情况说明

【基本规定】

1. 根据《中华人民共和国增值税暂行条例实施细则》相关规定，年应税销售额超过小规模纳税人标准的其他个人按小规模纳税人纳税；非企业性单位、不经常发生应税行为的企业可选择按小规模纳税人纳税。

2. 根据《增值税一般纳税人登记管理办法》相关规定，年应税销售额超过规定标准的纳税人，按照政策规定，选择按照小规模纳税人纳税的，应当向主管税务机关提交书面说明。

【办理要求】

1. 选择按小规模纳税人纳税的纳税人需填制并向主管税务机关报送《选择按小规模纳税人纳税的情况说明》（2 份）。

2. 税务机关办理结束后，在《选择按小规模纳税人纳税的情况说明》上加盖印章，一份返还纳税人；电子税务局办理的，将办理结果通过电子税务局反馈给纳税人。

【服务举措】

1.《选择按小规模纳税人纳税的情况说明》可在税务机关网站“下载中心”栏目查询下载或到办税服务厅领取。

2. 税务机关提供“最多跑一次”服务。纳税人在资料完整且符合法定受理条件的前提下，最多只需要到税务机关跑一次。

（资格信息报告其他事项参阅国家税务总局公布的《办税指南》相关内容。）

（三）一般纳税人转登记小规模纳税人

【基本规定】

1. 一般纳税人转登记小规模纳税人是指转登记日前连续12个月（以1个月为1个纳税期）或者连续4个季度（以1个季度为1个纳税期）累计销售额未超过500万元的一般纳税人，在2020年12月31日前，可选择转登记为小规模纳税人。

2. 转登记日前经营期不满12个月或者4个季度的，按照月（季度）平均应税销售额估算累计应税销售额。

3. 一般纳税人转登记为小规模纳税人（以下称转登记纳税人）后，自转登记日的下期起（按季申报纳税人自下一季度开始；按月申报纳税人自下月开始），按照简易计税方法计算缴纳增值税；转登记日当期仍按照一般纳税人的有关规定计算缴纳增值税。

4. 转登记纳税人尚未申报抵扣的进项税额以及转登记日当期的期末留抵税额，计入“应交税费—待抵扣进项税额”核算。

5. 转登记纳税人在一般纳税人期间销售或者购进的货物、劳务、服务、无形资产、不动产，自转登记日的下期起发生销售折让、中止或者退回的，调整转登记日当期的销项税额、进项税额和应纳税额。转登记纳税人因税务稽查、补充申报等原因，需要对一般纳税人期间的销项税额、进项税额和应纳税额进行调整的，按照上述规定处理。

6. 转登记纳税人可以继续使用现有税控设备开具增值税发票，不需要缴销税控设备和增值税发票。

7. 转登记纳税人自转登记日的下期起，发生增值税应税销售行为，应当按照征收率开具增值税发票；转登记日前已办理增值税专用发票票种核定的，继续通过增值税发票管理系统自行开具增值税专用发票；销售其取得的不动产，需要开具增值税专用发票的，应当按照有关规定向税务机关申请代开。

8. 转登记纳税人在一般纳税人期间发生的增值税应税销售行为，未开具增值税发票需要补开的，应当按照原适用税率或者征收率补开增值税发票；发生销售折让、中止或者退回等情形，需要开具红字发票的，按照原蓝字发票记载的内容开具红字发票；开票有误需要重新开具的，先按照原蓝字发票记载的内容开具红字发票后，再重新开具正确的蓝字发票。

9. 自转登记日的下期起连续不超过12个月或者连续不超过4个季度的经营期内，转登记纳税人应税销售额超过财政部、国家税务总局规定的小规模纳税人标准的，应当按照《增值税一般纳税人登记管理办法》（国家税务总局令第43号公布）的有关规定，向主管税务机关办理一般纳税人登记。

10. 曾在2018年选择过转登记的纳税人，重新登记为一般纳税人的，在2019年仍可选择转登记；2019年选择转登记的纳税人，再次登记为一般纳税人后，不得再转登记为小规模纳税人。

【办理要求】

1. 申请一般纳税人转登记小规模纳税人的纳税人需填制并向主管税务机关报送《一般纳税人转为小规模纳税人登记表》（2份），并提交加载统一社会信用代码的营业执照（或税务登记证、组织机构代码证等）原件（税务机关查验后退回）。

2. 税务机关办理结束后，在《一般纳税人转为小规模纳税人登记表》上加盖印章，一份返还纳税人；电子税务局办理的，将办理结果通过电子税务局反馈给纳税人。

【服务举措】

《一般纳税人转为小规模纳税人登记表》可在税务机关网站“下载中心”栏目查询下载或到办税服务厅领取。

五、特殊事项报告

（一）欠税人处置不动产或大额资产报告

【基本规定】

1. 根据《中华人民共和国税收征收管理法》相关规定，欠缴税款数额较大（5万元以上）的纳税人在对其不动产或者大额资产进行转让、出租、出借、提供担保等处分之前，应当向税务机关报告。

2. 符合《创业投资企业管理暂行办法》或者《私募投资基金监督管理暂行办法》有关规定完成备案且规范运作的合伙制创业投资企业（基金），可以选择按单一投资基金核算或者按创投企业年度所得整体核算两种方式之一，对其个人合伙人来源于创投企业的所得计算个人所得税应纳税额。上述合伙制创投企业选择按单一投资基金核算的，应当就其核算方式向主管税务机关报告备案。

3. 居民企业总机构及分支机构（包括不就地分摊缴纳企业所得税的二级分支机构）应填报《企业所得税汇总纳税总分机构信息备案表》，将总机构、所有上级分支机构及下属分支机构信息报送至各自所在地主管税务机关备案。

4. 非居民企业汇总纳税的各机构、场所应在首次办理汇总缴纳企业所得税申报时，向所在地主管税务机关报送全部机构、场所等信息。

5. 核定征收企业所得税的居民企业生产经营范围、主营业务发生重大变化，或者应纳税所得额或应纳税额增减变化达到20%的，应及时向税务机关报告，申报调整已确定的应纳税额或应税所得率。

6. 被调查企业向税务机关提供税收、财务、经营等第一手数据，为国家推进税制改革和研究制定财税政策提供重要依据。税收统计调查数据采集范围包括：税收资料调查企业数据采集、企业集团数据采集、重点税源企业数据采集、消费税涉税信息采集等。

【办理要求】

1. 需要处置不动产或大额资产的欠税人需填制并向主管税务机关报送《欠税人处置不动产或者大额资产报告表》（2份），同时提交处置不动产或大额资产清单。

2. 税务机关办理结束后，在《欠税人处置不动产或者大额资产报告表》上加盖印章，一份返还纳税人；电子税务局办理的，将办理结果通过电子税务局反馈给纳税人。

【服务举措】

1. 《欠税人处置不动产或者大额资产报告表》可在税务机关网站“下载中心”栏目查询下载或到办税服务厅领取。

2. 税务机关提供“最多跑一次”服务。纳税人在资料完整且符合法定受理条件的前提下，最多只需要到税务机关跑一次。

（二）纳税人合并分立情况报告

【基本规定】

根据《中华人民共和国税收征收管理法》相关规定，纳税人有合并、分立情形的，应当向税务机关报告，并依法缴清税款。纳税人合并时未缴清税款的，应当由合并后的纳税人继续履行未履行的纳税义务；纳税人分立时未缴清税款的，分立后的纳税人对未履行的纳税义务应当承担连带责任。

【办理要求】

1. 办理合并分立情况报告的纳税人需根据合并（分立）单位数量填制相应数量的《纳税人合并（分立）情况报告书》并向主管税务机关报送，同时向税务机关提交合并、分立的批准文件或企业决议原件由税务机关查验后退回。

2. 税务机关办理结束后，在《纳税人合并（分立）情况报告书》上加盖印章，一份返还纳税人；电子税务局办理的，将办理结果通过电子税务局反馈给纳税人。

【服务举措】

1. 《纳税人合并（分立）情况报告书》可在税务机关网站“下载中心”栏目查询下载或到办税服务厅领取。

2. 税务机关提供“最多跑一次”服务。纳税人在资料完整且符合法定受理条件的前提下，最多只需要到税务机关跑一次。

3. 纳税人合并（分立）情况报告可在全国通办。

（三）停业、复业登记

【基本规定】

1. 根据《个体工商户税收定期定额征收管理办法》的相关规定，实行定期定额征收的个体工商户或比照定期定额户进行管理的个人独资企业发生停业的，应当在停业前向税务机关书面提出停业报告；提前恢复经营的，应当在恢复经营前向税务机关书面提出复业报告；需延长停业时间的，应当在停业期满前向税务机关提出书面的延长停业报告。

2. 纳税人在停业期间发生纳税义务的，应当按照税收法律、行政法规的规定申报缴纳税款。

3. 纳税人在申报办理停业登记时，应如实填写停业复业报告书，说明停业理由、停业期限、停业前的纳税情况和发票的领、用、存情况，并结清应纳税款、滞纳金、罚款。

4. 纳税人按申报停业登记时的停业期限准期复业的，应当在停业到期前向主管税务机关申报办理复业登记；纳税人提前复业的，应当在恢复生产经营之前向主管税务机关申报办理复业登记。纳税人停业期满未按期复业又不申请延长停业的，视为已恢复生产经营，税务机关将纳入正常管理，并按核定税额按期征收税款。纳税人的停业期限不得超过一年。

【办理要求】

1. 需办理停业登记的个体工商户，需填制并向主管税务机关报送《停业复业报告书》（2 份），并将税务登记证正、副本送至主管税务机关封存。

2. 需办理复业登记的个体工商户，需填制并向主管税务机关报送《停业复业报告书》（2 份）。

3. 税务机关办理结束后，在《停业复业报告书》上加盖印章，一份返还纳税人；电子税务局办理的，将办理结果通过电子税务局反馈给纳税人。

【服务举措】

《停业复业报告书》可在税务机关网站“下载中心”栏目查询下载或到办税服务厅领取。

（特殊事项报告其他事项参阅国家税务总局公布的《办税指南》相关内容。）

【思考与练习】

1. 个体工商户业主陈某于 2020 年 1 月筹备开业，1 月 20 日取得了加载统一社会信用代码的营业执照，但一直未有经营业务，直至 6 月 10 日才正式营业。为此，陈某于 6 月 12 日赴税务机关申领发票，以下关于税务登记、信息确认的表述当中，正确的是（　　）。（单项选择题）

A. 税务机关应当对陈某未按时办理税务登记的行为处以相应处罚

B. 陈某应当于取得营业执照后，尽快办理信息确认手续

C. 陈某已经视同办理了税务登记，可以直接申领发票

D. 陈某应当先办理信息确认手续，再申领发票

【参考答案】D

【答案解析】根据《关于推进工商营业执照、组织机构代码证和税务登记证“三证合一”改革的若干意见》（税总发〔2014〕152 号）的规定，纳税人在取得加载统一社会信用代码的营业执照时，视同办理了税务登记，当发生涉

税业务时，需到税务机关办理信息确认手续，同时办理新办纳税人相关业务（包括申领发票）。

2. 以下对于纳税人在信息报告业务办理过程当中，相应时限的描述当中，错误的有（　　）。（多项选择题）

A. 从事生产、经营的纳税人应当自开立基本存款账户或者其他存款账户之日起 15 日内，向主管税务机关报告其全部账户账号

B. 当纳税人的账户账号发生变化时，应当自发生变化之日起 30 日内，向主管税务机关报告

C. 从事生产、经营的纳税人应当自首次办理涉税事宜之日起 15 个工作日内，将其财务、会计制度或者财务、会计处理办法等信息报送税务机关备案

D. 纳税人使用计算机记账的，还应在使用前将会计电算化系统的会计核算软件、使用说明书及有关资料报送主管税务机关备案

【参考答案】BC

【答案解析】根据《中华人民共和国税收征收管理法》及其实施细则的相关规定，账户账号发生变化的，应当自发生变化之日起 15 日内，向主管税务机关报告。从事生产、经营的纳税人应当自首次办理涉税事宜之日起 15 日内，将其财务、会计制度或者财务、会计处理办法等信息报送税务机关备案。故选项 B、选项 C 错误。

第二节　发票业务办理纳税服务相关规定

一、发票领用

（一）发票票种核定

【基本规定】

1. 纳税人办理税务登记后需领用发票的，向主管税务机关申请办理发票领用手续。主管税务机关根据纳税人的经营范围和规模，确认领用发票的种类、

数量、开票限额等事宜。

2. 已办理发票票种核定的纳税人，当前领用发票的种类、数量或者开票限额不能满足经营需要的，可以向主管税务机关提出调整。

3. 自2018年8月1日起，首次申领增值税发票的新办纳税人办理发票票种核定，增值税专用发票最高开票限额不超过10万元，每月最高领用数量不超过25份；增值税普通发票最高开票限额不超过10万元，每月最高领用数量不超过50份。各省税务机关可以在此范围内结合纳税人税收风险程度，自行确定新办纳税人首次申领增值税发票票种核定标准。

4. 对于实行纳税辅导期管理的增值税一般纳税人，领用增值税专用发票实行按次限量控制，可以根据纳税人的经营情况核定每次专用发票的供应数量，但每次发放专用发票数量不得超过25份。

对纳税信用评价为D级的纳税人，增值税专用发票领用按辅导期一般纳税人政策办理，普通发票的领用实行交（验）旧供新、严格限量供应。

5. 纳税信用A级的纳税人可一次领取不超过3个月的增值税发票用量，纳税信用B级的纳税人可一次领取不超过2个月的增值税发票用量。以上两类纳税人生产经营情况发生变化，需要调整增值税发票用量，手续齐全的，按照规定即时办理。

6. 新办纳税人首次申领增值税发票主要包括发票票种核定、增值税专用发票（增值税税控系统）最高开票限额审批、增值税税控系统专用设备初始发行、发票领用等涉税事项。

7. 2020年2月1日起，增值税小规模纳税人（其他个人除外）发生增值税应税行为，需要开具增值税专用发票的，可以自愿使用增值税发票管理系统自行开具。

【办理要求】

1. 办税人员需携带身份证原件到主管税务机关办税服务厅办理实名信息验证。

2. 纳税人需填写《纳税人领用发票票种核定表》，出示加载统一社会信用代码的营业执照（或税务登记证、组织机构代码证等）原件。

3. 税务机关办理完毕后，制作并发放《税务事项通知书》（发票票种核定通知）和《发票领用簿》；电子税务局办理的，将办理结果通过电子税务局反馈给纳税人。

4. 纳税人申领增值税专用发票，在完成票种核定后，还需办理增值税专用发票（增值税税控系统）最高开票限额审批事项。

【服务举措】

1. 文书表单可在省（自治区、直辖市和计划单列市）税务局网站“下载中心”栏目查询下载或到办税服务厅领取。

2. 符合《国家税务总局关于新办纳税人首次申领增值税发票有关事项的公告》（国家税务总局公告 2018 年第 29 号）中规定的新办纳税人首次申领增值税发票条件的，主管税务机关应当自受理申请之日起 2 个工作日内办结，有条件的主管税务机关当日办结。

3. 纳税人办理增值税普通发票、增值税电子普通发票、收费公路通行费增值税电子普通发票、机动车销售统一发票、二手车销售统一发票票种核定事项，除税务机关按规定确定的高风险等情形外，主管税务机关应当即时办结。

4. 不符合即时办结条件的发票票种核定，税务机关于 5 个工作日内办结；本事项办结时限不包含增值税专用发票（增值税税控系统）最高开票限额审批环节时限。

（二）印制有本单位名称发票

【基本规定】

1. 用票单位可以向税务机关申请使用印有本单位名称的发票，税务机关确认印有该单位名称发票的种类和数量。

2. 使用印有本单位名称发票的单位必须按照税务机关批准的式样和数量，到发票印制企业印制发票，印制费用由用票单位与发票印制企业直接结算，并按规定取得印制费用发票。

【办理要求】

1. 办税人员需携带身份证原件到主管税务机关办税服务厅办理实名信息验证。

2. 纳税人需填写《印有本单位名称发票印制表》，首次办理还需提供发票专用章印模。

3. 税务机关办理后，将办理结果反馈纳税人。

【服务举措】

文书表单可在省（自治区、直辖市和计划单列市）税务局网站“下载中心”栏目查询下载或到办税服务厅领取。

（三）增值税专用发票（增值税税控系统）最高开票限额审批

【基本规定】

1. 纳税人在初次申请使用增值税专用发票以及变更增值税专用发票限额时，向主管税务机关申请办理增值税专用发票（增值税税控系统）最高开票限额审批。

2. 自2018年8月1日起，首次申领增值税发票的新办纳税人办理发票票种核定，增值税专用发票最高开票限额不超过10万元，每月最高领用数量不超过25份；增值税普通发票最高开票限额不超过10万元，每月最高领用数量不超过50份。各省税务机关可以在此范围内结合纳税人税收风险程度，自行确定新办纳税人首次申领增值税发票票种核定标准。

3. 实行纳税辅导期管理的小型商贸批发企业，领购专用发票的最高开票限额不得超过10万元；其他一般纳税人专用发票最高开票限额应根据企业实际经营情况重新核定。

4. 符合《国家税务总局关于新办纳税人首次申领增值税发票有关事项的公告》（国家税务总局公告2018年第29号）中规定的新办纳税人首次申领增值税发票条件的，主管税务机关应当自受理申请之日起2个工作日内办结，有条件的主管税务机关当日办结。

5. 新办纳税人首次申领增值税发票主要包括发票票种核定、增值税专用发票（增值税税控系统）最高开票限额审批、增值税税控系统专用设备初始发行、发票领用等涉税事项。

6.《国家税务总局关于简化增值税发票领用和使用程序有关问题的公告》（国家税务总局公告2014年第19号）规定，一般纳税人申请增值税专用发票最高开票限额不超过10万元的，主管税务机关不需事前进行实地查验。

【办理要求】

1. 办税人员需携带身份证原件到主管税务机关办税服务厅办理实名信息验证。

2. 纳税人需填写《税务行政许可申请表》《增值税专用发票最高开票限额申请单》。

3. 税务机关办理后，纳税人凭《税务行政许可受理通知书》领取《准予税务行政许可决定书》或《不予税务行政许可决定书》。对于审查结果为“不予税务行政许可”的，纳税人可在《不予税务行政许可决定书》上注明的期限内，申请行政复议或提起行政诉讼。

4. 对不能当场作出决定的，税务机关自受理行政许可申请之日起10个工作日内作出行政许可决定；10个工作日内不能作出决定的，经本税务机关负责人批准，可以延长5个工作日。

【服务举措】

1. 文书表单可在省（自治区、直辖市和计划单列市）税务局网站“下载中心”栏目查询下载或到办税服务厅领取。

2. 税务机关对增值税专用发票（增值税税控系统）最高开票限额审批（10万元以下）提供“最多跑一次”服务。纳税人在资料完整且符合法定受理条件的前提下，最多只需要到税务机关跑一次。

3. 行政许可受理窗口与纳税人不在同一县（市、区、旗），或者直接送达税务行政许可文书存在其他困难情形的，可以根据纳税人书面要求，按照纳税人在《税务行政许可申请表》上填写的地址，在文书出具之日起2个工作日内向纳税人邮寄送达。邮寄送达的，以挂号函件回执上注明的收件日期为送达日期，并视为已送达。邮寄送达不得收取任何费用。

（四）发票领用

【基本规定】

1. 纳税人在发票票种核定的范围（发票的种类、领用数量、开票限额）内领用发票。

2. 使用增值税发票管理系统的纳税人，非首次领用发票前，应联网上传发票开具信息，或到税务机关抄报增值税发票数据，方便进行发票验旧。

3. 开具发票的单位和个人应当按照税务机关的规定存放和保管发票，不得擅自损毁。已经开具的发票存根联和发票领用簿，应当保存5年。

4. 对于实行纳税辅导期管理的增值税一般纳税人，一个月内多次领用专用发票的，应从当月第二次领用专用发票起，按照上一次已领用并开具的专用发票销售额的3%预缴增值税，未预缴增值税的，主管税务机关不得向其发放专用发票。

对于实行纳税辅导期管理的增值税一般纳税人领用的专用发票未使用完而

再次领用的，主管税务机关发放专用发票的份数不得超过核定的每次领用专用发票份数与未使用完的专用发票份数的差额。

5. 纳税信用 D 级的纳税人，增值税专用发票领用按辅导期一般纳税人政策办理，普通发票领用实行交（验）旧供新、严格限量供应。

6. 纳税人在运用增值税发票管理系统开具发票时，应认真检查系统中的发票代码、号码与纸质发票是否一致。如发现税务机关错填发票代码、号码的电子信息，应持纸质发票和增值税税控系统专用设备到税务机关办理退回手续。

7. 纳税信用 A 级的纳税人可一次领取不超过 3 个月的增值税发票用量。纳税信用 B 级的纳税人可一次领取不超过 2 个月的增值税发票用量。

【办理要求】

1. 办税人员需携带身份证原件到主管税务机关办税服务厅办理实名信息验证。

2. 纳税人携带金税盘（税控盘）、报税盘、或税务 Ukey 到主管税务机关办税服务厅办理。

3. 纳税人领取发票和发票电子数据。

【服务举措】

1. 税务机关提供“最多跑一次”服务。纳税人在资料完整且符合法定受理条件的前提下，最多只需要到税务机关跑一次。

2. 此事项可在同城通办。

（五）发票（交）验旧

【基本规定】

1. 纳税人领用发票时，应当按照税务机关的规定报告发票使用情况，税务机关应当按照规定对已开具发票进行验旧。

2. 纳税人应按规定作废发票。发票遗失、损毁的，应向主管税务机关报告处理。

3. 取消增值税发票（包括增值税专用发票、增值税普通发票、增值税电子专用发票、增值税电子普通发票、机动车销售统一发票、二手车销售统一发票）的手工验旧，税务机关利用增值税发票管理系统等系统上传的发票数据，通过信息化手段实现增值税发票验旧工作。

4. 使用增值税发票管理系统的纳税人，应联网上传发票开具信息，不具备联网条件的，可携带存储有申报所属月份开票信息的金税盘、税控盘、报税盘、税务Ukey或其他存储介质到税务机关报送其发票开具信息，方便进行发票验旧。

【办理要求】

1. 办税人员需携带身份证原件到主管税务机关办税服务厅办理实名信息验证。

2. 纳税人携带将已开具发票存根联（记账联）、红字发票和作废发票（使用税控机的同时提供发票使用汇总数据报表）到主管税务机关办税服务厅查验。

【服务举措】

1. 税务机关提供“最多跑一次”服务。纳税人在资料完整且符合法定受理条件的前提下，最多只需要到税务机关跑一次。

2. 此事项可在同城通办。

（六）发票缴销

【基本规定】

1. 纳税人因信息变更或清税注销，跨区域经营活动结束，发票换版、损毁等原因按规定需要缴销发票的，到税务机关进行缴销处理。税务机关对纳税人领用的空白发票做剪角处理。

2. 纳税人应当按照税务机关的规定存放和保管发票，不得擅自损毁。已开具的发票存根联，应当保存5年。

3. 临时到本省、自治区、直辖市以外从事经营活动的单位或者个人，向经营地税务机关领用经营地的发票。纳税人跨区域经营活动结束，应当向经营地税务机关结清税款、缴销发票。

4. 开具发票的纳税人应当在办理信息变更（指纳税人因住所、经营地点变动，涉及改变主管税务机关的）或者清税注销的同时，办理发票的缴销手续。

使用增值税发票管理系统的纳税人办理清税注销时，应将结存未用的纸质增值税发票送交主管税务机关进行剪角作废，同时作废相应的发票数据电文。

5. 纳税人应在税务机关通知发票换版时，对领用尚未填开的空白发票进行缴销。

6. 一般纳税人转登记为小规模纳税人，可以继续使用现有增值税税控系统专用设备开具增值税发票，不需要缴销增值税税控系统专用设备和增值税发票。

【办理要求】

1. 办税人员需携带身份证原件到主管税务机关办税服务厅办理实名信息验证。

2. 纳税人携带需缴销的发票到主管税务机关查验，并剪角作废处理。

【服务举措】

税务机关提供“最多跑一次”服务。纳税人在资料完整且符合法定受理条件的前提下，最多只需要到税务机关跑一次。

（七）增值税税控系统专用设备初始发行

【基本规定】

1. 纳税人在初次使用或重新领购增值税税控系统专用设备开具发票之前，需要税务机关对增值税税控系统专用设备进行初始化发行，将开票所需的各种信息载入增值税税控系统专用设备。

2. 使用增值税发票管理系统纳税人应在每月征收期申报前抄报增值税发票数据。

3. 纳税人取得由服务单位开具的增值税税控系统专用设备销售发票（初次购买）以及相关的技术维护费发票，可以按规定按照发票票面的价税合计全额抵减增值税税款，不足抵减的可结转下期继续抵减。

4. 增值税纳税人使用的税控盘、金税盘、报税盘、税务 Ukey 等税控专用设备丢失、被盗，应及时向主管税务机关报告。

【办理要求】

1. 办税人员需携带身份证原件到主管税务机关办税服务厅办理实名信息验证。

2. 纳税人携带金税盘（税控盘）、报税盘、税务 Ukey、《税务事项通知书》（发票票种核定通知）或《准予税务行政许可决定书》到主管税务机关办税服务厅办理。

【服务举措】

1. 税务机关提供“最多跑一次”服务。纳税人在资料完整且符合法定受理条件的前提下，最多只需要到税务机关跑一次。

2. 税务机关提供电子税务局办理增值税税控系统专用设备初始发行服务。

（八）增值税税控系统专用设备变更发行

【基本规定】

1. 纳税人增值税税控系统专用设备载入信息发生变更的，税务机关对金税盘（税控盘）、报税盘、税务 Ukey 及数据库中的信息作相应变更。

2. 使用金税盘（税控盘）的纳税人需要增加（减少）分开票机的，必须对原有的主开票机专用设备进行变更。

3. 变更的内容包括：纳税人名称变更；纳税人除名称外其他税务登记基本信息变更；纳税人发行授权信息变更；因纳税人金税盘、税控盘、报税盘、税务 Ukey 损坏，而对其金税盘、税控盘、报税盘、税务 Ukey 进行变更；因纳税人开票机数量变化而进行发行变更；增值税发票管理系统离线开票时限和离线开票总金额变更；购票人员姓名、密码发生变更等。

【办理要求】

1. 办税人员需携带身份证原件到主管税务机关办税服务厅办理实名信息验证。

2. 纳税人携带金税盘（税控盘）、报税盘、税务 Ukey、《税务事项通知书》（发票票种核定通知）或《准予税务行政许可决定书》到主管税务机关办税服务厅办理。

【服务举措】

1. 税务机关提供“最多跑一次”服务。纳税人在资料完整且符合法定受理条件的前提下，最多只需要到税务机关跑一次。

2. 纳税人可在互联网连接状态下登录增值税发票管理系统进行增值税税控系统专用设备远程变更发行。

（九）增值税税控系统专用设备注销发行

【基本规定】

1. 纳税人发生清税等涉及增值税税控系统专用设备需注销发行的，税务机关在增值税税控系统中注销纳税人发行信息档案。需收缴设备的，收缴纳税人金税盘（税控盘）、报税盘、税务 Ukey。

2. 纳税人有下列情形之一的，需要上缴增值税税控系统专用设备：

（1）依法清税注销、终止纳税义务。

（2）减少分开票机。

（3）根据国家税务总局的统一部署，需更换新型号防伪税控设备的，其旧型号防伪税控设备需办理注销发行。

3. 纳税人当前使用的增值税税控系统专用设备发生损毁或盗失等情况，若继续使用的，做更换金税设备处理，不再继续使用的，报税务机关备案并办理注销发行。

4. 增值税纳税人使用的税控盘、金税盘、报税盘、税务 Ukey 等税控专用设备丢失、被盗，应及时向主管税务机关报告。

【办理要求】

1. 办税人员需携带身份证原件到主管税务机关办税服务厅办理实名信息验证。

2. 纳税人携带金税盘（税控盘）、报税盘、税务 Ukey 办理。

3. 注销发行前，纳税人应事前办理空白发票的退回或缴销，以及采集已开具增值税发票数据。

【服务举措】

1. 文书表单可在省（自治区、直辖市和计划单列市）税务局网站“下载中心”栏目查询下载或到办税服务厅领取。

2. 税务机关提供“最多跑一次”服务。纳税人在资料完整且符合法定受理条件的前提下，最多只需要到税务机关跑一次。

3. 税务机关提供电子税务局办理增值税税控系统专用设备注销发行服务。

二、发票代开

（一）代开增值税专用发票

【基本规定】

1. 已办理税务登记的小规模纳税人（包括个体经营者）以及国家税务总局确定的其他可以代开增值税专用发票的纳税人发生增值税应税行为、需要开具增值税专用发票时，可向主管税务机关申请代开。

2. 申请代开增值税专用发票货物运输业小规模纳税人，应符合以下条件：

（1）在中华人民共和国境内提供公路或内河货物运输服务，并办理了工商登记和税务登记。

（2）提供公路货物运输服务的（4.5 吨及以下普通货运车辆从事普通道路货物运输经营的除外），取得《中华人民共和国道路运输经营许可证》和《中华人民共和国道路运输证》；提供内河货物运输服务的，取得《国内水路运输经营许可证》和《船舶营业运输证》。

（3）在税务登记地主管税务机关按增值税小规模纳税人管理。

3. 小规模纳税人转让其取得的不动产，不能自行开具增值税发票的，可向不动产所在地主管税务机关申请代开；纳税人向其他个人转让其取得的不动产，不得开具或申请代开增值税专用发票。

小规模纳税人中的单位和个体工商户出租不动产，不能自行开具增值税发票的，可向不动产所在地主管税务机关申请代开增值税发票；纳税人向其他个人出租不动产，不得开具或申请代开增值税专用发票。

其他个人销售其取得的不动产和出租不动产，购买方或承租方不属于其他个人的，纳税人缴纳增值税等税费后可以向不动产所在地主管税务机关申请代开增值税专用发票。

小规模纳税人跨县（市、区）提供建筑服务，不能自行开具增值税发票的，可向建筑服务发生地主管税务机关按照其取得的全部价款和价外费用申请代开增值税发票。

4. 增值税小规模纳税人（其他个人除外）发生增值税应税行为，需要开具增值税专用发票的，可以自愿使用增值税发票管理系统自行开具。选择自行开具增值税专用发票的小规模纳税人，税务机关不再为其代开增值税专用发票。

5. 货物运输业小规模纳税人在境内提供公路或内河货物运输服务，需要开具增值税专用发票的，可在税务登记地、货物起运地、货物到达地或运输业务承揽地（含互联网物流平台所在地）中任何一地，就近向税务机关申请代开增值税专用发票。纳税人应当将营运资质和营运机动车、船舶信息向主管税务机关备案。

6. 接受税务机关委托代征税款的保险业、证券业、信用卡业和旅游业企业，向代理人或经纪人支付佣金费用后，可代代理人或经纪人统一向主管税务机关申请汇总代开增值税普通发票或增值税专用发票。代开增值税发票时，应向主管税务机关出具个人保险代理人的姓名、身份证号码、联系方式、付款时间、付款金额、代征税款的详细清单。主管税务机关为个人保险代理人汇总代开增值税发票时，在备注栏内注明“个人保险代理人汇总代开”字样。

7. 其他个人委托房屋中介、住房租赁企业等单位出租不动产，需要向承租方开具增值税发票的，可以由受托单位代其向主管税务机关按规定申请代开增值税发票。

8. 因开具错误、销货退回、销售折让、服务中止等原因，纳税人需作废已代开增值税发票的，可凭已代开发票在代开当月向原代开税务机关提出作废申请；不符合作废条件的，可以通过开具红字发票处理；纳税人需要退回已征收税款的，可以向税务机关申请退税。

9. 小规模纳税人月销售额未超过10万元（按季30万元）的，当期因开具增值税专用发票已经缴纳的税款，在增值税专用发票全部联次追回或者按规定开具红字专用发票后，可以向主管税务机关申请退还。

10. 提供建筑服务，纳税人代开增值税发票时，应提供建筑服务发生地县（市、区）名称及项目名称。

销售不动产，纳税人代开增值税发票时，应在“货物或应税劳务、服务名称”栏填写不动产名称及房屋产权证书号码（无房屋产权证书的可不填写），“单位”栏填写面积单位，应提供不动产的详细地址。

出租不动产，纳税人代开增值税发票时，应提供不动产的详细地址。

跨县（市、区）提供不动产经营租赁服务、建筑服务的小规模纳税人（不包括其他个人），代开增值税发票时，在发票备注栏中自动打印“YD”字样。

【办理要求】

1. 办税人员需携带身份证原件到主管税务机关办税服务厅办理实名信息验证。

2. 纳税人需填写《代开增值税发票缴纳税款申报单》或《货物运输业代开增值税专用发票缴纳税款申报单》（货物运输业小规模纳税人）。

3. 按规定缴纳税款。

【服务举措】

1. 文书表单可在省（自治区、直辖市和计划单列市）税务局网站“下载中心”栏目查询下载或到办税服务厅领取。

2. 税务机关提供“最多跑一次”服务。纳税人在资料完整且符合法定受

理条件的前提下，最多只需要到税务机关跑一次。

3. 此事项可在同城通办。

（二）代开增值税普通发票

【基本规定】

1. 符合代开条件的单位和个人发生增值税应税行为，需要开具增值税普通发票时，可向主管税务机关申请代开。不能自开增值税普通发票的小规模纳税人销售其取得的不动产，以及其他个人出租不动产，可以向税务机关申请代开增值税普通发票。

2. 申请代开增值税普通发票经营额达不到省、自治区、直辖市税务机关确定的按次起征点的，只代开不征增值税。

2019 年 1 月 1 日至 2021 年 12 月 31 日，其他个人采取一次性收取租金形式出租不动产取得的租金收入，可在对应的租赁期内平均分摊，分摊后的月租金收入未超过 10 万元的，在代开增值税普通发票时，可以免征增值税。

3. 小规模纳税人转让其取得的不动产，不能自行开具增值税发票的，可向不动产所在地主管税务机关申请代开。纳税人向其他个人转让其取得的不动产，不得开具或申请代开增值税专用发票。

4. 小规模纳税人中的单位和个体工商户出租不动产，不能自行开具增值税发票的，可向不动产所在地主管税务机关申请代开增值税发票；其他个人出租不动产，可向不动产所在地主管地税机关申请代开增值税发票。

5. 其他个人委托房屋中介、住房租赁企业等单位出租不动产，需要向承租方开具增值税发票的，可以由受托单位代其向主管税务机关按规定申请代开增值税发票。

6. 接受税务机关委托代征税款的保险业、证券业、信用卡业和旅游业企业，向代理人或经纪人支付佣金费用后，可代代理人或经纪人统一向主管税务机关申请汇总代开增值税普通发票或增值税专用发票。代开增值税发票时，应向主管税务机关出具个人保险代理人的姓名、身份证号码、联系方式、付款时间、付款金额、代征税款的详细清单。主管税务机关为个人保险代理人汇总代开增值税发票时，在备注栏内注明“个人保险代理人汇总代开”字样。

7. 销售不动产，纳税人代开增值税发票时，应在“货物或应税劳务、服务名称”栏填写不动产名称及房屋产权证书号码（无房屋产权证书的可不填写），

“单位”栏填写面积单位，应提供不动产的详细地址。

出租不动产，纳税人代开增值税发票时，应提供不动产的详细地址。

【办理要求】

1. 办税人员需携带身份证原件到主管税务机关办税服务厅办理实名信息验证。

2. 纳税人需填写《代开增值税发票缴纳税款申报单》，提供不动产权属资料原件及复印件、不动产合同、协议或者税务机关认可的其他资料原件及复印件。

3. 按规定需缴纳税款的，先缴纳税款后开具发票。

【服务举措】

1. 文书表单可在省（自治区、直辖市和计划单列市）税务局网站“下载中心”栏目查询下载或到办税服务厅领取。

2. 税务机关提供“最多跑一次”服务。纳税人在资料完整且符合法定受理条件的前提下，最多只需要到税务机关跑一次。

3. 此事项可在同城通办。

（三）代开发票作废

【基本规定】

1. 纳税人代开发票后，发生销货退回或销售折让、开票有误、应税服务中止等情形，需作废已代开增值税发票的，可凭已代开发票在代开当月向原代开税务机关提出作废申请；不符合作废条件的，可以通过开具红字发票方式对原代开发票进行对冲处理。

2. 因开具错误、销货退回、销售折让、服务中止等原因，纳税人作废已代开增值税发票或通过开具红字发票处理后，需退回已征收税款的，可以向税务机关申请退税。

3. 小规模纳税人月销售额未超过10万元（按季30万元）的，当期因开具增值税专用发票已经缴纳的税款，在增值税专用发票全部联次追回或者按规定开具红字专用发票后，可以向主管税务机关申请退还。

【办理要求】

1. 办税人员需携带身份证原件到主管税务机关办税服务厅办理实名信息验证。

2. 纳税人需提供已开具发票各联次。

【服务举措】

文书表单可在省（自治区、直辖市和计划单列市）税务局网站“下载中心”栏目查询下载或到办税服务厅领取。

三、发票开具和保管

（一）存根联数据采集

【基本规定】

1. 使用增值税发票管理系统的纳税人应于每月申报期内向税务机关报送增值税发票数据，税务机关对数据进行比对校验，接收数据。

2. 纳税人应按规定作废发票。发票遗失、损毁的，应向主管税务机关报告处理。

3. 使用增值税发票管理系统的纳税人应向税务机关如实报送增值税发票数据，如实填列增值税纳税申报表进行申报。

4. 纳税人应在互联网连接状态下在线使用增值税发票管理系统开具发票，系统可自动上传已开具的发票明细数据。

纳税人因网络故障等原因无法在线开票的，在税务机关设定的离线开票时限和离线开具发票总金额范围内仍可开票，超限将无法开具发票。纳税人开具发票次月仍未连通网络上传已开具发票明细数据的，也将无法开具发票。纳税人需连通网络上传发票数据后方可开票，若仍无法连通网络的需携带专用设备到税务机关处理。

按照有关规定不使用网络办税或不具备网络条件的特定纳税人，以离线方式开具发票，不受离线开票时限和离线开具发票总金额限制。特定纳税人需携带专用设备和相关资料到税务机关进行存根联数据采集。

以离线方式开具发票的纳税人，因金税盘、税控盘、税务 Ukey 同时损坏等原因不能报税的，纳税人应提供当月全部增值税发票到税务机关进行数据采集。

5. 自 2019 年 9 月 20 日起，纳税人需要通过增值税发票管理系统开具 17%、16%、11%、10% 税率蓝字发票的，应向主管税务机关提交《开具原适用税率发票承诺书》，办理临时开票权限。临时开票权限有效期限为24小时，纳税人应在获取临时开票权限的规定期限内开具原适用税率发票。

【办理要求】

1. 办税人员需携带身份证原件到主管税务机关办税服务厅办理实名信息验证。

2. 纳税人因金税盘、税控盘、报税盘、税务Ukey等损坏而导致无法报送电子数据的，提供已开具增值税发票存根联（作废发票应报送全部联次）。

3. 按照有关规定不使用网络办税或不具备网络条件的特定纳税人，提供金税盘（税控盘）、报税盘、税务Ukey。

【服务举措】

1. 税务机关提供“最多跑一次”服务。纳税人在资料完整且符合法定受理条件的前提下，最多只需要到税务机关跑一次。

2. 除了特定纳税人及特殊情形外，取消增值税发票抄报税，改由纳税人对开票数据进行确认。

3. 此事项可在同城通办。

（二）红字增值税专用发票开具申请

【基本规定】

1. 纳税人开具增值税专用发票后，发生销货退回、开票有误、应税服务中止以及发票抵扣联、发票联均无法认证等情形但不符合作废条件，或者因销货部分退回及发生销售折让，需要开具红字专用发票的，需取得税务机关系统校验通过的《开具红字增值税专用发票信息表》。《开具红字增值税专用发票信息表》填开错误且尚未使用的，纳税人可申请作废。

2. 购买方取得专用发票已用于申报抵扣的，购买方可在增值税发票管理系统中填开并上传《开具红字增值税专用发票信息表》，在填开《开具红字增值税专用发票信息表》时不填写相对应的蓝字专用发票信息，应暂依《开具红字增值税专用发票信息表》所列增值税税额从当期进项税额中转出，待取得销售方开具的红字专用发票后，与《开具红字增值税专用发票信息表》一并作为记账凭证。

购买方取得专用发票未用于申报抵扣、但发票联或抵扣联无法退回的，购买方填开《开具红字增值税专用发票信息表》时应填写相对应的蓝字专用发票信息。

销售方开具专用发票尚未交付购买方，以及购买方未用于申报抵扣并将发票联及抵扣联退回的，销售方可在增值税发票管理系统中填开并上传《开具红字增值税专用发票信息表》。销售方填开《开具红字增值税专用发票信息表》时应填写相对应的蓝字专用发票信息。

3. 销售方凭税务机关系统校验通过的《开具红字增值税专用发票信息表》开具红字专用发票，在增值税发票管理系统中以销项负数开具。红字专用发票应与《开具红字增值税专用发票信息表》一一对应。

4. 纳税人开业设立至认定或登记为一般纳税人期间，未取得生产经营收入，未按照销售额和征收率简易计算应纳税额申报缴纳增值税的，其在此期间取得的增值税扣税凭证在认定或登记为一般纳税人后，可以在认定或登记为一般纳税人后抵扣进项税额。

购买方纳税人取得的增值税专用发票，按照《国家税务总局关于推行增值税发票系统升级版有关问题的公告》（国家税务总局公告 2014 年第 73 号）规定的程序，由销售方纳税人开具红字增值税专用发票后重新开具蓝字增值税专用发票。

购买方纳税人按照国家税务总局公告 2014 年第 73 号规定填开《开具红字增值税专用发票信息表》或《开具红字货物运输业增值税专用发票信息表》时，选择“所购货物或劳务、服务不属于增值税扣税项目范围”或“所购服务不属于增值税扣税项目范围”。

5. 一般纳税人转登记为小规模纳税人，在一般纳税人期间发生的增值税应税销售行为，发生销售折让、中止或者退回等情形，需要开具红字发票的，按照原蓝字发票记载的内容开具红字发票；开票有误需要重新开具的，先按照原蓝字发票记载的内容开具红字发票，再重新开具正确的蓝字发票。

6. 自行开具增值税专用发票的小规模纳税人以及税务机关为小规模纳税人代开增值税专用发票，需要开具红字专用发票的，按照一般纳税人开具红字专用发票的方法处理。

7. 纳税人已使用增值税发票管理系统的，可在开票系统中申请并获取校验结果，即在开票系统中通过上传《开具红字增值税专用发票信息表》（也可凭《开具红字增值税专用发票信息表》电子信息或纸质资料到税务机关申请校验），系统自动校验通过后，生成带有“红字发票信息表编号”的《开具红字增值税专用发票信息表》，并将信息同步至纳税人端系统中。

【办理要求】

1. 办税人员需携带身份证原件到主管税务机关办税服务厅办理实名信息验证。

2. 纳税人填写或通过网上上传《开具红字增值税专用发票信息表》。

【服务举措】

文书表单可在省（自治区、直辖市和计划单列市）税务局网站“下载中心”栏目查询下载或到办税服务厅领取。

（三）发票遗失、损毁报告

【基本规定】

1. 使用发票的单位和个人发生发票丢失情形时，应当于发现丢失当日书面报告税务机关。纳税人违反发票管理规定的，税务机关按照规定进行处理。

2. 增值税纳税人使用的税控盘、金税盘、报税盘、税务 Ukey 等税控专用设备丢失、被盗，应及时向主管税务机关报告。

【办理要求】

1. 办税人员需携带身份证原件到主管税务机关办税服务厅办理实名信息验证。

2. 纳税人需填写《发票挂失/损毁报告表》，若发票遗失、损毁且发票数量较大，在报告表中无法全部反映，还需填写《挂失/损毁发票清单》。

3. 纳税人违反发票管理规定的，税务机关按照规定进行处理。

【服务举措】

1. 文书表单可在省（自治区、直辖市和计划单列市）税务局网站“下载中心”栏目查询下载或到办税服务厅领取。

2. 税务机关提供“最多跑一次”服务。纳税人在资料完整且符合法定受理条件的前提下，最多只需要到税务机关跑一次。

（四）临时开票权限办理

【基本规定】

1. 自 2019 年 9 月 20 日起，纳税人需要通过增值税发票管理系统开具 17%、16%、11%、10%税率蓝字发票的，应向主管税务机关提交《开具原适用税率发票承诺书》，办理临时开票权限。

2. 临时开票权限有效期限为24小时，纳税人应在获取临时开票权限的规定期限内开具原适用税率发票。

3. 若纳税义务发生时间在2019年4月1日前，未进行申报而开具发票的，纳税人应进行补充申报或者更正申报，涉及缴纳滞纳金的，按规定缴纳；若纳税义务发生时间在2019年4月1日后，不得开具原适用税率发票，已经开具的，按规定作废，不符合作废条件的，按规定开具红字发票后，按照新适用税率开具正确的蓝字发票。

【办理要求】

1. 办税人员需携带身份证原件到主管税务机关办税服务厅办理实名信息验证。

2. 纳税人需提供《开具原适用税率发票承诺书》。

3. 纳税人办理临时开票权限，应保留交易合同、红字发票、收讫款项证明等相关材料，以备查验。

四、发票相关服务

（一）未按期申报抵扣增值税扣税凭证抵扣申请

【基本规定】

1. 纳税人发生真实交易且存在客观原因，属于下列情形的，经税务机关核实后，允许纳税人继续申报抵扣其进项税额。

（1）增值税一般纳税人取得的增值税扣税凭证已认证、已选择确认或已采集上报信息，但未按照规定期限申报抵扣的。

（2）实行纳税辅导期管理的增值税一般纳税人，取得的增值税扣税凭证稽核比对结果相符但未按照规定期限申报抵扣的。

（3）实行海关进口增值税专用缴款书“先比对后抵扣”管理办法的增值税一般纳税人，取得的增值税扣税凭证稽核比对结果相符但未按规定期限申报抵扣的。

2. 纳税人发生真实交易且存在客观原因包括如下类型：

（1）因自然灾害、社会突发事件等不可抗力原因造成增值税扣税凭证未按期申报抵扣；

（2）有关司法、行政机关在办理业务或者检查中，扣押、封存纳税人账簿资料，导致纳税人未能按期办理申报手续；

（3）税务机关信息系统、网络故障，导致纳税人未能及时取得认证结果通知书或稽核结果通知书，未能及时办理申报抵扣；

（4）由于企业办税人员伤亡、突发危重疾病或者擅自离职，未能办理交接手续，导致未能按期申报抵扣；

（5）国家税务总局规定的其他情形。

3. 对客观原因不涉及第三方的，纳税人应说明的情况具体为：发生自然灾害、社会突发事件等不可抗力原因的，纳税人应详细说明自然灾害或者社会突发事件发生的时间、影响地区、对纳税人生产经营的实际影响等；企业办税人员擅自离职，未办理交接手续的，纳税人应详细说明事情经过、办税人员姓名、离职时间等，并提供解除劳动关系合同及企业内部相关处理决定。

对客观原因涉及第三方的，应提供第三方证明或说明。具体为：企业办税人员伤亡或者突发危重疾病的，应提供公安机关、交通管理部门或者医院证明；有关司法、行政机关在办理业务或者检查中，扣押、封存纳税人账簿资料，导致纳税人未能按期办理申报手续的，应提供相关司法、行政机关证明。

因税务机关信息系统或者网络故障原因造成纳税人增值税扣税凭证未能按期申报抵扣的，主管税务机关予以核实。

【办理要求】

1. 办税人员需携带身份证原件到主管税务机关办税服务厅办理实名信息验证。

2. 纳税人需报送《未按期申报抵扣增值税扣税凭证抵扣申请单》、已认证增值税扣税凭证清单、增值税扣税凭证未按期申报抵扣情况说明及佐证材料、未按期申报抵扣增值税扣税凭证复印件。

3. 税务机关15个工作日内办结。

【服务举措】

文书表单可在省（自治区、直辖市和计划单列市）税务局网站“下载中心”栏目查询下载或到办税服务厅领取。

（二）逾期增值税抵扣凭证抵扣申请

【基本规定】

1. 增值税一般纳税人发生真实交易，但由于客观原因造成增值税扣税凭证（包括增值税专用发票、海关进口增值税专用缴款书和机动车销售统一发票）未能按照规定期限办理认证、确认或者稽核比对抵扣的，经主管税务机关核实、逐级上报，由省税务机关认证并稽核比对后，对比对相符的增值税扣税凭证，允许纳税人继续抵扣其进项税额。

2. 客观原因包括如下类型：

（1）因自然灾害、社会突发事件等不可抗力因素造成增值税扣税凭证逾期；

（2）增值税扣税凭证被盗、抢，或者因邮寄丢失、误递导致逾期；

（3）有关司法、行政机关在办理业务或者检查中，扣押增值税扣税凭证，纳税人不能正常履行申报义务，或者税务机关信息系统、网络故障，未能及时处理纳税人网上认证数据等导致增值税扣税凭证逾期；

（4）买卖双方因经济纠纷，未能及时传递增值税扣税凭证，或者纳税人变更纳税地点，注销旧户和重新办理税务登记的时间过长，导致增值税扣税凭证逾期；

（5）由于企业办税人员伤亡、突发危重疾病或者擅自离职，未能办理交接手续，导致增值税扣税凭证逾期；

（6）国家税务总局规定的其他情形。

3. 增值税扣税凭证逾期情况说明。纳税人应详细说明未能按期办理认证或者申请稽核比对的原因，并加盖企业公章。

客观原因不涉及第三方的，纳税人应说明的情况具体为：发生自然灾害、社会突发事件等不可抗力原因，纳税人应详细说明自然灾害或者社会突发事件发生的时间、影响地区、对纳税人生产经营的实际影响等；纳税人变更纳税地点，注销旧户和重新办理税务登记的时间过长，导致增值税扣税凭证逾期的，纳税人应详细说明办理搬迁时间、注销旧户和注册新户的时间、搬出及搬入地点等；企业办税人员擅自离职，未办理交接手续的，纳税人应详细说明事情经过、办税人员姓名、离职时间等，并提供解除劳动关系合同及企业内部相关处理决定。

客观原因涉及第三方的，应提供第三方证明或说明。具体为：企业办税人员伤亡或者突发危重疾病的，应提供公安机关、交通管理部门或者医院证明；

有关司法、行政机关在办理业务或者检查中，扣押增值税扣税凭证，导致纳税人不能正常履行申报义务的，应提供相关司法、行政机关证明；增值税扣税凭证被盗、抢的，应提供公安机关证明；买卖双方因经济纠纷，未能及时传递增值税扣税凭证的，应提供卖方出具的情况说明；邮寄丢失或者误递导致增值税扣税凭证逾期的，应提供邮政单位出具的说明。

由于税务机关自身原因造成纳税人增值税扣税凭证逾期的，主管税务机关在上报文件中说明相关情况。具体为：税务机关信息系统或者网络故障，未能及时处理纳税人网上认证数据的，主管税务机关详细说明信息系统或网络故障出现、持续的时间，故障原因及表现等。

【办理要求】

1. 办税人员需携带身份证原件到主管税务机关办税服务厅办理实名信息验证。

2. 纳税人需报送《逾期增值税扣税凭证抵扣申请单》、增值税扣税凭证逾期情况说明、逾期增值税扣税凭证电子信息、逾期增值税扣税凭证复印件；客观原因涉及第三方，需提供第三方证明或说明。

【服务举措】

文书表单可在省（自治区、直辖市和计划单列市）税务局网站“下载中心”栏目查询下载或到办税服务厅领取。

（三）海关缴款书核查申请

【基本规定】

1. 对于稽核比对结果为不符、缺联的海关缴款书，纳税人应于产生稽核结果的180日内，持海关缴款书原件向主管税务机关申请数据修改或者核对，逾期的其进项税额不予抵扣。属于纳税人数据采集错误的，数据修改后再次进行稽核比对；不属于数据采集错误的，纳税人可向主管税务机关申请数据核对，主管税务机关会同海关进行核查。

2. 自2020年2月1日起，经核查，海关缴款书票面信息与纳税人实际进口货物业务一致的，纳税人登录选择确认平台查询、选择用于申报抵扣或出口退税的海关缴款书信息。

3. 自2020年2月1日起，对于稽核比对结果为不符、缺联的海关缴款书，纳税人应当持海关缴款书原件向主管税务机关申请数据修改或核对。属于纳税人数据采集错误的，数据修改后再次进行稽核比对；不属于数据采集错误的，纳税人可向主管税务机关申请数据核对，主管税务机关会同海关进行核查。经核查，海关缴款书票面信息与纳税人实际进口货物业务一致的，纳税人登录选择确认平台查询、选择用于申报抵扣或出口退税的海关缴款书信息。

4. 自 2020 年 2 月 1 日起，对于稽核比对结果为重号的海关缴款书，纳税人可向主管税务机关申请核查。经核查，海关缴款书票面信息与纳税人实际进口货物业务一致的，纳税人登录选择确认平台查询、选择用于申报抵扣或出口退税的海关缴款书信息。

5. 对于稽核比对结果为滞留的海关缴款书，可继续参与稽核比对，纳税人不需申请数据核对。

【办理要求】

1. 办税人员需携带身份证原件到主管税务机关办税服务厅办理实名信息验证。

2. 纳税人需提供《“异常”海关进口增值税专用缴款书数据核对申请书》和海关进口增值税专用缴款书原件。

【服务举措】

文书表单可在省（自治区、直辖市和计划单列市）税务局网站“下载中心”栏目查询下载或到办税服务厅领取。

（四）发票真伪鉴定

【基本规定】

1. 用票单位和个人有权申请税务机关对发票的真伪进行鉴别。

2. 普通发票的真伪鉴定由鉴定受理税务机关负责；受理税务机关鉴定有困难的，可以提请发票监制税务机关协助鉴定。

3. 在伪造、变造现场查获的假发票，由当地税务机关负责鉴定。

【办理要求】

纳税人需提供待鉴定发票；行政执法部门鉴定发票的，需提供待鉴定发票复印件或者电子数据、单位介绍信。

【服务举措】

取得增值税发票的单位和个人可登录全国增值税发票查验平台（https：//inv－veri. chinatax. gov. cn），对增值税发票管理系统开具的发票信息进行查验。

【相关知识】

1. 发票的种类主要有：

（1）增值税专用发票（含电子专用发票）：适用于增值税一般纳税人，纳入“小规模纳税人自行开具增值税专用发票试点”的小规模纳税人也可自行领用增值税专用发票开具。

（2）增值税普通发票（含电子普通发票）：适用于增值税一般纳税人以及增值税小规模纳税人。

（3）增值税普通发票（卷票）：由纳税人自愿选择使用，重点在生活性服务业纳税人中推广使用。

（4）机动车销售统一发票：适用于从事机动车零售业务（不包括销售旧机动车）的纳税人。销售旧机动车是在二手车市场二手车销售统一发票。

（5）通用机打发票、通用手工发票：主要适用于起征点以下的小规模纳税人。

（6）通用定额发票：主要适用于定期定额征收的个体工商户和收取停车费的纳税人。

（7）其他：出租车发票，客运定额发票、火车票、飞机行程单、门票等适用各自行业。

2. 增值税发票综合服务平台的主要功能

（1）“一站式”的发票用途确认服务。纳税人可以对其取得的增值税专用发票、机动车销售统一发票、收费公路通行费增值税电子普通发票的使用用途进行“一站式”确认。自2020年2月1日起，纳税人取得符合条件的海关进口增值税专用缴款书后，也可通过综合服务平台进行用途确认。

（2）“集成化”的发票风险提示服务。纳税人可以对发票的开具、申报、缴税、用途确认等流转状态以及作废、红冲、异常等管理状态进行查询统计。根据查询到的风险提示信息，纳税人可以及时开展风险应对处理，有效规避因税企之间和购销双方信息不对称而产生的涉税风险和财务管理风险。

（3）“全票种”的发票信息下载服务。纳税人可以批量下载所取得的发票明细信息，并可据此开展批量查验、统计分析等工作，能够帮助纳税人有效提升发票电子化管理水平。目前，可以批量下载发票信息的发票种类包括增值税专用发票、增值税电子专用发票、增值税普通发票、增值税电子普通发票、收费公路通行费增值税电子普通发票、机动车销售统一发票、二手车销售统一发票。

【思考与练习】

1. 甲市乙公司为按季度申报的小规模纳税人，经营范围是批发办公用品，2020 年 3 月 1 日至办税服务厅申请代开增值税专用发票，不含税金额 5 万元，则乙公司当天应缴纳税款是（　　）。(单项选择题)

A. 1500 元

B. 1552.5 元

C. 500 元

D. 517.5 元

【参考答案】D

【答案解析】小规模纳税人代开专用发票，预缴增值税 50000 × 1% = 500 元，城建税减半征收 500 × 7% ÷ 2 = 17.5 元，季度收入不足 30 万元免征教育费附加和地方教育附加。

2. 一般纳税人开具增值税专用发票，发现开具有误，可即时作废，作废条件包括（　　）。(多项选择题)

A. 发生销货退回

B. 发生开票有误

C. 收到退回发票联、抵扣联时间未超过开票当月

D. 销售方未抄税且未记账

E. 购买方未认证或认证不符

【参考答案】CDE

【答案解析】根据增值税专用发票的相关规定，一般纳税人开具增值税专用发票，发现开具有误，可即时作废，作废条件：收到退回发票联、抵扣联时间未超过开票当月；销售方未抄税且未记账；购买方未认证或认证不符。AB 选项不是发票作废的必要条件。

3. 货物运输业小规模纳税人可以申请代开增值税专用发票的地点包括（　）。（多项选择题）

A. 税务登记地

B. 起运地

C. 到达地

D. 途经地

E. 运输业务承揽地

【参考答案】ABCE

【答案解析】增值税纳税人在境内提供公路或内河货物运输服务，需要开具增值税专用发票的，可在税务登记地、货物起运地、到达地或运输业务承揽地中任何一地，就近向税务机关申请代开。

第三节　纳税申报纳税服务相关规定

一、增值税申报

（一）增值税一般纳税人申报

【基本规定】

增值税一般纳税人应依照税收法律、法规、规章及其他有关规定，在规定的纳税期限内向税务机关进行纳税申报。未按照规定的期限办理纳税申报和报送纳税资料的，将影响纳税信用评价结果，并依照《中华人民共和国税收征收管理法》有关规定承担相应法律责任。

纳税人享受减税、免税待遇的，在减税、免税期间应当按照规定办理纳税申报，填写申报表及其附表上的优惠栏目。

【办理要求】

1. 纳税人在办理"增值税一般纳税人申报"时，需填制《增值税纳税申报表（一般纳税人适用）》及其附列资料（2份），并对应不同的情形提交相关资料。

2. 税务机关办理完成后，在《增值税纳税申报表（一般纳税人适用）》上加盖印章，一份返还纳税人；电子税务局办理的，将办理结果通过电子税务局反馈给纳税人。

【服务举措】

1. 《增值税纳税申报表（一般纳税人适用）》可在税务机关网站“下载中心”栏目查询下载或到办税服务厅领取。

2. 税务机关提供“最多跑一次”服务。纳税人在资料完整且符合法定受理条件的前提下，最多只需要到税务机关跑一次。

3. 增值税一般纳税人申报可在同城通办。

（二）增值税小规模纳税人申报

【基本规定】

增值税小规模纳税人应依照税收法律、法规、规章及其他有关规定，在规定的纳税期限内向税务机关进行纳税申报。未按照规定的期限办理纳税申报和报送纳税资料的，将影响纳税信用评价结果，并依照《中华人民共和国税收征收管理法》有关规定承担相应法律责任。

纳税人享受减税、免税待遇的，在减税、免税期间应当按照规定办理纳税申报，填写申报表及其附表上的优惠栏目。

【办理要求】

1. 纳税人在办理“增值税小规模纳税人申报”时，需填制《增值税纳税申报表（小规模纳税人适用）》及其附列资料（2 份），并对应不同的情形提交相关资料。

2. 税务机关办理完成后，在《增值税纳税申报表（小规模纳税人适用）》上加盖印章，一份返还纳税人；电子税务局办理的，将办理结果通过电子税务局反馈给纳税人。

【服务举措】

1. 《增值税纳税申报表（小规模纳税人适用）》可在税务机关网站“下载中心”栏目查询下载或到办税服务厅领取。

2. 税务机关提供“最多跑一次”服务。纳税人在资料完整且符合法定受理条件的前提下，最多只需要到税务机关跑一次。

3. 增值税小规模纳税人申报可在同城通办。

【相关知识】

1. 增值税纳税期限

增值税的纳税期限分别为1日、3日、5日、10日、15日、1个月或者1个季度。纳税人的具体纳税期限，由主管税务机关根据纳税人应纳税额的大小分别核定；不能按照固定期限纳税的，可以按次纳税。纳税人以1个月或者1个季度为1个纳税期的，自期满之日起15日内申报纳税；以1日、3日、5日、10日或者15日为1个纳税期的，自期满之日起5日内预缴税款，于次月1日起15日内申报纳税并结清上月应纳税款。纳税人进口货物，应当自海关填发海关进口增值税专用缴款书之日起15日内缴纳税款。

纳税期限遇最后一日是法定休假日的，以休假日期满的次日为期限的最后一日；在期限内有连续3日以上法定休假日的，按休假日天数顺延。

2. 增值税纳税期限相关规定

(1) 银行、财务公司、信托投资公司、信用社、财政部和国家税务总局规定的其他纳税人可选择按季申报。

(2) 按固定期限纳税的小规模纳税人可以选择以1个月或1个季度为纳税期限，一经选择，一个会计年度内不得变更。

(3) 增值税小规模纳税人缴纳增值税、消费税、文化事业建设费，以及随增值税、消费税附征的城市维护建设税、教育费附加等税费，原则上实行按季申报。

3. 增值税普惠性税收减免政策

(1) 根据《财政部　税务总局关于实施小微企业普惠性税收减免政策的通知》(财税〔2019〕13号）规定，自2019年1月1日至2021年12月31日，对月销售额10万元以下（含本数）的增值税小规模纳税人，免征增值税。

①小规模纳税人发生增值税应税销售行为，合计月销售额未超过10万元（以1个季度为1个纳税期的，季度销售额未超过30万元）的，免征增值税。

小规模纳税人发生增值税应税销售行为，合计月销售额超过10万元，但扣除本期发生的销售不动产的销售额后未超过10万元的，其销售货物、劳务、服务、无形资产取得的销售额免征增值税。

②适用增值税差额征税政策的小规模纳税人，以差额后的销售额确定是否可以享受免征增值税政策。《增值税纳税申报表（小规模纳税人适用)》中的“免税销售额”相关栏次，填写差额后的销售额。

③小规模纳税人月销售额未超过10万元的，当期因开具增值税专用发票已经缴纳的税款，在增值税专用发票全部联次追回或者按规定开具红字专用发票后，可以向主管税务机关申请退还。

（2）自2021年4月1日至2022年12月31日，对月销售额15万元以下（含本数）的增值税小规模纳税人，免征增值税。

①小规模纳税人发生增值税应税销售行为，合计月销售额未超过15万元（以1个季度为1个纳税期的，季度销售额未超过45万元，下同）的，免征增值税。

小规模纳税人发生增值税应税销售行为，合计月销售额超过15万元，但扣除本期发生的销售不动产的销售额后未超过15万元的，其销售货物、劳务、服务、无形资产取得的销售额免征增值税。

②适用增值税差额征税政策的小规模纳税人，以差额后的销售额确定是否可以享受本公告规定的免征增值税政策。

《增值税纳税申报表（小规模纳税人适用)》中的“免税销售额”相关栏次，填写差额后的销售额。

③按固定期限纳税的小规模纳税人可以选择以1个月或1个季度为纳税期限，一经选择，一个会计年度内不得变更。

④《中华人民共和国增值税暂行条例实施细则》第九条所称的其他个人，采取一次性收取租金形式出租不动产取得的租金收入，可在对应的租赁期内平均分摊，分摊后的月租金收入未超过15万元的，免征增值税。

⑤按照现行规定应当预缴增值税税款的小规模纳税人，凡在预缴地实现的月销售额未超过15万元的，当期无须预缴税款。

⑥小规模纳税人中的单位和个体工商户销售不动产，应按其纳税期、本公告第五条以及其他现行政策规定确定是否预缴增值税；其他个人销售不动产，继续按照现行规定征免增值税。

⑦已经使用金税盘、税控盘等税控专用设备开具增值税发票的小规模纳税人，月销售额未超过15万元的，可以继续使用现有设备开具发票，也可以自愿向税务机关免费换领税务Ukey开具发票。

（3）增值税小规模纳税人适用3%征收率的应税销售收入，减按1%征收率征收增值税；适用3%预征率的预缴增值税项目，减按1%预征率预缴增值税。

①根据《财政部　税务总局关于支持个体工商户复工复业增值税政策的公告》（财政部　税务总局公告2020年第13号）规定，自2020年3月1日至5月31日，对湖北省增值税小规模纳税人，适用3%征收率的应税销售收入，免征增值税；适用3%预征率的预缴增值税项目，暂停预缴增值税。除湖北省外，其他省、自治区、直辖市的增值税小规模纳税人，适用3%征收率的应税销售收入，减按1%征收率征收增值税；适用3%预征率的预缴增值税项目，减按1%预征率预缴增值税。

②根据《财政部　税务总局关于延长小规模纳税人减免增值税政策执行期限的公告》（财政部　税务总局公告2020年第24号）规定，《财政部　税务总局关于支持个体工商户复工复业增值税政策的公告》（财政部　税务总局公告2020年第13号）规定的税收优惠政策实施期限延长到2020年12月31日。

③根据《财政部　税务总局关于延续实施应对疫情部分税费优惠政策的公告》（财政部　税务总局公告2021年第7号）规定，一、《财政部　税务总局关于支持个体工商户复工复业增值税政策的公告》（财政部　税务总局公告2020年第13号）规定的税收优惠政策，执行期限延长至2021年12月31日。其中，自2021年4月1日至2021年12月31日，湖北省增值税小规模纳税人适用3%征收率的应税销售收入，减按1%征收率征收增值税；适用3%预征率的预缴增值税项目，减按1%预征率预缴增值税。

二、企业所得税申报

（一）居民企业（查账征收）企业所得税月（季）度申报

【基本规定】

实行查账征收方式申报企业所得税的居民企业（包括境外注册中资控股居民企业）在月份或者季度终了之日起的15日内，应依照税收法律、法规、规章及其他有关规定，向税务机关进行月（季）度预缴纳税申报。未按照规定的期限办理纳税申报和报送纳税资料的，将影响纳税信用评价结果，并依照《中华人民共和国税收征收管理法》有关规定承担相应法律责任。

企业所得税预缴申报必须连续进行，中间缺漏的属期要先补充完整，才能继续申报。企业所得税分月或者分季预缴，由税务机关具体核定。符合条件的小型微利企业，实行按季度申报预缴企业所得税。

纳税人享受减税、免税待遇的，在减税、免税期间应当按照规定办理纳税申报，填写申报表及其附表上的优惠栏目。

【办理要求】

1. 纳税人在办理“居民企业（查账征收）企业所得税月（季）度申报”时，需填制《中华人民共和国企业所得税月（季）度预缴纳税申报表（A类）》（2份），并对应不同的情形提交相关资料。

2. 税务机关办理完成后，在《中华人民共和国企业所得税月（季）度预缴纳税申报表（A类）》上加盖印章，一份返还纳税人；电子税务局办理的，将办理结果通过电子税务局反馈给纳税人。

【服务举措】

1.《中华人民共和国企业所得税月（季）度预缴纳税申报表（A类）》可在税务机关网站“下载中心”栏目查询下载或到办税服务厅领取。

2. 税务机关提供“最多跑一次”服务。纳税人在资料完整且符合法定受理条件的前提下，最多只需要到税务机关跑一次。

3. 居民企业（查账征收）企业所得税月（季）度申报可在同城通办。

（二）居民企业（核定征收）企业所得税月（季）度申报

【基本规定】

按照企业所得税核定征收办法缴纳企业所得税的居民企业在月份或者季度终了之日起的15日内，依照税收法律、法规、规章及其他有关企业所得税的规定，向税务机关进行企业所得税月（季）度申报。未按照规定的期限办理纳税申报和报送纳税资料的，将影响纳税信用评价结果，并依照《中华人民共和国税收征收管理法》有关规定承担相应法律责任。

企业所得税分月或者分季预缴，由税务机关具体核定。符合条件的小型微利企业，实行按季度申报预缴企业所得税。

纳税人享受减税、免税待遇的，在减税、免税期间应当按照规定办理纳税申报，填写申报表及其附表上的优惠栏目。

【办理要求】

1. 纳税人在办理“居民企业（核定征收）企业所得税月（季）度申报”时，需填制《中华人民共和国企业所得税月（季）度预缴和年度纳税申报表（B类）》（2份），符合条件的境外投资居民企业还需提交《居民企业参股外国企业信息报告表》（1份）。

2. 税务机关办理完成后，在《中华人民共和国企业所得税月（季）度预缴和年度纳税申报表（B类）》上加盖印章，一份返还纳税人；电子税务局办理的，将办理结果通过电子税务局反馈给纳税人。

【服务举措】

1.《中华人民共和国企业所得税月（季）度预缴和年度纳税申报表（B类）》可在税务机关网站“下载中心”栏目查询下载或到办税服务厅领取。

2. 税务机关提供“最多跑一次”服务。纳税人在资料完整且符合法定受理条件的前提下，最多只需要到税务机关跑一次。

3. 居民企业（核定征收）企业所得税月（季）度申报可在同城通办。

（三）居民企业（查账征收）企业所得税年度申报

【基本规定】

实行查账征收方式申报企业所得税的居民企业（包括境外注册中资控股居民企业）应当在纳税年度终了之日起5个月内，在年度中间终止经营活动的应当在实际终止经营之日起60日内，依照税收法律、法规、规章及其他有关规定，自行计算本纳税年度应纳税所得额、应纳所得税额和本纳税年度应补（退）税额，向税务机关进行年度纳税申报。未按照规定的期限办理纳税申报和报送纳税资料的，将影响纳税信用评价结果，并依照《中华人民共和国税收征收管理法》有关规定承担相应法律责任。

实行查账征收的居民企业和在中国境内设立机构、场所并据实申报缴纳企业所得税的非居民企业，向税务机关报送年度企业所得税纳税申报表时，应当就其与关联方之间的业务往来进行关联申报。

纳税人享受减税、免税待遇的，在减税、免税期间应当按照规定办理纳税申报，填写申报表及其附表上的优惠栏目。

【办理要求】

1. 纳税人在办理“居民企业（查账征收）企业所得税年度申报”时，需填制《中华人民共和国企业所得税年度纳税申报表（A类)》（2份)，并对应不同的情形提交相关资料。

2. 税务机关办理完成后，在《中华人民共和国企业所得税年度纳税申报表（A类)》上加盖印章，一份返还纳税人；电子税务局办理的，将办理结果通过电子税务局反馈给纳税人。

【服务举措】

1.《中华人民共和国企业所得税年度纳税申报表（A类)》可在税务机关网站“下载中心”栏目查询下载或到办税服务厅领取。

2. 税务机关提供“最多跑一次”服务。纳税人在资料完整且符合法定受理条件的前提下，最多只需要到税务机关跑一次。

3. 居民企业（查账征收）企业所得税年度申报可在同城通办。

（四）居民企业（核定征收）企业所得税年度申报

【基本规定】

按照企业所得税核定征收办法缴纳企业所得税的居民企业年度终了之日起5个月内或在年度中间终止经营活动的应自实际终止经营之日起60日内，依照税收法律、法规、规章及其他有关企业所得税的规定，向税务机关进行企业所得税年度申报。未按照规定的期限办理纳税申报和报送纳税资料的，将影响纳税信用评价结果，并依照《中华人民共和国税收征收管理法》有关规定承担相应法律责任。

实行核定定额征收企业所得税的纳税人，不进行汇算清缴。小型微利企业在预缴时已享受优惠政策，但年度汇算清缴时超过规定标准的，应按规定补缴税款。

纳税人享受减税、免税待遇的，在减税、免税期间应当按照规定办理纳税申报，填写申报表及其附表上的优惠栏目。

【办理要求】

1. 纳税人在办理“居民企业（核定征收）企业所得税年度申报”时，需填制《中华人民共和国企业所得税月（季）度预缴和年度纳税申报表（B类）》（2份），适用《企业所得税法》第四十五条情形或者需要适用《特别纳税调整实施办法（试行）》第八十四条规定的居民企业还需提交《受控外国企业信息报告表》（1份）。

2. 税务机关办理完成后，在《中华人民共和国企业所得税月（季）度预缴和年度纳税申报表（B类）》上加盖印章，一份返还纳税人；电子税务局办理的，将办理结果通过电子税务局反馈给纳税人。

【服务举措】

1. 《中华人民共和国企业所得税月（季）度预缴和年度纳税申报表（B类）》可在税务机关网站“下载中心”栏目查询下载或到办税服务厅领取。

2. 税务机关提供“最多跑一次”服务。纳税人在资料完整且符合法定受理条件的前提下，最多只需要到税务机关跑一次。

3. 居民企业（核定征收）企业所得税年度申报可在同城通办。

（五）清算企业所得税申报

【基本规定】

因解散、破产、重组等原因终止生产经营活动的纳税人，不再持续经营的纳税人，企业由法人转变为个人独资企业、合伙企业等非法人组织，或将登记注册地转移至中华人民共和国境外（包括港澳台地区），应在办理注销登记前，以整个清算期间作为一个纳税年度，依法计算清算所得及其应纳所得税，自清算结束之日起15日内，向税务机关进行申报。未按照规定的期限办理纳税申报和报送纳税资料的，将影响纳税信用评价结果，并依照《中华人民共和国税收征收管理法》有关规定承担相应法律责任。

进入清算期的企业应对清算事项，报主管税务机关备案。完成居民企业清算企业所得税申报后，可继续办理注销登记或清税申报等事宜。

企业应当在办理注销登记之前，就其清算所得向主管税务机关申报并依法缴纳企业所得税。境外注册中资控股居民企业需要申报办理注销税务登记的，应在注销税务登记前，就其清算所得向主管税务机关申报缴纳企业所得税。

【办理要求】

1. 纳税人在办理“清算企业所得税申报”时，需填制《中华人民共和国企业清算所得税申报表》（2 份），并对应不同的情形提交相关资料。

2. 税务机关办理完成后，在《中华人民共和国企业清算所得税申报表》上加盖印章，一份返还纳税人；电子税务局办理的，将办理结果通过电子税务局反馈给纳税人。

【服务举措】

1.《中华人民共和国企业清算所得税申报表》可在税务机关网站“下载中心”栏目查询下载或到办税服务厅领取。

2. 税务机关提供“最多跑一次”服务。纳税人在资料完整且符合法定受理条件的前提下，最多只需要到税务机关跑一次。

（六）对采取实际利润额预缴以外的其他企业所得税预缴方式的核定

【基本规定】

企业所得税纳税人应按照月度或者季度的实际利润额预缴企业所得税。按照月度或者季度的实际利润额预缴有困难的，可以按照上一纳税年度应纳税所得额的月度或者季度平均额预缴，或者按照经税务机关认可的其他方法预缴。

按月度预缴企业所得税的申请人应当于每年 1 月 31 日前提出申请；按季度预缴企业所得税的申请人应当于每年 3 月 31 日前提出申请。

纳税人的预缴方法一经确定，该纳税年度内不得随意变更。

【办理要求】

1. 纳税人在办理“对采取实际利润额预缴以外的其他企业所得税预缴方式的核定”时，需填制《税务行政许可申请表》（1 份），提交纳税人确有困难不能按照月度或者季度的实际利润额预缴企业所得税的情况证明（1 份），并向税务机关提交经办人身份证件（查验后退回），委托代理人办理还需提交《代理委托书》（1 份）和代理人身份证件（查验后退回）。

2. 税务机关办理完成后，1个工作日内通知纳税人领取《准予税务行政许可决定书》或《不予税务行政许可决定书》；电子税务局办理的，将办理结果通过电子税务局反馈给纳税人。

【服务举措】

1.《税务行政许可申请表》可在税务机关网站“下载中心”栏目查询下载或到办税服务厅领取。

2. 税务机关办理“对采取实际利润额预缴以外的其他企业所得税预缴方式的核定”时，对不能当场做出决定的，自受理行政许可申请之日起10个工作日内做出行政许可决定；在10个工作日内不能办结的，经税务机关负责人批准，可以延长5个工作日。

【相关知识】

1. 小型微利企业标准

小型微利企业是指从事国家非限制和禁止行业，且同时符合年度应纳税所得额不超过300万元、从业人数不超过300人、资产总额不超过5000万元等三个条件的企业。

从业人数，包括与企业建立劳动关系的职工人数和企业接受的劳务派遣用工人数。所称从业人数和资产总额指标，应按企业全年的季度平均值确定。具体计算公式如下：

季度平均值＝（季初值＋季末值）÷2

全年季度平均值＝全年各季度平均值之和÷4

年度中间开业或者终止经营活动的，以其实际经营期作为一个纳税年度确定上述相关指标。

2. 小型微利企业所得税减免政策

根据《财政部 税务总局关于实施小微企业普惠性税收减免政策的通知》（财税〔2019〕13号）规定，自2019年1月1日至2021年12月31日，对小型微利企业年应纳税所得额不超过100万元的部分，减按25%计入应纳税所得额，按20%的税率缴纳企业所得税；对年应纳税所得额超过100万元但不超过300万元的部分，减按50%计入应纳税所得额，按20%的税率缴纳企业所得税。

小型微利企业无论按查账征收方式或核定征收方式缴纳企业所得税，均可享受上述优惠政策。

2021年1月1日至2022年12月31日，对小型微利企业年应纳税所得额不超过100万元的部分，上述的优惠政策基础上，再减半征收企业所得税。

3. 享受方式

小型微利企业在预缴和汇算清缴企业所得税时，通过填写纳税申报表的相关内容，即可享受小型微利企业所得税减免政策。

三、个人所得税自行申报

（一）居民综合所得个人所得税年度自行申报

【基本规定】

1. 居民个人取得工资、薪金所得、劳务报酬所得、稿酬所得、特许权使用费所得等综合所得且符合下列情形之一的纳税人，应当在取得所得的次年3月1日至6月30日内填报《个人所得税年度自行纳税申报表》及其他相关资料，办理汇算清缴或者随汇算清缴一并办理纳税申报：

（1）从两处以上取得综合所得，且综合所得年收入额减去专项扣除后的余额超过6万元；

（2）取得劳务报酬所得、稿酬所得、特许权使用费所得中一项或者多项所得，且综合所得年收入额减去专项扣除的余额超过6万元；

（3）纳税年度内预缴税额低于应纳税额；

（4）纳税人申请退税；

（5）纳税人取得综合所得，扣缴义务人未扣缴税款的。

2. 享受子女教育、继续教育、住房贷款利息或者住房租金、赡养老人专项附加扣除的纳税人，自符合条件开始，可以向支付工资、薪金所得的扣缴义务人提供上述专项附加扣除有关信息办理扣除；也可以向汇缴地主管税务机关办理汇算清缴申报时扣除。纳税人未取得工资、薪金所得，仅取得劳务报酬所得、稿酬所得、特许权使用费所得需要享受专项附加扣除的，应当自行向汇缴地主管税务机关报送《个人所得税专项附加扣除信息表》，并在办理汇算清缴申报时扣除。享受大病医疗专项附加扣除的纳税人，由其自行向汇缴地主管税务机关办理汇算清缴申报时扣除。

3. 纳税人因移居境外注销中国户籍的，且在注销户籍年度取得综合所得的，应当在注销户籍前，办理当年综合所得的汇算清缴，并报送《个人所得税年度自行纳税申报表》。尚未办理上一年度综合所得汇算清缴的，应当在办理注销户籍纳税申报时一并办理。

4. 纳税人办理注销户籍纳税申报时，需要办理专项附加扣除、依法确定的其他扣除的，应当向税务机关报送《个人所得税专项附加扣除信息表》《商业健康保险税前扣除情况明细表》《个人税收递延型商业养老保险税前扣除情况明细表》等。

5. 纳税人有未缴或者少缴税款的，应当在注销户籍前，结清欠缴或未缴的税款；纳税人存在分期缴税且未缴纳完毕的，应当在注销户籍前，结清尚未缴纳的税款。

6. 需要办理汇算清缴的纳税人，向任职、受雇单位所在地主管税务机关办理纳税申报。纳税人有两处以上任职、受雇单位的，选择向其中一处任职、受雇单位所在地主管税务机关办理纳税申报；纳税人没有任职、受雇单位的，向户籍所在地或经常居住地主管税务机关办理纳税申报。

7. 纳税人办理综合所得汇算清缴，应当准备与收入、专项扣除、专项附加扣除、依法确定的其他扣除、捐赠、享受税收优惠等相关的资料，并按规定留存备查或报送。

【办理要求】

1. 纳税人在办理“居民综合所得个人所得税年度自行申报”时，需填制《个人所得税年度自行纳税申报表》（2 份），如果纳税人选择在汇算清缴申报时享受专项附加扣除的，需提供《个人所得税专项附加扣除信息表》（1 份），如果纳税人选择在汇算清缴申报时享受有依法确定的其他扣除的，需提供《商业健康保险税前扣除情况明细表》《个人税收递延型商业养老保险税前扣除情况明细表》等相关扣除资料（1 份），如果纳税人选择在汇算清缴申报时享受对公益慈善事业的捐赠的扣除的，需提供捐赠扣除凭证（1 份），如果纳税人存在减免个人所得税情形的，需提供《个人所得税减免税事项报告表》（1 份）

2. 税务机关办理结束后，在申报表上加盖印章，一份返还纳税人。

【服务举措】

1. 文书表单可在省（自治区、直辖市和计划单列市）税务局网站“下载中心”栏目查询下载或到办税服务厅领取。

2. 税务机关提供“最多跑一次”服务。纳税人在资料完整且符合法定受理条件的前提下，最多只需要到税务机关跑一次。

3. 纳税人选择通过“个人所得税”手机APP和自然人电子税务局进行“居民综合所得个人所得税年度自行申报”的，可以免于填写《个人所得税年度自行纳税申报表》，并可享受税务机关提供的数据预填服务，纳税人需对税务机关依据纳税人个人所得税的预扣预缴情况所预先填制的数据进行核实，修改并确认之后，便可完成个人所得税年度自行纳税申报。

【相关知识】

1. 个人所得税专项附加扣除

根据《国务院关于印发个人所得税专项附加扣除暂行办法的通知》（国发〔2018〕41号）规定，个人所得税专项附加扣除，是指个人所得税法规定的子女教育、继续教育、大病医疗、住房贷款利息或者住房租金、赡养老人等6项专项附加扣除。

（1）子女教育。纳税人的子女接受全日制学历教育的相关支出，按照每个子女每月1000元的标准定额扣除。

（2）继续教育。纳税人在中国境内接受学历（学位）继续教育的支出，在学历（学位）教育期间按照每月400元定额扣除。同一学历（学位）继续教育的扣除期限不能超过48个月。纳税人接受技能人员职业资格继续教育、专业技术人员职业资格继续教育的支出，在取得相关证书的当年，按照3600元定额扣除。

（3）大病医疗。在一个纳税年度内，纳税人发生的与基本医保相关的医药费用支出，扣除医保报销后个人负担（指医保目录范围内的自付部分）累计超过15000元的部分，由纳税人在办理年度汇算清缴时，在80000元限额内据实扣除。

（4）住房贷款利息。纳税人本人或者配偶单独或者共同使用商业银行或者住房公积金个人住房贷款为本人或者其配偶购买中国境内住房，发生的首套住房贷款利息支出，在实际发生贷款利息的年度，按照每月1000元的标准定额扣除，扣除期限最长不超过240个月。纳税人只能享受一次首套住房贷款的利息扣除。

(5) 住房租金。纳税人在主要工作城市没有自有住房而发生的住房租金支出，可以按照以下标准定额扣除：

①直辖市、省会（首府）城市、计划单列市以及国务院确定的其他城市，扣除标准为每月1500元；

②除第一项所列城市以外，市辖区户籍人口超过100万的城市，扣除标准为每月1100元；市辖区户籍人口不超过100万的城市，扣除标准为每月800元。

(6) 赡养老人。纳税人赡养一位及以上被赡养人的赡养支出，统一按照以下标准定额扣除：

①纳税人为独生子女的，按照每月2000元的标准定额扣除；

②纳税人为非独生子女的，由其与兄弟姐妹分摊每月2000元的扣除额度，每人分摊的额度不能超过每月1000元。可以由赡养人均摊或者约定分摊，也可以由被赡养人指定分摊。约定或者指定分摊的须签订书面分摊协议，指定分摊优先于约定分摊。具体分摊方式和额度在一个纳税年度内不能变更。

2. 2020年度汇算的内容

依据税法规定，2020年度终了后，居民个人（以下称“纳税人”）需要汇总2020年1月1日至12月31日取得的工资薪金、劳务报酬、稿酬、特许权使用费等四项所得（以下称“综合所得”）的收入额，减除费用6万元以及专项扣除、专项附加扣除、依法确定的其他扣除和符合条件的公益慈善事业捐赠（以下简称“捐赠”）后，适用综合所得个人所得税税率并减去速算扣除数，计算本年度最终应纳税额，再减去2020年度已预缴税额，得出应退或应补税额，向税务机关申报并办理退税或补税。具体计算公式如下：

应退或应补税额＝［（综合所得收入额－60000元－“三险一金”等专项扣除－子女教育等专项附加扣除－依法确定的其他扣除－捐赠）×适用税率－速算扣除数］－2020年已预缴税额

依据税法规定，年度汇算不涉及财产租赁等分类所得，以及纳税人按规定选择不并入综合所得计算纳税的全年一次性奖金等所得。

3. 无需办理年度汇算的纳税人

经国务院批准，依据《财政部 税务总局关于个人所得税综合所得汇算清缴涉及有关政策问题的公告》（2019 年第 94 号）有关规定，纳税人在 2020 年度已依法预缴个人所得税且符合下列情形之一的，无须办理年度汇算：

（1）年度汇算需补税但综合所得收入全年不超过 12 万元的；

（2）年度汇算需补税金额不超过 400 元的；

（3）已预缴税额与年度应纳税额一致或者不申请退税的。

4. 需要办理年度汇算的纳税人

依据税法规定，符合下列情形之一的，纳税人需要办理年度汇算：

（1）已预缴税额大于年度应纳税额且申请退税的；

（2）综合所得收入全年超过 12 万元且需要补税金额超过 400 元的。

5. 可享受的税前扣除

下列在 2020 年度发生的，且未申报扣除或未足额扣除的税前扣除项目，纳税人可在年度汇算期间办理扣除或补充扣除：

（1）纳税人及其配偶、未成年子女符合条件的大病医疗支出；

（2）纳税人符合条件的子女教育、继续教育、住房贷款利息或住房租金、赡养老人专项附加扣除，以及减除费用、专项扣除、依法确定的其他扣除；

（3）纳税人符合条件的捐赠支出。

6. 办理时间

年度汇算时间为 2021 年 3 月 1 日至 6 月 30 日。在中国境内无住所的纳税人在 2021 年 3 月 1 日前离境的，可以在离境前办理年度汇算。

7. 办理方式

纳税人可自主选择下列办理方式：

（1）自行办理年度汇算；

（2）通过任职受雇单位（含按累计预扣法预扣预缴其劳务报酬所得个人所得税的单位，下同。以下简称“单位”）代为办理。

纳税人提出代办要求的，单位应当代为办理，或者培训、辅导纳税人通过网上税务局（包括手机个人所得税APP，下同）完成年度汇算申报和退（补）税。

由单位代为办理的，纳税人应在2021年4月30日前与单位以书面或者电子等方式进行确认，补充提供其2020年度在本单位以外取得的综合所得收入、相关扣除、享受税收优惠等信息资料，并对所提交信息的真实性、准确性、完整性负责。纳税人未与单位确认请其代为办理年度汇算的，单位不得代办。

（3）委托涉税专业服务机构或其他单位及个人（以下称“受托人”）办理，受托人需与纳税人签订授权书。

单位或受托人为纳税人办理年度汇算后，应当及时将办理情况告知纳税人。纳税人发现申报信息存在错误的，可以要求单位或受托人办理更正申报，也可自行办理更正申报。

8. 办理渠道

为便利纳税人，税务机关为纳税人提供高效、快捷的网络办税渠道。纳税人可优先通过网上税务局办理年度汇算，税务机关将按规定为纳税人提供申报表预填服务；不方便通过上述方式办理的，也可以通过邮寄方式或到办税服务厅办理。

选择邮寄申报的，纳税人需将申报表寄送至按本公告第九条确定的主管税务机关所在省、自治区、直辖市和计划单列市税务局公告的地址。

（二）经营所得个人所得税月（季）度申报

【基本规定】

1. 纳税人取得经营所得，以每一纳税年度的收入总额减除成本、费用以及损失后的余额，为应纳税所得额，按年计算个人所得税，纳税人应当在月度或季度终了后15日内填报《个人所得税经营所得纳税申报表（A表）》及其他相关资料，向经营管理所在地主管税务机关办理预缴纳税申报，并预缴税款。

2. 个体工商户业主、个人独资企业投资者、合伙企业个人合伙人、承包承租经营者个人以及其他从事生产、经营活动的个人取得经营所得的，应当办理预缴纳税申报和汇算清缴。经营所得包括以下情形：

（1）个体工商户从事生产、经营活动取得的所得，个人独资企业投资人、合伙企业的个人合伙人来源于境内注册的个人独资企业、合伙企业生产、经营的所得；

（2）个人依法从事办学、医疗、咨询以及其他有偿服务活动取得的所得；

（3）个人对企业、事业单位承包经营、承租经营以及转包、转租取得的所得；

（4）个人从事其他生产、经营活动取得的所得。

3. 从事生产、经营活动，未提供完整、准确的纳税资料，不能正确计算应纳税所得额的，由主管税务机关核定应纳税所得额或者应纳税额。

4. 纳税人取得经营所得，按年计算个人所得税，由纳税人在月度或者季度终了后十五日内向税务机关报送纳税申报表，并预缴税款。遇最后一日是法定休假日的，以休假日期满的次日为期限的最后一日；在期限内有连续3日以上法定休假日的，按休假日天数顺延。

5. 预缴申报时，合伙企业有多个自然人合伙人的，应分别填报《个人所得税经营所得纳税申报表（A表）》。

6. 纳税人因移居境外注销中国户籍，且在当年取得经营所得的，应当在申请注销中国户籍前，向户籍所在地主管税务机关办理汇算清缴，进行税款清算。

7. 纳税人有未缴或者少缴税款的，应当在注销户籍前，结清欠缴或未缴的税款。纳税人存在分期缴税且未缴纳完毕的，应当在注销户籍前，结清尚未缴纳的税款。

8. 依法享受纳税人税收优惠等相关的资料，按规定留存备查或报送。

9. 纳税人在纳税期内没有应纳税款的，也应当按照规定办理申报纳税。

【办理要求】

1. 纳税人在办理经营所得个人所得税月（季）度申报时，需填写《个人所得税经营所得纳税申报表（A表）》（2份），如纳税人存在减免个人所得税情形的，需填写《个人所得税减免税事项报告表》；如纳税人有依法确定的其他扣除的，需填写《商业健康保险税前扣除情况明细表》《个人税收递延型商业养老保险税前扣除情况明细表》等相关扣除资料（1份）。

2. 办理结束后，税务机关将在申报表上加盖印章，一份返还纳税人；自然人税收管理系统办理的，将办理结果通过自然人税收管理系统反馈给纳税人。

【服务举措】

1. 文书表单可在省（自治区、直辖市和计划单列市）税务局网站“下载中心”栏目查询下载或到办税服务厅领取。

2. 税务机关提供“最多跑一次”服务。纳税人在资料完整且符合法定受理条件的前提下，最多只需要到税务机关跑一次。

3. 纳税人可通过办税服务厅（场所）、自然人税收管理系统（WEB 端、扣缴客户端）办理，具体地点和网址可从省（自治区、直辖市和计划单列市）税务局网站“纳税服务”栏目查询。

4. 此事项可同城通办。

（三）经营所得个人所得税年度申报

【业务规定】

1. 纳税人取得经营所得，以每一纳税年度的收入总额减除成本、费用以及损失后的余额，为应纳税所得额，按年计算个人所得税。纳税人应当在取得所得的次年 3 月 31 日前填报《个人所得税经营所得纳税申报表（B 表）》及其他相关资料，向经营管理所在地主管税务机关办理汇算清缴。

2. 企业在年度中间合并、分立、终止时，个人独资企业投资者、合伙企业个人合伙人、承包承租经营应当在停止生产经营之日起 60 日内，向主管税务机关办理当期个人所得税汇算清缴。

3. 个体工商户业主、个人独资企业投资者、合伙企业个人合伙人、承包承租经营者个人以及其他从事生产、经营活动的个人取得经营所得的，应当办理预缴纳税申报和汇算清缴。经营所得包括以下情形：

（1）个体工商户从事生产、经营活动取得的所得，个人独资企业投资人、合伙企业的个人合伙人来源于境内注册的个人独资企业、合伙企业生产、经营的所得；

（2）个人依法从事办学、医疗、咨询以及其他有偿服务活动取得的所得；

（3）个人对企业、事业单位承包经营、承租经营以及转包、转租取得的所得；

（4）个人从事其他生产、经营活动取得的所得。

4. 从事生产、经营活动，未提供完整、准确的纳税资料，不能正确计算应纳税所得额的，由主管税务机关核定应纳税所得额或者应纳税额。

5. 汇算清缴时，合伙企业有多个自然人合伙人的，应分别填报《个人所得税经营所得纳税申报表（B 表）》。

6. 取得经营所得的个人，没有综合所得的，计算其每一纳税年度的应纳税所得额时，应当减除费用 6 万元、专项扣除、专项附加扣除以及依法确定的其他扣除。专项附加扣除在办理汇算清缴时减除。

7. 纳税人在注销户籍年度取得经营所得的，应当在注销户籍前，向户籍所在地主管税务机关办理当年经营所得的汇算清缴，并报送《个人所得税经营所得纳税申报表（B 表）》。从两处以上取得经营所得的，还应当一并报送《个人所得税经营所得纳税申报表（C 表）》。尚未办理上一年度经营所得汇算清缴的，应当在办理注销户籍纳税申报时一并办理。

8. 纳税人有未缴或者少缴税款的，应当在注销户籍前，结清欠缴或未缴的税款。纳税人存在分期缴税且未缴纳完毕的，应当在注销户籍前，结清尚未缴纳的税款。

9. 纳税人依法享受税收优惠等相关的资料，按规定留存备查或报送。

10. 纳税人在纳税期内没有应纳税款的，也应当按照规定办理申报纳税。

【办理要求】

1. 纳税人办理“经营所得个人所得税年度申报”时，需填报《个人所得税经营所得纳税申报表（B 表）》（2 份）；如无综合所得，且需要享受专项附加扣除的纳税人，需报送《个人所得税专项附加扣除信息表》（1 份）；如纳税人存在减免个人所得税情形的，需填报《个人所得税减免税事项报告表》（1 份）；如纳税人有依法确定的其他扣除的，需填报《商业健康保险税前扣除情况明细表》《个人税收递延型商业养老保险税前扣除情况明细表》等相关扣除资料（1 份）

2. 办理结束后，税务机关将在申报表上加盖印章，一份返还纳税人；自然人税收管理系统办理的，将办理结果通过自然人税收管理系统反馈给纳税人。

【服务举措】

1. 文书表单可在省（自治区、直辖市和计划单列市）税务局网站“下载中心”栏目查询下载或到办税服务厅领取。

2. 税务机关提供“最多跑一次”服务。纳税人在资料完整且符合法定受理条件的前提下，最多只需要到税务机关跑一次。

3. 纳税人可通过办税服务厅（场所）、自然人税收管理系统（WEB 端）办理，具体地点和网址可从省（自治区、直辖市和计划单列市）税务局网站

“纳税服务”栏目查询。

4. 此事项可同城通办。

【相关知识】

2021年1月1日至2022年12月31日，对个体工商户年应纳税所得额不超过100万元的部分，在现行优惠政策基础上，减半征收个人所得税。

（四）多处经营所得个人所得税汇总年度申报

【基本规定】

1. 个体工商户业主、个人独资企业投资人、合伙企业个人合伙人、承包承租经营者个人以及其他从事生产、经营活动的个人在中国境内两处以上取得经营所得的，应当在分别办理年度汇算清缴后，于取得所得的次年3月31日前填报《个人所得税经营所得纳税申报表（C表）》及其他相关资料，选择向其中一处经营管理所在地主管税务机关办理年度汇总纳税申报。

2. 从事生产、经营活动，未提供完整、准确的纳税资料，不能正确计算应纳税所得额的，由主管税务机关核定应纳税所得额或者应纳税额。

3. 纳税人依法享受税收优惠等相关的资料，按规定留存备查或报送。

4. 纳税人在纳税期内没有应纳税款的，也应当按照规定办理申报纳税。

5. 纳税人在注销户籍年度取得经营所得的，应当在注销户籍前，办理当年经营所得的汇算清缴，并报送《个人所得税经营所得纳税申报表（B表）》。从两处以上取得经营所得的，还应当一并报送《个人所得税经营所得纳税申报表（C表）》。尚未办理上一年度经营所得汇算清缴的，应当在办理注销户籍纳税申报时一并办理。

6. 纳税人有未缴或者少缴税款的，应当在注销户籍前，结清欠缴或未缴的税款。纳税人存在分期缴税且未缴纳完毕的，应当在注销户籍前，结清尚未缴纳的税款。

【办理要求】

1. 纳税人办理“多处经营所得个人所得税汇总年度申报”的，需填报《个人所得税经营所得纳税申报表（C表）》；如纳税人存在减免个人所得税情形的，需填报《个人所得税减免税事项报告表》（1份）。

2. 办理结束后，税务机关将在申报表上加盖印章，一份返还纳税人；自然人税收管理系统办理的，将办理结果通过自然人税收管理系统反馈给纳税人。

【服务举措】

1. 文书表单可在省（自治区、直辖市和计划单列市）税务局网站“下载中心”栏目查询下载或到办税服务厅领取。

2. 税务机关提供“最多跑一次”服务。纳税人在资料完整且符合法定受理条件的前提下，最多只需要到税务机关跑一次。

3. 纳税人可通过办税服务厅（场所）、自然人税收管理系统（WEB 端）办理，具体地点和网址可从省（自治区、直辖市和计划单列市）税务局网站“纳税服务”栏目查询。

4. 此事项可同城通办。

（五）居民其他分类所得个人所得税自行申报

【基本规定】

1. 居民个人取得利息、股息、红利所得，财产租赁所得，财产转让所得，偶然所得但没有扣缴义务人的，或者有扣缴义务人但未扣缴税款的，以及国务院规定的其他情形，应依照税收法律、法规、规章及其他有关规定，在取得所得的次年 6 月 30 日前就其个人所得向主管税务机关申报并缴纳税款。税务机关通知限期缴纳的，纳税人应当按照期限缴纳税款。

2. 纳税人有未缴或者少缴税款的，应当在注销户籍前，结清欠缴或未缴的税款。纳税人存在分期缴税且未缴纳完毕的，应当在注销户籍前，结清尚未缴纳的税款。

3. 纳税人在注销户籍当年取得利息、股息、红利所得，财产租赁所得，财产转让所得和偶然所得的，应当在注销户籍前，申报当年上述所得的完税情况，并报送《个人所得税自行纳税申报表（A 表）》。

4. 个人股权转让所得个人所得税以被投资企业所在地税务机关为主管税务机关。具有下列情形之一的，纳税人应当依法在次月 15 日内向主管税务机关申报纳税：

（1）受让方已支付或部分支付股权转让价款的；

（2）股权转让协议已签订生效的；

（3）受让方已经实际履行股东职责或者享受股东权益的；

（4）国家有关部门判决、登记或公告生效的；

（5）股权被司法或行政机关强制过、以股权对外投资或进行其他非货币性交易的、以股权抵偿债务或其他股权转移行为已完成的；

（6）税务机关认定的其他有证据表明股权已发生转移的情形。

5. 个人转让不动产的，税务机关应当根据不动产登记等相关信息核验应缴的个人所得税，登记机构办理转移登记时，应当查验与该不动产转让相关的个人所得税的完税凭证。个人转让股权办理变更登记的，市场主体登记机关应当查验与该股权交易相关的个人所得税的完税凭证。

6. 当纳税人既存有优惠减免，又存在非居民享受税收协定待遇减免时，纳税人可以选择优惠度最高的享受减免进行申报。

7. 符合税收优惠条件的纳税人，在减税、免税期间，应按规定办理纳税申报，填写申报表及其附表上的优惠栏目。

【办理要求】

1. 纳税人办理“居民其他分类所得个人所得税自行申报”的，需填报《个人所得税自行纳税申报表（A 表）》（2 份）并提供个人身份证原件以进行查验；如纳税人存在减免个人所得税情形的，需填报《个人所得税减免税事项报告表》（1 份）。如涉及办理股权转让纳税申报的，需提供股权转让双方身份证件（1 份、供查验）、计税依据明显偏低但有正当理由的证明资料（1 份）、股权转让合同（协议）（1 份、供查验）、具有法定资质的中介机构出具的净资产或土地房产等资产价值评估报告（1 份）。

2. 办理结束后，税务机关将在申报表上加盖印章，一份返还纳税人；自然人税收管理系统办理的，将办理结果通过自然人税收管理系统反馈给纳税人。

【服务举措】

1. 文书表单可在省（自治区、直辖市和计划单列市）税务局网站“下载中心”栏目查询下载或到办税服务厅领取。

2. 税务机关提供“最多跑一次”服务。纳税人在资料完整且符合法定受理条件的前提下，最多只需要到税务机关跑一次。

3. 纳税人可通过办税服务厅（场所）、自然人税收管理系统（WEB 端）办理，具体地点和网址可从省（自治区、直辖市和计划单列市）税务局网站“纳税服务”栏目查询。

4. 此事项可同城通办。

【相关知识】

个人所得税纳税申报相关事项汇总表

项目	具体情形	申报期限	申报纳税地点	申报表单
居民个人取得应税所得	有扣缴义务人	1. 扣缴义务人按月或按次预扣预缴税款，在次月15日内缴入国库。	任职、受雇单位所在地主管税务机关。	1.《个人所得税基础信息表（A表）》 2.《个人所得税扣缴申报表》 3.《个人所得税专项附加扣除信息表》
		2. 需要办理汇算清缴的，应当在取得所得的次年3月1日至6月30前办理。	1. 有任职、受雇单位的：向任职、受雇单位所在地。有两处以上任职、受雇单位的，选择向其中一处任职、受雇单位所在地； 2. 纳税人没有任职、受雇单位的，向户籍所在地或经常居住地主管税务机关办理纳税申报。	《个人所得税年度自行纳税申报表》
	有扣缴义务人但没有扣缴税款的	取得综合所得的，次年3月1日至6月30前。	向综合所得汇算清缴申报地主管税务机关办理。	《个人所得税年度自行纳税申报表》
		取得其他所得，次月6月30前或税务机关通知的期限。	按相关规定向主管税务机关办理纳税申报。	《个人所得税自行纳税申报表（A表）》
	没有扣缴义务人	取得综合所得的次月15日内。	户籍所在地或常住地。	《个人所得税年度自行纳税申报表》
		取得分类所得的次月15日内。		《个人所得税自行纳税申报表（A表）》
	从中国境外取得应税所得的	在取得所得的次年3月1日至6月30前。	1. 向境内任职受雇单位所在地主管税务机关办理纳税申报； 2. 没有任职、受雇单位的，向户籍所在地或经常居住地主管税务机关办理纳税申报； 3. 户籍所在地与经常居住地不一致的，选择其中一地主管税务机关办理纳税申报； 4. 没有户籍的，向经常居住地主管税务机关办理纳税申报。	《个人所得税自行纳税申报表（A表）》

续表

项目	具体情形	申报期限	申报纳税地点	申报表单
因移居境外注销中国户籍的	取得综合所得	注销中国户籍前。	向户籍所在地主管税务机关办理。	《个人所得税年度自行纳税申报表》
	取得经营所得			《个人所得税经营所得纳税申报表（B表）、（C表）》
	取得其他所得			《个人所得税自行纳税申报表（A表）》
居民个人取得经营所得	预缴纳申报	季度终了后15日内报送。	向经营管理所在地主管税务机关办理。	《个人所得税经营所得纳税申报表（A表）》
	汇算清缴	次年3月31日前报送。	向经营管理所在地主管税务机关办理。	《个人所得税经营所得纳税申报表（B表）》
	两处以上取得经营所得，办理年度汇总纳税申报	次年3月31日前报送。	从两处以上取得经营所得的，选择向其中一处经营管理所在地主管税务机关办理。	《个人所得税经营所得纳税申报表（C表）》
非居民个人取得应税所得	有扣缴义务人	由扣缴义务人按月或者按次代扣代缴税款，次月15日内。	扣缴义务人向所在地主管税务机关办理。	1.《个人所得税基础信息表（A表）》 2.《个人所得扣缴申报表》
	有扣缴义务人，但没扣缴税款的	次年6月30日前和离境日期孰早或税务机关通知的期限。	向为扣缴税款的扣缴义务人所在地主管税务机关办理。	《个人所得税自行纳税申报表（A表）》
	没有扣缴义务人	次月15日内。	向经常居住地所在地主管税务机关办理。	
	从两处以上取得工资、薪金所得		选择向其中一处任职受雇单位所在地主管税务机关办理。	

说明：①纳税人自行申报，首次申报或者个人基础信息发生变化的，还应报送《个人所得税基础信息表（B表）》；②纳税人办理注销户籍纳税申报时，需要办理专项附加扣除、依法确定的其他扣除的，应当向税务机关报送《个人所得税专项附加扣除信息表》《商业健康保险税前扣除情况明细表》《个人税收递延型商业养老保险税前扣除情况明细表》等。

注：其他税种申报纳税过程当中的纳税服务事项略。

四、定期定额户申报

（一）定期定额户自行申报

【基本规定】

实行定期定额征税的个体工商户依照税收法律法规及相关规定确定的申报期限、申报内容，向主管税务机关进行纳税申报。

定期定额户出现不适用简易申报、因未签署三方协议不能简易申报、简易申报失败后由纳税人自行申报、未达起征点的双定户达到起征点后申报、超定额申报等情形时，应按照税收法律法规及相关规定，向税务机关办理申报纳税手续。

定期定额个体工商户的定额与发票开具金额或税控收款机记录数据比对后，超过定额的经营额、所得额所应缴纳的税款；在税务机关核定定额的经营地点以外从事经营活动所应缴纳的税款，应当向税务机关办理相关纳税事宜。

【办理要求】

1. 纳税人在办理“定期定额户自行申报”时，需填制《定期定额纳税申报表》（2 份），使用税控收款机的纳税人还需提交税控收款机用户卡。

2. 定期定额户当期发生的经营额、所得额超过定额一定幅度的，应当在法律、行政法规规定的申报期限内向税务机关进行申报并缴清税款。具体幅度由省税务机关确定。

3. 税务机关办理完成后，在《定期定额纳税申报表》上加盖印章，一份返还纳税人；电子税务局办理的，将办理结果通过电子税务局反馈给纳税人。

【服务举措】

1. 《定期定额纳税申报表》可在税务机关网站“下载中心”栏目查询下载或到办税服务厅领取。

2. 税务机关提供“最多跑一次”服务。纳税人在资料完整且符合法定受理条件的前提下，最多只需要到税务机关跑一次。

3. 定期定额户自行申报可在同城通办。

（二）定期定额户简易申报

【基本规定】

实行简易申报的定期定额户，应当在税务机关规定的期限内按照法律、行政法规规定，通过财税库银电子缴税系统批量扣税或委托银行扣缴核定税款的，当期（指纳税期）可不办理申报手续，实行以缴代报。

凡委托银行或其他金融机构办理税款划缴的定期定额户，应当向税务机关书面报告开户银行及账号。其账户内存款应当足以按期缴纳当期税款。其存款余额低于当期应纳税款，致使当期税款不能按期入库的，税务机关按逾期缴纳税款处理；对实行简易申报的，按逾期办理纳税申报和逾期缴纳税款处理。

【办理要求】

1. 纳税人在办理“定期定额户简易申报”时，申报方式已被认定为简易申报的实行定期定额征收的纳税人，可以委托经税务机关认定的银行或其他金融机构办理税款划缴，不需提交申报表。

2. 税务机关直接根据系统中已有的核定信息完成申报；电子税务局办理的，将办理结果通过电子税务局反馈给纳税人。

【服务举措】

1. 税务机关提供“最多跑一次”服务。纳税人在资料完整且符合法定受理条件的前提下，最多只需要到税务机关跑一次。

2. 定期定额户简易申报可在同城通办。

【相关知识】

1. 定期定额征收概念

个体工商户税收定期定额征收，是指税务机关依照法律、行政法规及《个体工商户税收定期定额征收管理办法》的规定，对个体工商户在一定经营地点、一定经营时期、一定经营范围内的应纳税经营额（包括经营数量）或所得额进行核定，并以此为计税依据，确定其应纳税额的一种征收方式。

适用于经主管税务机关认定和县以上税务机关（含县级）批准的生产、经营规模小，达不到《个体工商户建账管理暂行办法》规定设置账簿标准的个体工商户的税收征收管理。

2. 核定定额的方法

税务机关根据定期定额户的经营规模、经营区域、经营内容、行业特点、管理水平等因素核定定额，可以采用下列一种或两种以上的方法核定：

(1) 按照耗用的原材料、燃料、动力等推算或者测算核定；

(2) 按照成本加合理的费用和利润的方法核定；

(3) 按照盘点库存情况推算或者测算核定；

(4) 按照发票和相关凭据核定；

(5) 按照银行经营账户资金往来情况测算核定；

(6) 参照同类行业或类似行业中同规模、同区域纳税人的生产、经营情况核定；

(7) 按照其他合理方法核定。

3. 停复业管理

定期定额户发生停业的，应当在停业前向税务机关书面提出停业报告；提前恢复经营的，应当在恢复经营前向税务机关书面提出复业报告；需延长停业时间的，应当在停业期满前向税务机关提出书面的延长停业报告。

五、委托代征申报

(一) 委托代征报告

【基本规定】

依法接受税务机关委托、行使代征税款的单位或人员，根据税务机关确定的代征范围、核定税额或计税依据、税率代征税款，在税款解缴期内向税务机关进行委托代征报告，并解缴税款。

受托代征人应按规定期限解缴税款，未按规定期限解缴税款的，由税务机关责令限期解缴，并可从税款滞纳之日起按日加收未解缴税款万分之五的违约金。

【办理要求】

1. 受托代征人在办理“委托代征报告”时，需填制《委托代征税款报告表》(2 份)，《委托代征税款明细报告表》(1 份)。委托代征人汇总缴库还需提交《中华人民共和国税收缴款书（银行经收专用）》（1份）；委托代征人开具《中华人民共和国税收缴款书（税务收现专用）》的还需提交《中华人民共和国税收缴款书（税务收现专用）》（1份）。

2. 税务机关办理完成后，在《委托代征税款报告表》上加盖印章，一份返还受托代征人；电子税务局办理的，将办理结果通过电子税务局反馈给受托代征人。

【服务举措】

1.《委托代征税款报告表》可在税务机关网站“下载中心”栏目查询下载或到办税服务厅领取。

2. 税务机关提供“最多跑一次”服务。纳税人在资料完整且符合法定受理条件的前提下，最多只需要到税务机关跑一次。

（二）印花税票代售报告

【基本规定】

依法为税务机关代售印花税票的单位或者个人，按照规定的期限，向税务机关报告并结报税款，或者填开专用缴款书直接向银行缴纳。

【办理要求】

1. 代售人在办理“印花税票代售报告”时，需填制《印花税票代售报告表》（2份），提交《中华人民共和国印花税票销售凭证》（查验后退回），代售人汇总缴库还需提交《中华人民共和国税收缴款书（银行经收专用）》（1份）。

2. 税务机关办理完成后，在《印花税票代售报告表》上加盖印章，一份返还代售人；电子税务局办理的，将办理结果通过电子税务局反馈给代售人。

【服务举措】

1.《印花税票代售报告表》可在税务机关网站“下载中心”栏目查询下载或到办税服务厅领取。

2. 税务机关提供“最多跑一次”服务。纳税人在资料完整且符合法定受理条件的前提下，最多只需要到税务机关跑一次。

【相关知识】

1. 委托代征概念

委托代征，是指税务机关根据《中华人民共和国税收征收管理法实施细则》有利于税收控管和方便纳税的要求，按照双方自愿、简便征收、强化管理、依法委托的原则和国家有关规定，委托有关单位和人员代征零星、分散和异地缴纳的税收的行为。

2. 代征人条件

税务机关确定的代征人，应当与纳税人有下列关系之一：

（1）与纳税人有管理关系；

（2）与纳税人有经济业务往来；

（3）与纳税人有地缘关系；

（4）有利于税收控管和方便纳税人的其他关系。

3. 代征人职责

税收委托代征工作中，代征人应当履行以下职责：

（1）根据税务机关确定的代征范围、核定税额或计税依据、税率代征税款，并按规定及时解缴入库；

（2）按照税务机关有关规定领取、保管、开具、结报缴销税收票证、发票，确保税收票证和发票安全；

（3）代征税款时，向纳税人开具税收票证；

（4）建立代征税款账簿，逐户登记代征税种税目、税款金额及税款所属期等内容；

（5）在税款解缴期内向税务机关报送《代征代扣税款结报单》，以及受托代征税款的纳税人当期已纳税、逾期未纳税、管户变化等相关情况；

（6）对拒绝代征人依法代征税款的纳税人，自其拒绝之时起 24 小时内报告税务机关；

（7）在代征税款工作中获知纳税人商业秘密和个人隐私的，应当依法为纳税人保密。

六、代收代缴、代扣代缴申报

（一）代收代缴车船税申报

【基本规定】

扣缴义务人依照税收法律、法规、规章及其他有关规定，在规定的纳税期限内，履行代收代缴车船税义务，向税务机关进行纳税申报。

扣缴义务人未按照规定的期限办理代收代缴申报和报送纳税资料的，将影响纳税信用评价结果，并依照《中华人民共和国税收征收管理法》有关规定承担相应法律责任。

【办理要求】

1. 扣缴义务人在办理“代收代缴车船税申报”时，需填制《车船税代收代缴报告表》（2 份），扣缴义务人在扣缴税款时已向被扣缴义务人开具税票还需提交《中华人民共和国税收缴款书（代扣代收专用）》第二联（1 份），扣缴义务人汇总缴库开具税票还需提交《中华人民共和国税收缴款书（银行经收专用）》第一联（1 份）。

2. 从事机动车交通事故责任强制保险业务的保险机构已代收代缴车船税的，纳税人不再向车辆登记地的主管税务机关申报缴纳车船税。

3. 税务机关办理完成后，在《车船税代收代缴报告表》上加盖印章，一份返还扣缴义务人；电子税务局办理的，将办理结果通过电子税务局反馈给扣缴义务人。

【服务举措】

1. 《车船税代收代缴报告表》可在税务机关网站“下载中心”栏目查询下载或到办税服务厅领取。

2. 税务机关提供“最多跑一次”服务。纳税人在资料完整且符合法定受理条件的前提下，最多只需要到税务机关跑一次。

3. 代收代缴车船税申报可在同城通办。

（二）居民个人取得综合所得个人所得税预扣预缴申报

【基本规定】

个人所得税以向个人支付所得的单位或者个人为扣缴义务人。居民个人取得综合所得，按年计算个人所得税；有扣缴义务人的，由扣缴义务人按月或者按次预扣预缴税款。扣缴义务人每月或者每次预扣、代扣的税款，应当在次月15日内，向税务机关纳税申报并缴入国库。

扣缴义务人未按照规定的期限办理纳税申报和报送纳税资料的，将影响纳税信用评价结果，并依照《中华人民共和国税收征收管理法》有关规定承担相应法律责任。

扣缴义务人应依照税收法律、法规、规章及其他有关规定，向居民个人支付综合所得时，不论其是否属于本单位人员、支付的应税所得是否达到纳税标准，应当办理全员全额扣缴申报，在代扣税款的次月15日内，向主管税务机关报送其支付所得的所有个人的有关信息、支付所得数额、扣除事项和数额、扣缴税款的具体数额和总额以及其他相关的涉税信息资料。

扣缴义务人向居民个人支付工资、薪金所得时，应当按照累计预扣法计算预扣税款，并按月办理扣缴申报。扣缴义务人向居民个人支付劳务报酬所得、稿酬所得、特许权使用费所得时，应当按次或者按月预扣预缴税款。

【办理要求】

1. 扣缴义务人在办理“居民个人取得综合所得个人所得税预扣预缴申报”时，需填制《个人所得税扣缴申报表》（2份），并对应不同的情形提交相关资料。

2. 税务机关办理完成后，在《个人所得税扣缴申报表》上加盖印章，一份返还扣缴义务人；自然人税收管理系统办理的，将办理结果通过自然人税收管理系统反馈给扣缴义务人。

【服务举措】

1.《个人所得税扣缴申报表》可在税务机关网站“下载中心”栏目查询下载或到办税服务厅领取。

2. 税务机关提供“最多跑一次”服务。纳税人在资料完整且符合法定受理条件的前提下，最多只需要到税务机关跑一次。

3. 居民个人取得综合所得个人所得税的预扣预缴申报可在同城通办。

（三）居民个人取得分类所得个人所得税代扣代缴申报

【基本规定】

个人所得税以向个人支付所得的单位或者个人为扣缴义务人。扣缴义务人向居民个人支付利息、股息、红利所得，财产租赁所得，财产转让所得或者偶然所得时，应当按月或按次代扣代缴个人所得税，在次月15日内向主管税务机关纳税申报。

扣缴义务人未按照规定的期限办理纳税申报和报送纳税资料的，将影响纳税信用评价结果，并依照《中华人民共和国税收征收管理法》有关规定承担相应法律责任。

扣缴义务人应当按照纳税人提供的信息计算税款、办理扣缴申报，不得擅自更改纳税人提供的信息。扣缴义务人发现纳税人提供的信息与实际情况不符，纳税人拒绝修改的，扣缴义务人应当报告税务机关。纳税人拒绝扣缴义务人依法履行代扣代缴义务的，扣缴义务人应当及时报告税务机关。

扣缴义务人有未按照规定向税务机关报送资料和信息、应扣未扣税款、不缴或少缴已扣税款、借用或冒用他人身份等行为的，依照《中华人民共和国税收征收管理法》等相关法律、行政法规处理。

【办理要求】

1. 扣缴义务人在办理“居民个人取得分类所得个人所得税代扣代缴申报”时，需填制《个人所得税扣缴申报表》(2份)，首次办理扣缴申报时或被扣缴义务人信息变更后还需提交《个人所得税基础信息表（A表)》(2份)，纳税人存在减免个人所得税情形，还需提交《个人所得税减免税事项报告表》(1份)。

2. 税务机关办理完成后，在《个人所得税扣缴申报表》上加盖印章，一份返还扣缴义务人；自然人税收管理系统办理的，将办理结果通过自然人税收管理系统反馈给扣缴义务人。

【服务举措】

1.《个人所得税扣缴申报表》可在税务机关网站“下载中心”栏目查询下载或到办税服务厅领取。

2. 税务机关提供“最多跑一次”服务。纳税人在资料完整且符合法定受理条件的前提下，最多只需要到税务机关跑一次。

3. 居民个人取得分类所得个人所得税代扣代缴申报可在同城通办。

(四) 非居民个人所得税代扣代缴申报

【基本规定】

扣缴义务人向非居民个人支付应税所得时，履行代扣代缴应税所得个人所得税的义务，并在次月 15 日内向主管税务机关纳税申报。

扣缴义务人未按照规定的期限办理纳税申报和报送纳税资料的，将影响纳税信用评价结果，并依照《中华人民共和国税收征收管理法》有关规定承担相应法律责任。

在中国境内无住所又不居住，或者无住所而一个纳税年度内在中国境内居住累计不满 183 天的个人，为非居民个人。实行非居民个人所得税代扣代缴申报的应税所得包括：工资、薪金所得，劳务报酬所得，稿酬所得，特许权使用费所得，财产租赁所得，财产转让所得，利息、股息、红利所得，偶然所得。

扣缴义务人应当按照纳税人提供的信息计算税款、办理扣缴申报，不得擅自更改纳税人提供的信息。扣缴义务人发现纳税人提供的信息与实际情况不符，纳税人拒绝修改的，扣缴义务人应当报告税务机关。纳税人拒绝扣缴义务人依法履行代扣代缴义务的，扣缴义务人应当及时报告税务机关。

扣缴义务人有未按照规定向税务机关报送资料和信息、应扣未扣税款、不缴或少缴已扣税款、借用或冒用他人身份等行为的，依照《中华人民共和国税收征收管理法》等相关法律、行政法规处理。

【办理要求】

1. 扣缴义务人在办理“非居民个人所得税代扣代缴申报”时，需填制《个人所得税扣缴申报表》（2 份），首次办理扣缴申报时或被扣缴义务人信息变更后还需提交《个人所得税基础信息表（A 表）》（2 份），纳税人存在减免个人所得税情形，还需提交《个人所得税减免税事项报告表》（1 份）。

2. 税务机关办理完成后，在《个人所得税扣缴申报表》上加盖印章，一份返还扣缴义务人；自然人税收管理系统办理的，将办理结果通过自然人税收管理系统反馈给扣缴义务人。

【服务举措】

1. 《个人所得税扣缴申报表》可在税务机关网站“下载中心”栏目查询下载或到办税服务厅领取。

2. 税务机关提供“最多跑一次”服务。纳税人在资料完整且符合法定受理条件的前提下，最多只需要到税务机关跑一次。

3. 非居民个人所得税代扣代缴申报可在同城通办。

【相关知识】

有关个人所得税扣缴申报：

1. 扣缴义务人

扣缴义务人，是指向个人支付所得的单位或者个人。扣缴义务人应当依法办理全员全额扣缴申报。

2. 全员全额扣缴申报

全员全额扣缴申报，是指扣缴义务人应当在代扣税款的次月十五日内，向主管税务机关报送其支付所得的所有个人的有关信息、支付所得数额、扣除事项和数额、扣缴税款的具体数额和总额以及其他相关涉税信息资料。

实行个人所得税全员全额扣缴申报的应税所得包括：

（1）工资、薪金所得；

（2）劳务报酬所得；

（3）稿酬所得；

（4）特许权使用费所得；

（5）利息、股息、红利所得；

（6）财产租赁所得；

（7）财产转让所得；

（8）偶然所得。

七、财务会计报告报送

【基本规定】

实行不同会计准则或制度的纳税人，依照执行的企业会计准则或制度，事先向税务机关备案，并分为中期财务报表和年度财务报表，定期向税务机关报送财务报告。

纳税人未按照规定的期限报送财务会计报告的，将影响纳税信用评价结果，并依照《中华人民共和国税收征收管理法》有关规定承担相应法律责任。

纳税人无论有无应税收入、所得和其他应税项目，或者在减免税期间，均必须依照《中华人民共和国税收征收管理法》第二十五条的规定，按其所适用的会计制度编制财务报表，并按规定的时限向主管税务机关报送；其所适用的会计制度规定需要编报相关附表以及会计报表附注、财务情况说明书、审计报告的，纳税人留存备查，税务机关有其他规定的除外。

纳税人在向主管税务机关报送财务报表之前，应进行财务会计制度的备案。纳税人财务会计报表报送期间原则上按季度和年度报送。确需按月报送的，由省税务机关确定。

【办理要求】

1. 纳税人在办理“财务会计报告报送”时，需根据执行的企业准则或制度，报送相对应的材料。

2. 税务机关按照纳税人报送材料录入数据。根据信息系统的提示信息，提醒纳税人更正纠错；电子税务局办理的，将办理结果通过电子税务局反馈给纳税人。

【服务举措】

1. 各项准则和制度所需要报送的财务会计报表类型可在税务机关网站“下载中心”栏目查询下载或到办税服务厅领取。

2. 税务机关提供“最多跑一次”服务。纳税人在资料完整且符合法定受理条件的前提下，最多只需要到税务机关跑一次。

3. 财务会计报告报送可在同城通办。

八、延期申报纳税

（一）对纳税人延期申报的核准

【基本规定】

纳税人、扣缴义务人因不可抗力或其他原因在规定期限内办理纳税申报或报送代扣代缴、代收代缴税款报告表确有困难需要延期的，应当在申请延期的申报期限之内向税务机关提出书面延期申请，经税务机关核准，可以延期申报。但应当在不可抗力情形消除后立即向税务机关报告。

纳税人、扣缴义务人应当在纳税申报期限届满前提出申请。经核准延期办理前款规定的申报、报送事项的，应当在纳税期内按照上期实际缴纳的税额或者税务机关核定的税额预缴税款，并在核准的延期内办理税款结算。

纳税人、扣缴义务人经核准延期办理纳税申报的，其随本期申报的财务会计报表报送期限可以顺延。

【办理要求】

1. 纳税人、扣缴义务人在办理“对纳税人延期申报的核准”时，需填制《税务行政许可申请表》（1 份），并向税务机关提交经办人身份证件（查验后退回），委托代理人办理还需提交《代理委托书》（1 份）和代理人身份证件（查验后退回）。

2. 税务机关办理完成后，1 个工作日内通知纳税人、扣缴义务人领取《准予税务行政许可决定书》或《不予税务行政许可决定书》；电子税务局办理的，将办理结果通过电子税务局反馈给纳税人、扣缴义务人。

【服务举措】

1.《税务行政许可申请表》可在税务机关网站“下载中心”栏目查询下载或到办税服务厅领取。

2. 税务机关办理“对纳税人延期申报的核准”时，对不能当场做出决定的，自受理行政许可申请之日起 10 个工作日内做出行政许可决定；在 10 个工作日内不能办结的，经税务机关负责人批准，可以延长 5 个工作日。

（二）对纳税人延期缴纳税款的核准

【基本规定】

纳税人因有特殊困难，不能按期缴纳税款的，经省、自治区、直辖市、计划单列市税务局批准，可以延期缴纳税款，但是最长不得超过 3 个月。纳税人有下列情形之一的，属于特殊困难：

1. 因不可抗力，导致纳税人发生较大损失，正常生产经营活动受到较大影响的；

2. 当期货币资金在扣除应付职工工资、社会保险费后，不足以缴纳税款的。

纳税人需要延期缴纳税款的，应当在缴纳税款期限届满前提出申请。税务机关做出不予行政许可决定的，从缴纳税款期限届满之日起加收滞纳金。

【办理要求】

1. 纳税人在办理“对纳税人延期缴纳税款的核准”时，需填制《税务行政许可申请表》（1 份），提交所有银行存款账户的对账单复印件（1 份），并向税务机关提交经办人身份证件（查验后退回），委托代理人办理还需提交《代理委托书》（1份）和代理人身份证件（查验后退回）。

2. 税务行政许可实施机关与申请人不在同一县（市、区、旗）的，申请人可在规定的申请期限内，选择由其主管税务机关代为转报申请材料。主管税务机关在核对申请材料后向申请人出具材料接收清单，并向税务行政许可实施机关转报。代办转报一般应当在5个工作日内完成。

3. 省税务机关行政许可受理窗口与纳税人不在同一县（市、区、旗），或者直接送达税务行政许可文书存在其他困难情形的，可以委托纳税人主管税务机关代为送达，也可以根据纳税人书面要求，按照纳税人在《税务行政许可申请表》上填写的地址，在文书出具之日起2个工作日内向纳税人邮寄送达。邮寄送达的，以挂号函件回执上注明的收件日期为送达日期，并视为已送达。邮寄送达不得收取任何费用。

4. 税务机关办理完成后，电子税务局办理的，将办理结果通过电子税务局反馈给纳税人。

【服务举措】

1.《税务行政许可申请表》可在税务机关网站“下载中心”栏目查询下载或到办税服务厅领取。

2. 税务机关办理“对纳税人延期缴纳税款的核准”时，自受理行政许可申请之日起20个工作日内做出行政许可决定。

3. 主管税务机关办税服务厅（场所）可代办转报。

【相关知识】

延期申报纳税的行政简化，根据《国家税务总局关于进一步简化税务行政许可事项办理程序的公告》（国家税务总局公告2019年第34号）税务总局进一步简化税务行政许可事项办理程序、部分税务行政许可文书和报送材料。

1. 压缩办理时间

税务机关办理对纳税人延期申报的核准，自受理申请之日起10个工作日内做出行政许可决定，在规定时限内不能办结的，经税务机关负责人批准可以延长5个工作日。

2. 简并申请文书

税务机关办理对纳税人延期缴纳税款、延期申报的核准，不再要求申请人填写《延期缴纳税款申请审批表》《延期申报申请核准表》。

3. 减少材料报送

（1）税务机关办理对纳税人延期缴纳税款的核准，不再要求申请人单独提供申请延期缴纳税款报告、当期货币资金余额材料、应付职工工资和社会保险费等税务机关要求提供的支出预算材料，改为申请人在《税务行政许可申请表》中填写相关信息及申请理由；不再要求申请人提供连续3个月缴纳税款情况和资产负债表，由税务机关在信息系统中主动核查。

（2）税务机关办理对纳税人延期申报的核准，不再要求申请人单独提供确有困难不能正常申报的情况说明，改为申请人在《税务行政许可申请表》中填写申请理由。

4. 简化送达程序

税务机关通过办税服务窗口向申请人直接送达税务行政许可文书，且申请人无异议的，由受送达人或者其他法定签收人在税务行政许可文书末尾的签收栏签名或者盖章，注明收到日期，不再另行填写《税务文书送达回证》。

九、申报错误更正及税款核定

（一）申报错误更正

【基本规定】

纳税人、缴费人、扣缴义务人办理纳税申报后，发现申报表存在错误，完成修改更正或作废。申报错误更正时（除个人所得税）只能全量更正或者申报作废，不允许差额更正或补充申报。

纳税人未按照规定的期限办理纳税申报和报送纳税资料的，将影响纳税信用评价结果，并依照《中华人民共和国税收征收管理法》有关规定承担相应法律责任。

【办理要求】

1. 纳税人在办理“申报错误更正”时，需填制更正后的相关税（费）种纳税申报表（2 份），对申报表数据进行作废还需提交《申报表作废申请单》（1 份）。

2. 作废申报表只能在对应申报当期的申报期限之内，且未开具完税凭证或划缴税款的情况下进行，否则不能作废申报表，只能对已申报的申报表进行更正处理。申报错误更正后，如涉及补缴税款，应按规定加收滞纳金。

3. 税务机关办理完成后，在更正后的相关税（费）种纳税申报表上加盖印章，一份返还纳税人；电子税务局办理的，将办理结果通过电子税务局反馈给纳税人。

【服务举措】

1. 相关税（费）种纳税申报表可在税务机关网站“下载中心”栏目查询下载或到办税服务厅领取。

2. 税务机关提供“最多跑一次”服务。纳税人在资料完整且符合法定受理条件的前提下，最多只需要到税务机关跑一次。

3. 申报错误更正可在同城通办。

（二）对纳税人变更纳税定额的核准

【基本规定】

纳税人对税务机关核定的应纳税额有异议的，应当提供相关证据，经税务机关认定后，调整应纳税额。

【办理要求】

1. 纳税人在办理“对纳税人变更纳税定额的核准”时，需填制《税务行政许可申请表》（1 份），提交申请变更纳税定额的相关证明材料（1 份），并向税务机关提交经办人身份证件（查验后退回），委托代理人办理还需提交《代理委托书》（1 份）和代理人身份证件（查验后退回）。

2. 税务机关办理完成后，1 个工作日内通知纳税人、扣缴义务人领取《准予税务行政许可决定书》或《不予税务行政许可决定书》；电子税务局办理的，将办理结果通过电子税务局反馈给纳税人、扣缴义务人。

【服务举措】

1.《税务行政许可申请表》可在税务机关网站“下载中心”栏目查询下载

或到办税服务厅领取。

2. 税务机关办理“对纳税人变更纳税定额的核准”时，对不能当场做出决定的，自受理行政许可申请之日起 15 个工作日内做出行政许可决定；在 15 个工作日内不能办结的，经税务机关负责人批准，可以延长 5 个工作日。

【相关知识】

申报错误更正的特殊情形包括以下几个方面。

1. 个人所得税允许增量更正和部分更正

（1）如纳税人已完成年度申报，不允许更正预缴申报；

（2）年度综合所得申报中有上年度的结转时，如更正上年度的综合所得年度申报，应提醒纳税人一并更正本年年度综合所得申报；

（3）同一扣缴义务人连续性综合所得已有下期预缴申报的，可采用部分、增量更正方式进行更正，更正时需采集扣缴义务人更正申报的原因等信息，如年中更正预缴的，也需连带更正后期的预缴申报，并作相应更正的提示信息，对未进行后期更正的，不允许进行正常预缴申报，对更正涉及的纳税人，在更正完成后通知相应的纳税人更正的情况；

（4）限售股已进行清算时，不能更正该人的限售股的扣缴申报。

2. 社会保险费申报错误需要更正时，在满足条件的情况下，可以通过作废原申报表，重新申报。针对企业申报后的是否已开票或入库的不同情况，能否作废的规定如下：

（1）当月已申报未开票未入库的，可以作废申报；

（2）当月已申报已开票未入库的，应当作废已开票信息，再进行作废申报；

（3）当月已申报已开票已入库的，不可以作废申报，可以补充申报。

十、退（抵）税办理

（一）误收多缴退抵税

【基本规定】

纳税人自结算缴纳税款之日起 3 年内发现多缴税款的，可以向税务机关要求退还多缴的税款并加算银行同期存款利息。税务机关发现纳税人超过应纳税额多缴的税款，应该依照税收法律法规及相关规定办理退还手续。

以下业务也属于误收多缴退抵税范围：

1. “营改增”试点纳税人提供应税服务在本地区试点实施之日前已缴纳营业税，本地区试点实施之日（含）后因发生退款减除营业额的，应当向主管税务机关申请退还已缴纳的营业税；

2. 对于“税务处理决定书多缴税费”“行政复议决定书多缴税费”“法院判决书多缴税费”等类多缴税款办理退税。

【办理要求】

1. 纳税人在办理“误收多缴退抵税”时，需填制《退（抵）税申请表》(4 份)，提交完税（缴款）凭证复印件、税务机关认可的其他记载应退税款内容的资料（1 份)，因特殊情况不能退至纳税人、扣缴义务人原缴款账户的，还需提交由于特殊情况不能退至纳税人、扣缴义务人原缴款账户的书面说明，相关证明资料，和指定接受退税的其他账户及接受退税单位（人）名称的资料(1 份)。

2. 税务机关办理完成后，1 个工作日内通知纳税人领取办理结果，制作并发放《税务事项通知书》；电子税务局办理的，将办理结果通过电子税务局反馈给纳税人。

【服务举措】

1. 《退（抵）税申请表》可在税务机关网站“下载中心”栏目查询下载或到办税服务厅领取。

2. 税务机关办理“误收多缴退抵税”时，税务机关发现的，10 日内办结；纳税人自行发现的，30 日内办结。

（二）入库减免退抵税

【基本规定】

纳税人符合政策规定可以享受减免的税款，如已经缴纳入库，可以申请退（抵）已缴纳的税款。

以下情形也属于入库减免退抵税：

1. 增值税小规模纳税人月销售额不超过 15 万元（按季纳税 45 万元）的，当期因代开增值税专用发票已经缴纳的税款，在专用发票全部联次追回或者按规定开具红字专用发票后，可以向主管税务机关申请退还；

2. 增值税即征即退，按税法规定缴纳的税款，由税务机关征收入库后，再由税务机关按规定的程序给予部分或全部退还已纳税款；

3. 非居民纳税人可享受但未享受协定待遇，可以申请退还多缴税款的情况；

4. 其他减免税政策发布时间滞后于执行时间已入库税款的退税，也属于减免退税；

5. “营改增”试点纳税人提供应税服务在本地区试点实施之日前已缴纳营业税，本地区试点实施之日后（含）因享受减免税政策，而退还试点前发生业务的营业税，向主管税务机关申请退还已缴纳的营业税。

【办理要求】

1. 纳税人在办理“入库减免退抵税”时，需填制《退（抵）税申请审批表》（4 份），提交完税（缴款）凭证复印件、税务机关认可的其他记载应退税款内容的资料（1 份），因特殊情况不能退至纳税人、扣缴义务人原缴款账户的，还需提交由于特殊情况不能退至纳税人、扣缴义务人原缴款账户的书面说明，相关证明资料，和指定接受退税的其他账户及接受退税单位（人）名称的资料（1 份），并对应不同优惠享受情形提交相关资料。

2. 税务机关办理完成后，1 个工作日内通知纳税人领取办理结果，制作并发放《税务事项通知书》；电子税务局办理的，将办理结果通过电子税务局反馈给纳税人。

【服务举措】

1.《退（抵）税申请审批表》可在税务机关网站“下载中心”栏目查询下载或到办税服务厅领取。

2. 税务机关办理“入库减免退抵税”时，税务机关发现的，10 日内办结；纳税人自行发现的，30 日内办结；其中增值税即征即退退抵税，15 个工作日内办结。

（三）汇算清缴结算多缴退抵税

【基本规定】

实行分期预缴、按期汇算结算的纳税人，在清算过程中形成的多缴税款，可以向税务机关申请办理退抵税费。

以下业务也属于汇算清缴结算多缴退抵税：

1. “营改增”试点纳税人提供应税服务，按照国家有关营业税政策规定差额征收营业税的，因取得的全部价款和价外费用不足以抵减允许扣除项目金额，截至本地区试点实施之日尚未扣除的部分，不得在计算试点纳税人本地区试点实施之日后的销售额时予以抵减，应当向原主管税务机关申请退还营业税。

2. 土地增值税清算原因导致多缴企业所得税的退税。

3. 对房产税、城镇土地使用税税源信息修改，以及增值税、消费税申报税款小于预缴税款，导致发生多缴税款。

4. 纳税人在批准临时占用耕地的期限内恢复所占耕地原状的，全额退还已缴纳的耕地占用税。

【办理要求】

1. 纳税人在办理“汇算清缴结算多缴退抵税”时，需填制《退（抵）税申请表》（4 份），提交完税（缴款）凭证复印件、税务机关认可的其他记载应退税款内容的资料（1 份），并对应不同的退税情形提交相关资料。

2. 税务机关办理完成后，1 个工作日内通知纳税人领取办理结果，制作并发放《税务事项通知书》；电子税务局办理的，将办理结果通过电子税务局反馈给纳税人。

【服务举措】

1. 《退（抵）税申请表》可在税务机关网站“下载中心”栏目查询下载或到办税服务厅领取。

2. 税务机关办理“汇算清缴结算多缴退抵税”时，税务机关发现的，10 日内办结；纳税人自行发现的，30 日内办结。

（四）增值税期末留抵税额退税

【基本规定】

符合条件的增值税一般纳税人，由于特定事项产生的留抵税额，按照一定的计算公式予以计算退还，主要包括：

1. 符合条件的集成电路重大项目增值税留抵税额退税。

2. 对外购用于生产乙烯、芳烃类化工产品的石脑油、燃料油价格中消费税部分对应的增值税额退税。

3. 符合条件的大型客机和新支线飞机增值税留抵税额退税。

4. 自2018年7月27日起，对实行增值税期末留抵退税的纳税人，允许其从城市维护建设税、教育费附加和地方教育附加的计税（征）依据中扣除退还的增值税税额。

5. 自2019年4月1日起，同时符合以下条件的纳税人，可以向主管税务机关申请退还增量留抵税额：①2019年4月税款所属期起，连续六个月（按季纳税的，连续两个季度）增量留抵税额（是指2019年3月底相比新增加的期末留抵税额，下同）均大于零，且第六个月增量留抵税额不低于50万元；②纳税信用等级为A级或者B级；③申请退税前36个月未发生骗取留抵退税、出口退税或虚开增值税专用发票情形的；④申请退税前36个月未因偷税被税务机关处罚两次及以上的；⑤自2019年4月1日起未享受即征即退、先征后返（退）政策的。

6. 自2019年6月1日起，同时符合以下条件的部分先进制造业纳税人，可以自2019年7月及以后纳税申报期向主管税务机关申请退还增量留抵税额：①增量留抵税额大于零；②纳税信用等级为A级或者B级；③申请退税前36个月未发生骗取留抵退税、出口退税或虚开增值税专用发票情形；④申请退税前36个月未因偷税被税务机关处罚两次及以上；⑤自2019年4月1日起未享受即征即退、先征后返（退）政策。上述部分先进制造业纳税人是指按照《国民经济行业分类》，生产并销售非金属矿物制品、通用设备、专用设备及计算机、通信和其他电子设备销售额占全部销售额的比重超过50%的纳税人。

【办理要求】

1. 纳税人在办理“增值税期末留抵税额退税”时，符合条件的集成电路重大项目增值税留抵税额退税、外购用于生产乙烯、芳烃类化工产品的石脑油、燃料油价格中消费税部分对应的增值税额退税、符合条件的大型客机和新支线飞机增值税留抵税额退税需填写《增值税期末留抵税额退税申请表》（4份）；符合条件的增量留抵税额退税需填写《退（抵）税申请表》（4份）；并对应不同的退税情形提交相关资料。

2. 税务机关办理完成后，1个工作日内通知纳税人领取办理结果，制作并发放《税务事项通知书》；电子税务局办理的，将办理结果通过电子税务局反馈给纳税人。

【服务举措】

1.《增值税期末留抵税额退税申请表》和《退（抵）税申请表》可在税务机关网站“下载中心”栏目查询下载或到办税服务厅领取。

2. 税务机关办理“增值税期末留抵税额退税”时，符合条件的集成电路重大项目增值税留抵税额退税和对外购用于生产乙烯、芳烃类化工产品的石脑油、燃料油价格中消费税部分对应的增值税额退税事项，15 个工作日内办结；其他增值税期末留抵税额退税事项，10 个工作日内办结。

（五）车辆购置税退税

【基本规定】

已缴纳车辆购置税的车辆，发生车辆退回生产企业或者经销商的，符合免、减税条件但已征税的，以及其他依据法律法规规定应予以退税情形的，纳税人向税务机关申请退还已缴纳的车辆购置税。

已征车辆购置税的车辆退回车辆生产或销售企业，纳税人申请退还车辆购置税的，应退税额计算公式如下：

应退税额 = 已纳税额 ×（1 − 使用年限 ×10%）

应退税额不得为负数；使用年限的计算方法是，自纳税人缴纳税款之日起，至申请退税之日止。未满 1 年的，按已缴纳税款全额退税。

其他退税情形，纳税人申请退税时，主管税务机关依据有关规定计算退税额。

【办理要求】

1. 纳税人在办理“车辆购置税退税”时，需填制《车辆购置税退税申请表》（3 份），提交纳税人身份证件原件及复印件（1 份，原件查验后退回），车辆退回生产企业或者经销商还需提交生产企业或经销商开具的退车证明和退车发票（1 份，查验后退回），因特殊情况不能退至纳税人、扣缴义务人原缴款账户的，还需提交由于特殊情况不能退至纳税人、扣缴义务人原缴款账户的书面说明，相关证明资料，和指定接受退税的其他账户及接受退税单位（人）名称的资料（1 份）。

2. 税务机关办理完成后，1 个工作日内通知纳税人领取办理结果，制作并发放《税务事项通知书》；电子税务局办理的，将办理结果通过电子税务局反馈给纳税人。

【服务举措】

1.《车辆购置税退税申请表》可在税务机关网站“下载中心”栏目查询下载或到办税服务厅领取。

2. 税务机关办理“车辆购置税退税”时，15 个工作日内办结。

（六）车船税退抵税

【基本规定】

已经缴纳车船税的车船，因质量原因被退回生产企业或者经销商的，纳税人可以向税务机关申请退还自退货月份起至该纳税年度终了期间的税款。

在一个纳税年度内，已完税的车船被盗抢、报废、灭失的，纳税人可以凭有关管理机关出具的证明和完税证明，向纳税所在地的主管税务机关申请退还自被盗抢、报废、灭失月份起至该纳税年度终了期间的税款。

纳税人在购买“交强险”时，已由扣缴义务人代收代缴车船税，车辆登记地主管税务机关再次征收的，纳税人可向税务机关申请退还已经缴纳的车船税。

对已由扣缴义务人代收代缴车船税，车辆登记地主管税务机关再次征收的，由再次征收的税务机关办税服务厅（场所）受理。

【办理要求】

1. 纳税人在办理“车船税退抵税”时，需填制《退（抵）税申请表》（4 份），提交车船税完税凭证（1 份，查验后退回），因特殊情况不能退至纳税人、扣缴义务人原缴款账户的，还需提交由于特殊情况不能退至纳税人、扣缴义务人原缴款账户的书面说明，相关证明资料，和指定接受退税的其他账户及接受退税单位（人）名称的资料（1 份）。

2. 税务机关办理完成后，1 个工作日内通知纳税人领取办理结果，制作并发放《税务事项通知书》；电子税务局办理的，将办理结果通过电子税务局反馈给纳税人。

【服务举措】

1.《退（抵）税申请表》可在税务机关网站“下载中心”栏目查询下载或到办税服务厅领取。

2. 税务机关办理“车船税退抵税”时，20 日内办结。

【思考与练习】

1. 下列关于纳税申报的表述，错误的是（ ）。（单项选择题）

A. 纳税申报的对象为纳税人和扣缴义务人

B. 纳税人在纳税期内没有应纳税款的，无须办理纳税申报

C. 纳税人享受减税、免税待遇的，在减税、免税期间应当按照规定办理纳税申报

D. 实行定期定额方式缴纳税款的纳税人，可以实行简易申报、简并征期等申报纳税方式

【参考答案】B

【答案解析】根据《中华人民共和国税收征收管理法实施细则》（国务院令第362号）文件第三十二条规定：纳税人在纳税期内没有应纳税款的，也应当按照规定办理纳税申报。

2. 纳税人办理个人所得税的综合所得汇算清缴的时间是（ ）。（单项选择题）

A. 取得所得的次年1月1日至3月31日内

B. 取得所得的次年3月1日至5月31日内

C. 取得所得的次年1月1日至5月31日内

D. 取得所得的次年3月1日至6月30日内

【参考答案】D

【答案解析】根据《国家税务总局关于个人所得税自行纳税申报有关问题的公告》（国家税务总局公告2018年第62号）需要办理汇算清缴的纳税人，应当在取得所得的次年3月1日至6月30日内，向任职、受雇单位所在地主管税务机关办理纳税申报，并报送《个人所得税年度自行纳税申报表》。纳税人有两处以上任职、受雇单位的，选择向其中一处任职、受雇单位所在地主管税务机关办理纳税申报；纳税人没有任职、受雇单位的，向户籍所在地或经常居住地主管税务机关办理纳税申报。

3. 2020年4月份某集团公司因资金周转困难，不能按期缴纳上个月实现的增值税税款，拟向主管税务机关提出延期缴纳税款申请。下列关于延期缴纳税款的说法中错误的有（ ）。（多项选择题）

A. 该公司应当在2020年4月31日以前提出延期缴纳税款的申请

B. 经省级税务机关批准，方可以延期缴纳税款

C. 第一次申请延期缴纳税款3个月，到期前如果纳税人有特殊困难，仍不能按期缴纳税款的，最多还可以再次申请延期缴纳税款1个月

D. 延期缴纳税款申请经批准后，在批准的延期内不加收滞纳金

【参考答案】AC

【答案解析】根据《中华人民共和国税收征收管理法实施细则》（国务院令第362号）文件第四十二条：纳税人需要延期缴纳税款的，应当在缴纳税款期限届满前提出申请，并报送下列材料：申请延期缴纳税款报告，当期货币资金余额情况及所有银行存款账户的对账单，资产负债表，应付职工工资和社会保险费等税务机关要求提供的支出预算。税务机关应当自收到申请延期缴纳税款报告之日起20日内做出批准或者不予批准的决定；不予批准的，从缴纳税款期限届满之日起加收滞纳金。故该公司应当在2020年4月15日前提出延期缴纳税款的申请，A选项错误。

根据《中华人民共和国税收征收管理法》（中华人民共和国主席令第49号）规定，纳税人因有特殊困难，不能按期缴纳税款的，经省、自治区、直辖市税务局批准，可以延期缴纳税款，但是最长不得超过三个月。故C选项错误。

第四节　税收优惠办理纳税服务相关规定

一、税收优惠核准

【基本规定】

符合核准类税收减免的纳税人，应当提交核准材料，提出申请，经依法具有批准权限的税务机关按规定核准确认后方可享受。未按规定申请或虽申请但未经有批准权限的税务机关核准确认的，纳税人不得享受。

纳税人在减免税书面核准决定未下达之前应按规定进行纳税申报。纳税人

在减免税书面核准决定下达之后，所享受的减免税应当进行申报。

纳税人享受核准类减免税的，对符合政策规定条件的材料需留存备查。

纳税人实际经营情况不符合减免税规定条件的或者采用欺骗手段获取减免税的、享受减免税条件发生变化未及时向税务机关报告的，以及未按照规定履行相关程序自行减免税的，税务机关依照税收征管法有关规定予以处理。

【办理要求】

1. 纳税人办理“其他地区地震受灾减免个人所得税”税收优惠核准事项，应报送：

（1）《纳税人减免税申请核准表》（1 份）；

（2）减免税申请报告（1 份）；

（3）个人身份证件原件（查验后退回）；

（4）自然灾害损失相关材料原件及复印件（1 份，原件查验后退回）。

2. 纳税人办理“其他自然灾害受灾减免个人所得税”税收优惠核准事项，应报送：

（1）《纳税人减免税申请核准表》（1 份）；

（2）减免税申请报告（1 份）；

（3）个人身份证件原件（查验后退回）；

（4）自然灾害损失相关材料原件及复印件（1 份，原件查验后退回）。

3. 纳税人办理“地震灾害减免资源税”税收优惠核准事项，应报送：

（1）《纳税人减免税申请核准表》（1 份）；

（2）减免税申请报告（1 份）；

（3）开采或生产应税产品过程中，因意外事故或自然灾害等原因遭受重大损失的相关材料（1 份）。

4. 纳税人办理“事故灾害等原因减免资源税”税收优惠核准事项，应报送：

（1）《纳税人减免税申请核准表》（1 份）；

（2）减免税申请报告（1 份）；

（3）开采或生产应税产品过程中，因意外事故或自然灾害等原因遭受重大损失的相关材料（1 份）。

5. 纳税人办理“企业纳税困难减免房产税”税收优惠核准事项，应报送：

（1）《纳税人减免税申请核准表》（1 份）；

（2）减免税申请报告（1份）；

（3）不动产权属资料或其他证明纳税人实际使用房产的材料原件及复印件（1份，原件查验后退回）；

（4）证明纳税人困难的相关材料（1份）。

6. 纳税人办理“纳税人困难性减免城镇土地使用税优惠”税收优惠核准事项，应报送：

（1）《纳税人减免税申请核准表》（1份）；

（2）减免税申请报告（1份）；

（3）不动产权属资料或其他证明纳税人使用土地的文件原件及复印件（1份，原件查验后退回）；

（4）证明纳税人困难的相关材料（1份）。

7. 纳税人办理“普通标准住宅增值率不超过20%的土地增值税减免”税收优惠核准事项，应报送：

（1）《纳税人减免税申请核准表》（1份）；

（2）减免税申请报告（1份）；

（3）开发立项及不动产权属资料复印件（1份）；

（4）土地增值税清算报告（1份）；

（5）相关的收入、成本、费用等相关材料（1份）。

8. 纳税人办理“因城市实施规划、国家建设需要而搬迁，纳税人自行转让房地产免征土地增值税”税收优惠核准事项，应报送：

（1）《纳税人减免税申请核准表》（1份）；

（2）减免税申请报告（1份）；

（3）不动产权属资料复印件（1份）；

（4）政府依法征用、收回土地使用权文件复印件（1份）。

9. 纳税人办理“因国家建设需要依法征用、收回的房地产土地增值税减免”税收优惠核准事项，应报送：

（1）《纳税人减免税申请核准表》（1份）；

（2）减免税申请报告（1份）；

（3）不动产权属资料复印件（1份）；

（4）政府征用、收回土地使用权补偿协议复印件（1份）；

10. 税务机关办理完成后，1个工作日内通知纳税人领取办理结果，制作并发放《税务事项通知书》；电子税务局办理的，将办理结果通过电子税务局反馈给纳税人。

【服务举措】

1.《纳税人减免税申请核准表》可在税务机关网站“下载中心”栏目查询下载或到办税服务厅领取。

2. 税务机关办理“税收优惠核准”时，办结时限由省（自治区、直辖市和计划单列市）税务局确定。

（各项“税收优惠核准”事项减免税政策代码和政策依据可参阅国家税务总局公布的《办税指南》相关内容。）

二、税收优惠备案

【基本规定】

符合备案类税收减免的纳税人，如需享受相应税收减免，应在首次享受减免税的申报阶段或在申报征期后的其他规定期限内提交相关资料向主管税务机关申请办理税收减免备案。

纳税人在符合减免税条件期间，备案材料一次性报备，在政策存续期可一直享受，当减免税情形发生变化时，应当及时向税务机关报告。

纳税人兼营免税、减税项目的，应当分别核算免税、减税项目的销售额；未分别核算销售额的，不得免税、减税。

享受减税、免税优惠的纳税人，减税、免税期满，应当自期满次日起恢复纳税；不再符合减税、免税条件的，应当依法履行纳税义务；未依法纳税的，税务机关应当予以追缴。

纳税人实际经营情况不符合减免税规定条件的或者采用欺骗手段获取减免税的、享受减免税条件发生变化未及时向税务机关报告的，以及未按照相关规定履行相关程序自行减免税的，税务机关依照税收征管法有关规定予以处理。

【办理要求】

1. 纳税人在办理“税收优惠备案”时，需根据对应的税收优惠事项，填制《税务资格备案表》（2 份）或《纳税人减免税备案登记表》（2 份），并提交相关资料。

2. 税务机关办理完成后，在《税务资格备案表》或《纳税人减免税备案登记表》上加盖印章，一份返还纳税人；电子税务局办理的，将办理结果通过电子税务局反馈给纳税人。

【服务举措】

1.《税务资格备案表》和《纳税人减免税备案登记表》可在税务机关网站“下载中心”栏目查询下载或到办税服务厅领取。

2. 税务机关提供“最多跑一次”服务。纳税人在资料完整且符合法定受理条件的前提下，最多只需要到税务机关跑一次。

3. 税收优惠备案可在同城通办。

【相关知识】

根据现行管理规定，目前需要进行税收优惠备案的事项共计21项，其中增值税12项、个人所得税4项、土地增值税5项。

1. 增值税优惠备案事项

（1）安置残疾人就业增值税即征即退优惠；

（2）光伏发电增值税即征即退优惠；

（3）软件产品增值税即征即退优惠；

（4）新型墙体材料增值税即征即退优惠；

（5）风力发电增值税即征即退优惠；

（6）资源综合利用产品及劳务增值税即征即退优惠；

（7）黄金期货交易增值税即征即退优惠；

（8）有形动产融资租赁服务增值税即征即退优惠；

（9）动漫企业增值税即征即退增值税优惠；

（10）飞机维修劳务增值税即征即退优惠；

（11）管道运输服务增值税即征即退优惠；

（12）铂金增值税即征即退优惠。

2. 个人所得税优惠备案事项

（1）境外投资者以分配利润直接投资暂不征收预提所得税；

（2）残疾、孤老、烈属减征个人所得税优惠；

（3）合伙创投企业个人合伙人按投资额的一定比例抵扣从合伙创投企业分得的经营所得；

(4) 天使投资个人按投资额的一定比例抵扣转让初创科技型企业股权取得的应纳税所得额。

3. 土地增值税优惠备案事项

(1) 对个人销售住房暂免征收土地增值税;

(2) 转让旧房作为保障性住房且增值额未超过扣除项目金额20%的免征土地增值税;

(3) 对企业改制、资产整合过程中涉及的土地增值税予以免征;

(4) 被撤销金融机构清偿债务免征土地增值税;

(5) 合作建房自用的土地增值税减免。

(各项“税收优惠备案”事项、减免税政策代码和政策依据可参阅国家税务总局公布的《办税指南》相关内容。)

三、以申报代替税收优惠备案的管理

【基本规定】

符合申报享受税收减免条件的纳税人，在首次申报享受时随申报表报送附列资料，或直接在申报表中填列减免税信息无须报送资料。

纳税人兼营免税、减税项目的，应当分别核算免税、减税项目的销售额；未分别核算销售额的，不得免税、减税。

享受减税、免税优惠的纳税人，减税、免税期满，应当自期满次日起恢复纳税；不再符合减税、免税条件的，应当依法履行纳税义务；未依法纳税的，税务机关应当予以追缴。

【办理要求】

1. 纳税人在办理“以申报代替税收优惠备案”时，无须办理税收优惠备案手续，在首次申报享受时随申报表报送附列资料，或直接在申报表中填列减免税信息无须报送资料。

2. 税务机关办理完成后，根据信息系统的提示信息，提醒纳税人更正纠错。

【服务举措】

1. 税务机关提供“最多跑一次”服务。纳税人在资料完整且符合法定受

理条件的前提下，最多只需要到税务机关跑一次。

2. 以申报代替税收优惠备案可在同城通办。

【相关知识】

根据现行管理，申报享受税收减免的优惠办理分为需在申报享受时随申报表报送附列资料和无须报送附列资料两种情形，目前需要报送资料的事项共计70项，其中增值税5项、车辆购置税12项、契税53项。

1. 增值税申报享受需报送资料事项

(1) 上海期货保税交割免征增值税；

(2) 原油和铁矿石期货保税交割业务免征增值税；

(3) 熊猫普制金币免征增值税；

(4) 有机肥免征增值税；

(5) 无偿援助项目免征增值税。

2. 车辆购置税申报享受需报送资料事项

(1) 防汛车辆免征车辆购置税；

(2) 森林消防车辆免征车辆购置税；

(3) 部队改挂车辆免征车辆购置税；

(4) 悬挂应急救援专用号牌的国家综合性消防救援车辆免征车辆购置税；

(5) 城市公交企业购置公共汽电车辆（汽车）免征车辆购置税；

(6) 城市公交企业购置公共汽电车辆（有轨电车）免征车辆购置税；

(7) “母亲健康快车”项目专用车辆免征车辆购置税；

(8) 来华专家购置车辆免征车辆购置税；

(9) 留学人员购买车辆免征车辆购置税；

(10) 外国驻华使领馆和国际组织驻华机构自用车辆免征车辆购置税；

(11) 外国驻华使领馆和国际组织有关人员自用车辆免征车辆购置税；

(12) 设有固定装置的非运输专用作业车辆免征车辆购置税。

3. 契税申报享受需报送资料事项

(1) 已购公有住房补缴土地出让金和其他出让费用免征契税优惠；

(2) 经营管理单位回购经适房继续用于经适房房源免征契税优惠；

(3) 军建离退休干部住房及附属用房移交地方政府管理的免征契税优惠;

(4) 个人购买家庭唯一普通住房减半征收契税;

(5) 城镇职工第一次购买公有住房免征契税优惠;

(6) 经营管理单位回购改造安置住房仍为安置房免征契税;

(7) 夫妻之间变更房屋、土地权属或共有份额免征契税优惠;

(8) 土地使用权、房屋交换价格相等的免征,不相等的差额征收的契税优惠;

(9) 土地、房屋被县级以上政府征用、占用后重新承受土地、房屋权属减免契税优惠;

(10) 因不可抗力灭失住房而重新购买住房减征或免征契税优惠;

(11) 棚户区个人首次购买90平方米以下改造安置住房减按1%征收契税;

(12) 棚户区购买符合普通住房标准的改造安置住房减半征收契税;

(13) 棚户区被征收房屋取得货币补偿用于购买安置住房免征契税优惠;

(14) 棚户区用改造房屋换取安置住房免征契税优惠;

(15) 个人购买家庭唯一住房90平方米及以下减按1%征收契税;

(16) 个人购买家庭唯一住房90平方米以上减按1.5%征收契税;

(17) 个人购买家庭第二套改善性住房90平方米及以下减按1%征收契税;

(18) 个人购买家庭第二套住房90平方米以上减按2%征收契税;

(19) 社区养老、托育、家政机构承受房屋、土地用于社区养老、托育、家政免征契税;

(20) 青藏铁路公司承受土地、房屋权属用于办公及运输主业免征契税;

(21) 企业改制契税优惠;

(22) 中国电信收购CDMA免征契税;

(23) 企业改制后公司承受原企业土地、房屋权属免征契税;

(24) 事业单位改制企业承受原单位土地、房屋权属免征契税;

（25）公司合并后承受原公司土地、房屋权属免征契税；

（26）公司分立后承受原公司土地、房屋权属免征契税；

（27）企业破产承受破产企业抵偿债务的土地、房屋权属减征或免征契税；

（28）承受行政性调整、划转土地、房屋权属免征契税；

（29）承受同一投资主体内部划转土地、房屋权属免征契税；

（30）子公司承受母公司增资土地、房屋权属免征契税；

（31）债权转股权后新设公司承受原企业的土地、房屋权属免征契税；

（32）被撤销金融机构接收债务方土地使用权、房屋所有权免征契税优惠；

（33）农村信用社接收农村合作基金会的房屋、土地使用权免征契税优惠；

（34）中国东方资产管理公司处置港澳国际（集团）有限公司过程中规定的免征契税优惠；

（35）4家金融资产公司接受相关国有银行的不良债权，借款方以土地使用权、房屋所有权抵充贷款本息的免征契税优惠；

（36）承受荒山等土地使用权用于农、林、牧、渔业生产免征契税优惠；

（37）易地扶贫搬迁人口取得安置住房免征契税；

（38）易地扶贫搬迁实施主体取得安置住房土地免征契税；

（39）易地扶贫搬迁实施主体安置住房房源免征契税；

（40）社会力量办学、用于教学承受的土地、房屋免征契税优惠；

（41）农村集体经济组织股份制改革免征契税；

（42）农村集体经济组织以及代行集体经济组织职能的村民委员会、村民小组进行清产核资收回集体资产而承受土地、房屋权属免征契税；

（43）国家石油储备基地第一期项目免征契税；

（44）国家石油储备基地第二期项目免征契税；

（45）售后回租期满，承租人回购原房屋、土地权属免征契税优惠；

（46）国家机关、事业单位、社会团体、军事单位、公共单位用于教学、科研承受土地、房屋免征契税优惠；

（47）个人购买经济适用住房减半征收契税优惠；

（48）个人房屋被征收用补偿款新购房屋免征契税优惠；

（49）个人房屋征收房屋调换免征契税优惠；

（50）外交部确认的外交人员承受土地、房屋权属免征契税；

（51）4家金融资产管理公司接收国有商业银行的资产免征契税；

（52）个体工商户与其经营者个人名下之间房屋、土地权属转移免征契税；

（53）合伙企业与其合伙人名下之间房屋、土地权属转移免征契税。

（各项“以申报代替税收优惠备案”事项、减免税政策代码和政策依据可参阅国家税务总局公布的《办税指南》相关内容。）

四、放弃减免税办理

【基本规定】

纳税人销售货物、应税劳务或者发生应税行为适用免税、减税规定的，可以放弃免税、减税，报主管税务机关备案。

适用增值税免税政策的出口货物劳务，出口企业或其他单位如果放弃免税，实行按内销货物征税的，应向主管税务机关提出书面报告，报主管税务机关备案，自提交备案资料的次月起，按照现行有关规定计算缴纳增值税，36个月内不得再申请免税、减税。

纳税人一经放弃免税权，其生产销售的全部增值税应税行为均应按照适用税率征税，不得选择某一免税项目放弃免税权，也不得根据不同的销售对象选择部分应税行为放弃免税权。

纳税人在免税期内购进用于免税项目的应税行为所取得的增值税扣税凭证，一律不得抵扣。

【办理要求】

1. 纳税人在办理“放弃免（减）税权声明”时，增值税纳税人放弃免（减）税权的情形需提交《增值税纳税人放弃免税权声明表》（2份），出口企业放弃免税需提交《出口货物劳务放弃免税权声明表》（2份）。

2. 税务机关办理完成后，给纳税人出具一份《税务事项通知书》（备案通知）；电子税务局办理的，将办理结果通过电子税务局反馈给纳税人。

【服务举措】

1.《增值税纳税人放弃免税权声明表》和《出口货物劳务放弃免税权声明表》可在税务机关网站“下载中心”栏目查询下载或到办税服务厅领取。

2. 税务机关提供“最多跑一次”服务。纳税人在资料完整且符合法定受理条件的前提下，最多只需要到税务机关跑一次。

【思考与练习】

1. 纳税人兼营免税、减税项目的，应当分别核算免税、减税项目的销售额；未分别核算销售额的，所享受的纳税待遇是（　　）。(单项选择题)

A. 不得免税、减税

B. 按照同行业利润比例确定减免、免税额度

C. 纳税人自行确定减免、免税额度

D. 按照税务机关确认的减税、免税额享受减免税

【参考答案】A

【答案解析】根据《全国税务机关纳税服务规范（3.0 版)》，纳税人兼营免税、减税项目的，应当分别核算免税、减税项目的销售额；未分别核算销售额的，不得免税、减税。

2. 纳税人发生应税行为适用免税、减税规定的，可以放弃免税、减税，放弃免税、减税后，多长时间内不得再申请免税、减税（　　）。(单项选择题)

A. 12 个月

B. 24 个月

C. 36 个月

D. 3 年

【参考答案】C

【答案解析】根据《财政部 国家税务总局关于全面推开营业税改征增值税试点的通知》(财税〔2016〕36 号）文件第四十八条规定：纳税人发生应税行为适用免税、减税规定的，可以放弃免税、减税，依照本办法的规定缴纳增值税。放弃免税、减税后，36 个月内不得再申请免税、减税。

3. 对于以申报代替税收优惠备案的优惠事项，以下正确的情形有（　　）。(多项选择题)

A. 需在首次申报享受时随申报表报送附列资料

B. 需在首次申报享受后15日内报送附列资料

C. 需在首次申报享受后征期内报送附列资料

D. 无须报送附列资料

【参考答案】AD

【答案解析】根据《全国税务机关纳税服务规范（3.0版）》，申报享受税收减免的优惠办理分为需在申报享受时随申报表报送附列资料和无需报送附列资料两种情形。

第五章　纳税服务国际经验

【本章要点】

他山之石，可以攻玉。典型国家的纳税服务实践经验，对于改进和优化我国纳税服务，维护纳税人合法权益，具有积极意义。通过本章的学习，帮助读者了解国外纳税服务的发展趋势，把握世界纳税服务的脉搏，并由此概括出纳税服务国际经验对我国纳税服务工作的启示。

第一节　国外纳税服务发展趋势

一、以纳税人为中心的理念成为新潮流

国外以纳税人为中心的服务理念转变走过了半个多世纪的历程，期间经历了从强制管理向纳税服务转变的行政理念变迁过程。在没有转变行政理念之前，国外税务部门的税务行政管理理念也是以强制管理为中心，即税务部门在税收征管中占据主导地位，纳税人被动接受税务部门的行政命令和处理处罚。相应地，纳税人的税收遵从主要信赖税务部门的执法强度和惩治力度。当行政机关不堪行政重负而转向要求纳税人自行申报时，税务部门与纳税人之间这种管理与服从、“警察与小偷”的关系模式就无法适应形势发展需要，新型税收

征纳关系的建立也就成为必然。正如西方学者对税收自愿遵从深入研究后所发现的那样，“如果税务部门真想实现提高纳税人自愿遵从的目标，就应该摒弃传统的高压强制策略”。国际财政文献局的研究显示，纳税人更乐于接受税务部门积极的、提供帮助型的行政方式。这一研究成果加上现实征纳关系矛盾的激化，以及新公共管理运动的推动，直接促成了西方国家税务行政管理理念从强制向服务的根本转变。现在无论是发达国家还是发展中国家，都已经或正在将纳税服务理念和机制引入税收管理，为纳税人提供优质、高效的服务已成为世界各国税务部门的共识。

许多国家都将纳税服务作为战略目标之一，例如：

黎巴嫩财政部从 21 世纪初开始，以“优化服务工作程序和流程，提供优质和快速服务，为纳税人主动遵从提供便利，促进主动遵从”作为其战略目标。由于其纳税服务“增加透明度，改进服务”方面有突出作为，获得了 2007 年度联合国公共服务奖。

爱尔兰税务局在其 2018—2020 年税收战略规划中，把“减少纳税人履行纳税义务所需时间、降低履行义务的难度、及时退税和强化税收援助”作为重要战略目标，并为大企业设计量身定制的申报方式。近年来，爱尔兰税务局在电子税务领域取得了突出的成绩，先后获得欧盟电子政府优秀奖、电子欧洲奖等诸多奖项。

加拿大税务局在其 2018—2022 年税收工作规划中，将“纳税人可以清晰地知道从加拿大税务局获得哪些服务”和“通过优化纳税服务提升纳税人对税收体系公正性的信心”作为重要工作目标。

南非税务局在其 2017—2020 年税收战略规划中，把“最大限度减轻纳税人负担”和“提升纳税人对纳税服务的满意度”作为战略目标之一。

匈牙利税务局在 2008—2012 年五年规划中提出其使命是“为公共支出征税；为政府制定政策提供信息；帮助纳税人自动履行纳税义务；防范与打击税收违法行为”。税务局的基本任务就是“为那些守法的纳税人提供服务，使其纳税更加简易。在提供顾客服务的同时，帮助纳税人了解他们的权利、义务从而履行纳税义务”。

美国国内收入局在战略规划中提出其使命是“通过帮助纳税人理解和履行税法义务，统一公平地执行税法，为纳税人提供最高品质的服务”。

二、机构设置、 职责及名称体现服务理念

最近20年来，为了提高征管效率，各国税务部门纷纷对内设机构进行改革。从原来按照税种模式逐渐过渡到属地管理基础上按照功能模式设置，即按照业务的功能分类（例如，登记、申报等）来组织人员和确定职能分工。但是属地管理基础上的功能模式也有局限和不足，因为标准化可能对某些税务行政工作不适宜，功能的分化可能导致交叉和服务不一致；对于纳税人的混合型行为以及不同的税收遵从态度缺乏灵活的应对方法等。为此，一些国家近年来推出了新的组织模式——纳税人结构或者类型模式，即主要根据不同群体的纳税人（例如，大企业、小/中型企业、个人等）来组织税务部门的服务和履行其职能。采用这种模式，机构设置减少了管理层次，朝扁平化的方向发展，更有利于根据不同的纳税群体特征与纳税遵从行为，实施风险管理和提供个性化服务。根据OECD2008年对43个国家的调查，美国、英国、爱尔兰、法国等多个国家均采用了此种组织模式，而澳大利亚、奥地利、德国、墨西哥等国采取了部分按纳税人类型设置与功能设置的混合性组织结构。

许多国家在税务机构名称和税务管理词语上都体现有服务（Service）之义，如美国税务局的名称为国内税务服务机构（Internal Revenue Service），韩国税务局的名称为国家税收服务机构（National Tax Service），南非税务局的名称为南非税务服务机构（South Africa Revenue Service）。还有很多税务局把称谓改成服务办公室（Service Office），把纳税人（Taxpayer）改成客户（Client or Customer），把税收行政管理（Tax Administration）改成经营（Business）。

所有这些都表明，纳税服务已经成为现代税务行政的标志，建立友好、互信、协作的征纳关系以确保帮助纳税人完成纳税义务是每一个现代税务部门的核心任务，加强纳税服务，使其与严格税收执法共同成为现代税制有效运行的两大支柱，正在成为世界各国税务管理的新趋势。

三、将科学技术载体充分运用于纳税服务

载体一：多媒体。世界各国在税务宣传与纳税服务中广泛使用多媒体，如日本国税厅为了方便纳税人，采用了电子多媒体技术。我国台湾地区的税务便

民服务中心也设有计算机查询系统以及随时可播报信息的电子显示仪和彩色电视机等。英国、加拿大、澳大利亚等国借助 AI 智能技术，推出“纳税人画像”系统，通过收集系统各项数据，分析纳税人涉税情况、行为特征、潜在风险等，为纳税人提供“体检报告”，在提高纳税人涉税遵从，降低税收风险的同时，实现快速定位、精准服务的智能办税效果。

载体二：电话及传真。美国利用“800”免费电话向纳税人提供有关税法的信息，指导纳税人填写有关涉税表格，或者接受纳税人的税收咨询。法国每年的 3 月 1—15 日为个人所得税的报税期，税务总局除大量印制报税说明书为纳税人提供参考之外，还在此期间设立录音电话 24 小时解答问题。澳大利亚、新西兰两国税务部门积极为纳税人提供高质量的服务，税务署、税务部一般都有 10 多个税务咨询电话，直接为纳税人查询、解答一般的纳税事宜。税务部门的电话咨询台在任何电话号码本和税务宣传册中都可以查到，咨询电话 24 小时服务，有的还设有翻译，方便使用不同语言的纳税人。如果纳税人需要，税务部门还开设免费传真来收集纳税人的书面意见。日本的电话服务称为“税务应答专线”。所谓“税务应答专线”是对询问有关税务问题的电话利用计算机来自动应答的系统。这个系统收录有关税务方面的简洁、定式的解释内容，只要纳税人使用电话，便可享受到这种服务。纳税人可以根据国税厅编辑的纳税指南，找到自己所属类别，按上面的号码去打电话便可得到解答。“税务应答专线”365 天 24 小时提供服务，并与传真相接，纳税人可以得到语音和图文的信息。新加坡国内税务署专设了纳税人服务处，提供 24 小时免费自动电话应答服务，有的纳税人只需在电话上将个人收入和个人支出输入后，就会获知本年应交税额。

载体三：CD - ROM、录像带和软件。美国制作了大量的 CD - ROM 来向纳税人提供税收帮助。法国针对新办企业对申报和纳税情况不熟悉的具体问题，税务总局专门制作了有关税收制度、纳税种类、税务机构及各类报税方式的录像带。日本政府非常重视对学生进行税收教育，从小学到中学都开设税收知识课，配合教学录制了一些动画片、明星参与的宣传片等。在软件载体上，新加坡国内税务署专为个人所得税的纳税人设计了一个软件，以帮助他们准确、便利地计算应纳税额。此外，日本还出版《日本税务管理概况》英文小册子向海外发放，为盲人制作盲文宣传小册子《我们的税金》等发放给各税务署以及全国的盲文图书馆和盲人学校等。

载体四：网络。美国在网上设置了一个主页，以供纳税人通过自己的计算机查询税收信息和下载税收表格。法国最近几年设立了税收咨询网站和解答问题的电子信箱。德国的企业和个人可以充分利用高效、快捷的计算机网络获得多数纳税相关信息。澳大利亚税务部门在互联网上以多种文字输入税务法规，使纳税人可以直接在网上查询有关资料。

载体五：报税巴士。新加坡国内税务署配备了一种装有计算机的“电子报税巴士”，专门为顾客上门服务。这辆报税巴士曾经开进新加坡樟宜国际机场，为机场上万名员工轻松办完了所有的报税手续。

载体六：大众传媒。在美国，电视台、广播电台都有税收节目、广告，通过广播和电视公共服务将税收信息传给公众，使纳税人正确地申报纳税。美国电视台有一个名为“税务诊所”的固定栏目。税务局与各主要新闻单位都实行了计算机联网，定期传递税收信息，由新闻单位及时发布。日本也注重运用电视、广播等媒体进行税收宣传。选择与日常生活密切相关的税收题材，制成电视宣传资料，供电视台播出。在电视台开办专题节目，聘请税收博士讲解。每天早晨在公共电视台播放 12 分钟《税收与生活》专题节目，在卫星电视台开办税收知识性节目《税收问题包在我身上》，全国的电视网络每天播放 30 分钟；在广播电台开办《税收咨询》节目，全国收音机网络每个星期六和星期天固定时间播放 15 分钟。意大利经常通过电视等传播媒体采用税收知识辩论等形式来宣传税法，增加国民对税收法规的了解，增强纳税意识。

载体七：高技术含量的税务代理。以德国为例，会计（税务）师主要通过会计（税务）师信息数据处理中心为纳税人提供服务。目前，该中心已成功地与税务局信息处理中心实现联网，每月通过计算机处理大约 800 万件的个人收入所得税纳税申报，其具体的信息传递程序为：纳税人纳税申报——委托执业会计（税务）师审核或帮助填写申报表——会计（税务）师将有关纳税人的申报资料通过计算机传输入会计（税务）师信息处理中心——有关申报资料传递到税务局信息处理中心——税务局信息处理中心发给纳税人回执。通过会计（税务）师信息数据处理中心代理办税的做法，不仅大大地提高了纳税人和税务局的工作效率，而且还有效地保证了征纳双方的工作质量，减少了办税过程中出现的各种差错。

四、政府主导、统筹推进电子纳税服务

从各国实施电子政务与电子纳税服务的过程来看，都十分注重政府特别是中央政府在规划协调方面的作用，由政府统一规划、总体推进，分步实施。

美国为了保持其在世界上的领先地位，克林顿总统一上台就发动了一场《全国信息基础设施计划》运动，于1993年9月正式出台了“信息高速公路计划”。至今已经建成了跨越洲际、国家和州区的，将整个局域网、ISP及广域网相连接的数据通信骨干网。美国非常重视电子政务及电子纳税服务的规划与管理，确立一个恰当的、可行的、可能的战略规划，指明目标、途径和方法，对于避免盲动具有非常重要的意义。1994年12月，美国政府推出《政府信息科技服务的远景》将电子政府定位在“以公民为中心”并按用户的不同分为四大类，G2C——主要是建成“一站式”在线服务，G2B——为企业提供顺畅的“一站式”支持服务，G2G——整合与共享联邦、州、地方三级政府的数据，G2E——提高政府内部的效率与效能、提高雇员满意度与忠诚度。1994年12月，美国政府信息服务小组（Government Information Technology Services）提出了《政府信息服务的前景》报告，要求建立以顾客为导向的电子政府，为民众提供更多的政府服务机会与途径。其中将为纳税人提供电子纳税服务作为一个重要的内容。1997年，美国制订了“走近美国”计划，要求到2000年，在政府信息技术应用方面完成120余项任务；在21世纪初，政府对每个美国公民都实现电子化信息管理。1998年，美国通过《文牍精简法》，规定各部门呈交的表格必须使用电子化方式，要求美国政府在5年内实现无纸化工作，联邦政府所有工作和服务都将以信息网络为基础。2001年5月美国国会通过了《2001电子政府法案》，显示美国国会正在认真关注将政府带入信息时代的必要性与重要性。2001年7月布什提出总统管理日程（PMA）其内容之一就是扩展电子政府。2002年2月，基于PMA的电子政务建议书，电子政府技术办公室（OE-GIT）提出了《电子政务战略（2002年版）》。2002年12月，美国国会通过了布什总统签署的《2002年电子政府法案》。2003年1月，由美国总统办公室发布了由项目组（MAP）和工作组（GETF）制定的《电子政务战略（2003年版）》。美国国会通过、总统签署的法案，相关专业委员会与小组通过的相关指引或是指南为美国电子政务与电子纳税服务提供了有力的宏观指导与协调。

加拿大注重通过中央政府进行整体规划与标准制定，采用中央集权式“由上而下”地实施电子政务与电子纳税服务体系建设。加拿大的电子政务战略由国家总理亲自挂帅领导；总理府财务委员会是电子政府建设的最高决策机构，负责电子政务的规划、协调、组织和投资决策；公共事务与政府服务部负责为各部门提供技术支持，统一进行硬件的采购和提供安全的网络通信；通信部负责门户网站的内容管理和相关标准的制定；政府人力资源部牵头负责政府门户网站公民入口部分的建设；工业部牵头负责企业入口网站的建设；外交部和外贸部牵头负责非加拿大公民和国际用户入口网站的建设。各部门职责分工明确，投资边界明晰。

澳大利亚电子政务与电子纳税服务走在世界前列与政府的强力推动密不可分。澳大利亚政府在建设电子政务中一直非常主动。早在 1972 年，澳大利亚海关服务署就引入了通关文件申报自动化系统，20 世纪 80 年代澳大利亚税务部门引入了电子税务申报服务系统。进入 20 世纪 90 年代以后，随着互联网技术的广泛使用，澳大利亚政府网站迅速增加。1997 年，澳大利亚政府总理霍华德在《投资以促进增长》(Investing for Growth) 的政策声明中，提出了一个大胆的目标，要求“到 2001 年底，联邦部门、机构要将所有适宜于互联网的服务全部搬上网”。为了实现这一目标，澳大利亚 1997 年成立了在线委员会，为信息经济发展提供咨询与协调服务；同时也提供跨联邦、州、地方政府的最高政府论坛，以促进全国政府在在线建设上的一致性。同年澳大利亚还成立了国家信息经济办公室（NOIE，后改名为澳大利亚政府信息管理室，AGI - MO)，负责在信息建设问题上进行协调并提供全国性领导。2000 年 4 月，澳大利亚实施“政府在线”战略。“政府在线”战略是一个基于部门的策略，即澳大利亚联邦各部门自己解决哪些服务是适当的，以及这些服务上网的顺序及方式。国家信息经济办公室的角色之一就是与这些部门一起工作，决定什么是恰当的服务。国家信息管理办公室向他们提供指导方针，告诉他们根据什么条件可以做决定。2001 年澳大利亚成立了一个非正式的组织——信息管理战略委员会(IMSC)，旨在强化各机构在怎样提供服务，怎么开发、建立业务体系以及怎样计划、管理电子政府的组成要素方面的合作。澳大利亚政府的宏观协调是十分有效的。

新加坡是一个小国，只有一级政府，新加坡的电子政务建设全部由政府投资，统一引导。2000 年新加坡政府宣布一项《E 政府行动计划》，计划斥资

150 亿美元，3 年内建成电子政府。2003 年又启动 E 化政府的第二次行动计划，计划 2006 年实现百分之百的政府服务电子化。随后，新加坡政府又推出"ICT21 规划"（Information Communication Technology，信息通信技术），希望以此使新加坡成为一个拥有繁荣发达网络经济、充满活力的信息通信技术之都。

五、选最优的纳税服务渠道组合，寻求纳税服务和行政成本间的最佳契合

（一）纳税服务渠道的层级构成与策略组合

1. 纳税服务渠道的层级结构

国外比较通行的纳税服务渠道的层级构成，从低到高依次分为面对面服务形式、书信服务形式、电子邮件服务形式、电话服务形式、网络服务形式等。相应的纳税服务平台包括办税服务厅、税务网站、税务电话服务中心以及其他相关向纳税人提供信息发布、咨询服务、意见反馈、涉税事项办理的媒介和载体。

2. 纳税服务渠道的策略组合

纳税服务渠道的策略组合方式根据服务类型和服务对象需求的变动而变化，最佳渠道组合是动态的。纳税服务渠道的策略组合一般有两种基本模式：纵向式复合渠道服务模式和纵横式复合渠道服务模式。在纵向式复合渠道服务模式下，办公前台和纳税服务渠道形成整体，有利于前台快速反应，但各渠道的信息通常是纵向传递的，渠道之间的信息交流被分割开，不利于渠道之间的信息共享，易造成管理的低效率高成本，但在各渠道上应用新技术更为容易。纵横式复合渠道服务模式整体性更强，正逐渐被更多国家所采用，具有更广的发展前景。在该模式下，由前台获得的数据被集中存储和共同使用，实现数据一次收集，共同分享。用户可以在任何地方使用任意一种纳税服务渠道，渠道之间的数据转换提高了服务质量和效率。

澳大利亚在运用纳税服务渠道组合策略方面较有成效。澳大利亚税务局将纳税服务分为信息型、互动型和交易型三种，并根据对纳税人偏好、税收管理需求和渠道特点的分析，将不同服务类型的渠道偏好进行组合：对于信息型的

服务，最佳的是网络，其次是书信、电话、电子邮件和面对面的服务形式；对于互动型的服务，应依次选择电话、网络、电子邮件、书信和面对面的服务方式；对于交易型的服务，网络是首选，电话、书信、面对面交流次之，电子邮件则不在考虑范围之内。目前，政府一体化策略正日益受到 OECD 成员国的重视，该策略重点在于加强政府间的合作，在不同政府部门之间、在纳税人和不同政府部门之间建立互动交流的通道。加拿大的企业代码系统、澳大利亚的企业政府登记和编码系统、芬兰税务部门为小企业和微型企业设立的网站门户等在此方面均已取得良好实效。

（二）纳税服务渠道的运行管理机制

目前，世界各国都十分注重对纳税服务渠道的有效管理和控制，从纳税服务前的服务标准设定，到服务实施中的成本考核，再到服务后的满意度考评，形成了持续改进纳税服务的良性循环机制。一般认为，降低渠道成本的关键在于：1. 降低纳税人与高成本服务方式的接触；2. 降低纳税人和税务机关接触时耗费在劳动密集型服务方式（如面对面）上的时间；3. 要实现纳税人在选择不同服务方式时的自由性，纳税人不用耗费很多成本就可以选择最适合自己的服务方式。另外，国际上较常使用税收调查、满意度测评来考察纳税服务渠道的运作效果。

（三）纳税服务渠道的现代信息技术开发与应用

在过去一段时期内，各国政府纷纷发展现代信息技术应用于开辟纳税服务渠道，其中又以网络和电话这两种电子化手段为主。各国税务网站建设主要分为四个阶段：第一阶段主要停留在信息层面，税务机关通过网站、公开出版物等向公众传递有关税收事项的各种信息；第二阶段进入互动层面，实现了纳税人与税务机关的双向交流，用户可以在允许范围内进入数据库查询、编辑信息，进行数据计算；第三阶段进入交易层面，用户可进行申报、支付税款等操作；第四阶段在前三个阶段的基础上加入了政府部门间的信息共享。从各国的纳税服务实践来看，目前大多数国家的网上服务都处于第三个发展阶段。OECD 的调查显示，OECD 成员国中约有一半建立了综合性的电话中心为纳税人提供服务，具有专业化、集中化、业务量大、技术先进等特征。其中运用新技术是国外发展电话中心的主要特点，有 2/3 的 OECD 成员国使用了交互式语音问答技术，实现了对标准化咨询的自动答复；很多电话中心都使用员工管理软件，声音记录系统、计算机电话集成系统等技术也有所运用。大多数国家电话中心的工作人员可以接触到用户信息、在线参考资料、提供给用户的在线信息等。各个国家对纳税服务渠道建设的现代化技术应用发展方向也不尽相同，如澳大利亚将使用客户关系管理技术、自助的交互式语音应答技术和语言识别系统；芬兰开发使用 CRM 技术和 VOIP 技术。

六、“推进纳税服务社会化”是现代纳税服务体系的拓展方向

西方发达国家非常重视通过专业的中介机构和社区组织提供纳税服务。主要方式有：

（一）协助纳税人办理纳税中的各种手续

美国的免费报税服务中心，其社区义工免费报税服务（VITA）的服务对象是年收入低于 49000 美元（2011 年）、51000 美元（2012 年）的纳税人，老年人税务咨询服务（TCE）为年满六十岁的纳税人提供免费报税协助。德国除极少数纳税人（包括企业和个人）自行上门申报或邮寄申报纳税外，更多的是委托税务代理人即执业会计（税务）师进行纳税申报，委托会计（税务）师做账、编制资产负债表及损益表，并请其作为税务顾问为企业提供咨询服务等。

（二）提供业务辅导和咨询

在美国，纳税人如果认为自己的税务问题无法在线上或通过电话解决，需要面对面的税务协助，可以向美国纳税人协助中心（TAC）要求个人税务协助。在德国，纳税人协会办有《纳税人》月刊，无偿发给会员、图书馆、议员和政府部门，并无偿帮助协会会员办理纳税事宜。澳大利亚纳税人协会不帮纳税人代理具体的报税事项，只负责纳税人的税务咨询，并且负责向官方反映税法或者税收征管中存在的问题。

（三）维护纳税人合法权益

美国的纳税人辩护服务处是内部独立机构，其协助对象包括遭遇经济困难

的纳税人，或是通过正常渠道未能解决税务问题而前来寻求协助的纳税人，或是认为国内收入局的体系或程序未能正常运行的纳税人。该机构独立于国内收入局地方办事处机制并直接受全国纳税人辩护服务处主任管辖。法国各省设有税务委员会的独立机构，其成员一半来自税务机关，一半来自纳税人。西班牙税务局内设纳税人权利保护办公室，工作人员是政府的特别派驻人员。新加坡税务局设立纳税人服务办公室，专门为纳税人提供服务，协助纳税人解决税务纠纷。韩国每一个区税务局均设有“纳税人律师服务中心”，处理纳税人的投诉。日本明文规定税务部门不得干涉税理士的独立性和公正性。

第二节　纳税服务国际经验借鉴

一、“以纳税人为中心”是纳税服务最基本的价值取向

各国税务部门均开始自觉审视自身与纳税人的关系，将纳税服务理念和机制引入税收征管、并逐步由强制管理向纳税服务转变。这种转变不仅体现在税务机关的名称上，还体现在税务机关的使命上。例如，美国国内收入局在战略规划中提出其使命是“通过帮助纳税人理解和履行税法义务，统一公平地执行税法，为纳税人提供最高品质的服务”。黎巴嫩财政部以“优化服务工作程序和流程，提供优质和快速服务为纳税人主动遵从提供便利，促进主动遵从”作为其战略目标。爱尔兰税务局在其税收战略规划中，把“减少纳税人履行纳税义务所需时间、降低履行义务的难度、及时退税和强化税收援助”作为重要战略目标。南非税务局在其税收战略规划中，把“最大限度减轻纳税人负担”和“对公众的抱怨和不满进行快速及专业化的调整与反应”作为战略目标。总之，无论是把纳税人视为顾客，还是以顾客满意度作为衡量绩效标准，都表明纳税服务已成为现代税务行政的标志，建立友好、互信、协作的征纳关系以确保帮助纳税人完成纳税义务是每一个现代税务部门的核心任务。加强纳税服务与严格税收执法共同成为现代税制有效运行的两大支柱。

二、“保护纳税人权利”是纳税服务最重要的制度基础

随着市场经济发展和税收法治化完善，世界各国纷纷加强纳税人权利保护立法，通过完善的法律制度保护纳税人权利已是一种国际趋势。1977 年澳大利亚公布《纳税人宪章》；1985 年加拿大发布《纳税人权利法案》；1986 年英国公布《纳税人权利宪章》。到 2008 年，OECD 国家 30 个成员国和 13 个非成员国中，有 41 个国家以纳税人权利法案或纳税人宪章等形式正式明确了纳税人权利，这些法案涉及公正对待权、税款确定权、隐私权和保密权、申请减免退税权、降低纳税成本权、委托税务代理权等各个方面。以美国为例，国内收入局在机构改革中增加了 70 多条有关纳税人权利的条款，并设立国家纳税人权益保护委员会，代表纳税人有效监督美国国内收入局的执法行为。

三、“加强与纳税人沟通”是纳税服务最有效的协调手段

各国政府以各种方式，提高税法宣传与纳税咨询的质量效率，以优化税收征纳关系。例如，日本在中小学生中开展系统的税法宣传教育；瑞典国家税务局针对青年人开展系列税收宣传活动，以提高青年人税收意识；新加坡税务局面向新开业登记小企业每月举办一次培训班，明确企业纳税义务，为其进行信息指导；美国针对纳税申报前、申报中、申报后采取不同税收宣传策略等；澳大利亚为纳税人免费提供税收日历和短信提醒服务。美国国内收入局甚至每月举行“问题解决日”活动，领导人每年也安排时间亲自为纳税人提供一定时间的面对面服务。尽管与纳税人协调沟通不一定能从根本上改变纳税人的弱势地位，但在一定程度上可降低纳税人和政府在税收信息方面的不对称性，从而使纳税服务落到实处。

四、“充分运用信息技术”是纳税服务最主要的发展趋势

信息技术方兴未艾，分析工具推陈出新。国际实践表明，信息技术的发展不仅能让税务机关改进纳税人的办税体验，还能提升纳税人的自愿遵从度，增加纳税人的参与度，从而改善纳税遵从的整体局面。借助税收信息化技术发展

和运用，进一步整合税收征管资源可有效提高纳税服务质量效率，这种整合既包括税收征管环节之间的整合，也包括中央地方税务机关之间的业务整合，还包括税务部门和其他政府部门之间的业务整合。近年来，世界各国纷纷基于税收信息化建设，以纳税人为中心来设定内部组织结构、建立制度体系和设计工作流程，并通过整合中央税和地方税税务登记系统、整合纳税申报缴纳系统等举措，最大限度降低纳税人负担。OECD在2016年发布的《改善税收管理的技术：税务机关实用指南》中强调“包括税务机关在内的所有组织，无一不面临的挑战就是跟上技术的迅速发展，以及必要时重新思考发挥最大效力的服务”。目前，一些国家正在尝试将区块链技术运用于纳税服务，基于区块链技术具有公开透明、可追溯性、智能合约机制的特点，对不同类型的纳税人提供更具个性化的纳税服务，提升纳税服务的针对性和精准度。

五、“优化办税服务场所”是纳税服务最直观的形象体现

办税服务场所是以公开集中的形式，直接面向纳税人办理税收相关事宜和提供纳税服务的固定场所，其服务质量好坏决定着社会对税务部门认同度高低，是税务部门形象和窗口之一。目前世界各国都致力于依托办税服务场所规范征纳行为，密切征纳关系，降低征纳成本，提升征管效率，如南非税务局开展移动税务办公室试验以改善对农村地区纳税服务；英国税务海关总署和劳资部合作，互相使用对方的区域办公室为各自顾客服务；加拿大启动全国性统纳税服务呼叫中心建设。

【思考与练习】

1. “以纳税人为中心”的理念是如何体现在各国税务行政管理之中？
2. 科学技术充分运用于纳税服务的载体有哪些？
3. 国外的经验和做法对我国纳税服务工作有何启示？

参考文献

［1］国家税务总局纳税服务司．国外纳税服务概览［M］．北京：人民出版社，2010.

［2］国家税务教材编写组．纳税服务（高级）［M］．北京：中国税务出版社，2016.

［3］北京市地方税务局，中国财政发展协同创新中心．中外纳税服务比较研究［M］．北京：中国税务出版社，2016.

［4］庞磊，潘启平．新时代纳税服务理论与实践研究［M］．北京：经济科学出版社，2020.

［5］肖厚雄．纳税服务理论与实践［M］．北京：中国财政经济出版社，2010.

［6］贵州省国家税务局．纳税服务相关问题研究［M］．北京：中国税务出版社，2011.

［7］楚文海．中国现代纳税服务体系研究［M］．北京：中国社会科学出版社，2017.

［8］张馨．公共财政论纲［M］．北京：经济科学出版社，1999.

［9］刘剑文．财税法专题研究（第二版）［M］．北京：北京大学出版社，2007.

［10］杨志安，韩娇．降低我国税收遵从成本的途径选择［J］．税务研究，2006（1）.

［11］潘虹．关于构建“互联网 + 纳税服务”生态的思考［J］．税务研究，2017（7）.

［12］饶立新．贯彻落实习近平总书记重要论述 全面提升纳税服务信息化水平［J］．税务研究，2020（3）.

［13］宋震．纳税人满意度影响因素分析及对策建议［J］．税务研究，

2019（8）.

［14］孙玉山，刘新利．推进纳税服务现代化营造良好营商环境——基于优化营商环境的纳税服务现代化思考［J］．税务研究，2018（8）.

［15］冯光泽．新时代我国纳税服务创新的探索与实践［J］．税务研究，2018（4）.

［16］国家税务总局网站，http：//www. chinatax. gov. cn.

［17］OECD，Tax Administration 2019：Comparative Information on OECD and Other Advanced and Emerging Economies［R］. 2019.